勿使前辈之遗珍失于我手
勿使国术之精神止于我身

黃元秀
太极要义

武学名家典籍丛书

黄元秀武学辑录

黄元秀·编著

崔虎刚·点校

北京科学技术出版社

黄元秀（1884—1964），浙江杭州人。辛亥革命元老，早年与黄兴、秋瑾、徐锡麟、蔡元培、章太炎等交游，集护国护法军人、北伐将领、抗日志士、书法家、佛学精修者、武学家等身份于一身。他的武学著作渊源得于李景林、杨澄甫等大师，反映出以为国为民、强国强族、复兴中华为目的的治学思想，融会大量真手明家的珍贵史料和交流心得，对武学贡献卓著。

太极要義

图书在版编目（CIP）数据

黄元秀武学辑录. 太极要义 / 黄元秀编著；崔虎刚点校. —北京：北京科学技术出版社，2021.10
（武学名家典籍丛书）
ISBN 978-7-5714-0488-8

Ⅰ. ①黄… Ⅱ. ①黄… ②崔… Ⅲ. ①太极拳－基本知识 Ⅳ. ①G852

中国版本图书馆CIP数据核字(2019)第206779号

策划编辑：王跃平
责任编辑：苑博洋
责任校对：贾　荣
责任印制：张　良
版式设计：王跃平
出 版 人：曾庆宇
出版发行：北京科学技术出版社
社　　址：北京西直门南大街16号
邮政编码：100035
电　　话：0086-10-66135495（总编室）0086-10-66113227（发行部）
网　　址：www.bkydw.cn
印　　刷：保定市中画美凯印刷有限公司
开　　本：787 mm × 1092 mm　1/16
字　　数：266千字
印　　张：27
插　　页：4
版　　次：2021年10月第1版
印　　次：2021年10月第1次印刷
ISBN 978-7-5714-0488-8

定　价：138.00元

京科版图书，版权所有，侵权必究。
京科版图书，印装差错，负责退换。

出版人语

武术作为中华民族文化的重要载体，集合了传统文化中哲学、天文、地理、兵法、中医、心理等学科精髓，它对人与自然和谐共生关系的独到阐释，它的技击方法和养生理念，在博大精深的中华文化中独具特色。

随着学术界对中华武学的日益重视，北京科学技术出版社应国内外研究者对武学典籍的迫切需求，于2015年决策组建了“人文·武术图书事业部”，该部成立伊始的主要任务之一，就是编纂出版“武学名家典籍丛书”。

入选本套丛书的作者，基本界定为民国以降的武术技击家、武术理论家及武术活动家，之所以会有这个界定，是因为此时期的武术，在中国武术的发展史上占据着重要的位置。在这个时期，中西文化日渐交流与融合，传统武术从形式到内容，从理论到实践，都发生了巨大的变化，这种变化，深刻干预了近现代中国武术的走向。

这一时期，在各自领域“独成一家”的许多武术人，之所以被称为“名人”，是因为他们的武学思想及实践，对当时及现世武术的影响深远，甚至成为近一百年来武学研究者辨识方向的坐标。这些人的“名”，名在有武术的真才实学，名在对后世武术传承永不磨灭的贡献。他们的各种武学著作堪称“名著”，是中华传统武学文化极其珍贵的经典史料，具有很高的文物价值、史料价值和学术价值。

民国时期的太极拳著作，在整个太极拳发展史上占有举足轻重的地位。当时的太极拳著作，正处在从传统的手抄本形式向现代出版形式完成过渡的时期；同时也是传统太极拳向现代太极拳过渡的关键时期。这一历史时期的太极拳著作，不仅忠实地记载了太极拳的衍变和最终定型，还构建了较为完备的太极拳技术和理论体系。“武学名家典籍丛书”收录了著名杨式太极拳家杨澄甫先生的《太极拳使用法》《太极拳体用全书》，一代武学大家孙禄堂先生的《形意拳学》《八卦拳学》《太极拳学》《八卦剑学》《拳意述真》，武学教育家陈微明先生的《太极拳术》《太极剑》《太极答问》，武术活动家许禹生先生的《太极拳势图解》《陈式太极拳第五路·少林十二式》，董英杰先生的《太极拳释义》，杜元化先生的《太极拳正宗》，以及陈鑫先生的《陈氏太极拳图说》。

此次出版的《黄元秀武学辑录（全三册）》首次汇集了武术家黄元秀先生一生主要的武学著作：李景林先生亲授的第一部武当剑专著《武当剑法大要》；包含杨澄甫等太极大家高深功夫及拳

谱，以及黄元秀先生数十年拳学体悟的《太极要义》和《杨家太极拳各艺要义》(《太极要义》与《杨家太极拳各艺要义》的内容有重合之处，故将《杨家太极拳各艺要义》原文影印附录于《太极要义》之后，以便研究者考证)；记录了杨澄甫先生所授拳剑刀枪各图及黄元秀平生武学阅历经验所得的《武术丛谈续编》。

黄元秀一生修武修佛，造诣极高。他的武学著作反映出以为国为民、强国强族、复兴中华为目的的治学思想。其著作中含有大量的珍贵史料和心得体会，对武学贡献卓著。但其著作流传却十分有限，迄今为止，国内外尚没有出版过黄元秀武学著作合集，更没有整理简体合集出版。因此，对黄元秀武学著作的首次合集出版，将会对传统武学及其相关文化的研究与继承、历史迷雾的澄清、传统武学的发扬光大都有所帮助。无论初学者还是资深武学家，都会从这样一位独特人物的武学结晶中汲取到自己所需。这也是我们整理分享黄元秀前辈著作的初衷。

以上提及的武术家及他们的著作，在当时就已具有广泛的影响力，时隔近百年之后，它们对于现阶段的拳学研究依然具有指导作用，并被太极拳研究者、爱好者奉为宗师、奉为经典。对其进行多方位、多层面的系统研究，是我们今天深入认识传统武学价值，更好地继承、发展、弘扬民族文化的一项重要内容。

本丛书由国内外著名专家或原书作者的后人以规范的体例进行了简体化、点校和导读，尊重大师原作，力求经得起广大读者的推敲和时间的考验，再现经典。

为了减少读者的阅读困难，我们对简体部分进行了如下处理：原书中明显的讹误及衍倒之处，我们采用径改的方式，不再出注，尽量使读者阅读顺畅；原书中有少量缺字或原字不清情况，可根据前后文补上的，我们即直接补上，不再出注，不能补充的以▱表示。

“武学名家典籍丛书”将是一个展现名家、研究名家的平台，我们希望，随着本丛书的陆续出版，中国近现代武术的整体面貌，会逐渐展现在每一位读者的面前；我们更希望，每一位读者，把您心仪的武术家推荐给我们，把您知道的武学典籍介绍给我们，把您研读诠释这些武术家及其武学典籍的心得体会告诉我们。我们相信，“武学名家典籍丛书”这个平台，在广大武学爱好者、研究者和我们这些出版人的共同努力下，会越办越好

导读

中国武学历史悠久，到清末民初达到发展的高潮。如何搜集、发掘先贤前辈们对于武术研究的成果，汲取并传承其精髓，是今后武学研究面临的一大课题。在众多武学前辈中，浙江黄元秀先生的杰出贡献往往被人们忽略，其著作值得我们深入研究。

黄元秀（1884—1964），浙江杭州人。原名凤之，字文叔，中年以后改名元秀。其乃辛亥革命元老，早年曾在浙江省立武备学堂学军事，后渡东瀛，入日本士官学校深造。在日时化名山樵，与黄兴、秋瑾、徐锡麟、蔡元培、章太炎等结交，共同参与同盟会活动，回国后为光复浙江做出过极大贡献。其后参加过讨袁、护法等事，北伐时曾任总司令部少将参议等职。

1929年秋，浙江省政府主席兼浙江省国术馆馆长张静江，邀请中央国术馆副馆长李景林将军等一干武林高手，来杭州主持全国武术表演比赛。黄元秀先生是“国术游艺大会”筹委会的成员之一，并担任了大会秘书和监察委员。

黄元秀先生

同年11月11日，黄元秀先生在其放庐居所拜师宴宾，于园中“瑞云石”前，为后世留下了民国时期武林领袖们的珍贵合影。

视其一生，黄元秀先生经历独特，集辛亥革命者、护国护法军人、北伐将领、抗日志士、书法家、佛学精修者、武学家为一身，学养高超，学力过人，勤于著述。学人评价其为好人、善人、高人和奇人。

黄元秀先生一生修武修佛，造诣极高。其整理写作的武学著作，反映出以为国为民、强国强族、复兴中华为目的的治学思想。其著作中含有大量珍贵史料和心得体会，对中国近代武学贡献卓著。譬如，他完成了武当剑大师李景林的愿望，整理出版李景林所传武当剑法；整理杨家太极拳嫡传与精华；记录了自己对武林各家的看法与心得，等等。然而，其著作流传却十分有限，如唐豪先生在民国时期出版《王宗岳太极拳经》引用参考文献时，所注的黄元秀著作只是非卖品的油印本。

为使武术研究者、爱好者得以全面认识黄元秀的武学贡献，本次出版的《黄元秀武学辑录》首次汇集了其一生主要的武学著作，包括：《武当剑法大要》（商务印书馆印刷，1931 年 7 月出版）；《太极要义（附武术偶谈）》（文信书局印行，1944 年 11 月出版）；《杨家太极拳各艺要义（附武术偶谈）》（国术统一月刊社发行，1936 年出版）；《武术丛谈续编》（1956 年油印稿）。

其中，《武当剑法大要》是李景林先生亲授的第一部武当剑专著，"元秀亲受其业，退而述成此编，呈政。师阅后曰：'汝能记其根略，以惠同门，实吾近年所欲成而未竟之志。汝即付梓可也。'今则诲语如闻，哲人已萎。缅怀风范，不禁高山景行之思。"

直到20世纪90年代，笔者与李天骥先生再传弟子高晓光先生交流时，高晓光提到李天骥先生武当剑的自豪之情，仍历历在目。李天骥先生乃李景林传人，此外据黄元秀记载，著名武术家赵道新先生，也是李景林先生的弟子。

黄元秀在《武当剑法大要》中提到，他最初一直在寻找中国剑术，多年不遇，很是遗憾，但不信已经完全失传。后来，见识到李景林将军之剑术而投其门下，并将所学著述记载，以使其广传。武当剑技奥秘何在，为何能名震民国时期的武林，黄先生在其著作中有详解。这一著作也奠定了黄元秀在武学界的历史与学术地位。

除武当剑外，黄元秀先生的杨家太极拳也是嫡传。1937年，日本全面侵华战争爆发之前，黄元秀刊登于《国术统一月刊》的《杨家太极拳各艺要义（附武术偶谈）》，保留了其所学所知的原始杨家太极拳技艺与文献，比较全面地解释了杨家太极拳的内容与奥妙。此书开篇就是一版与众不同的《太极拳论》。这一版本究竟是什么来历，为何与其他版本不同，值得学界重视与研究。其中的太极拳拳式名目内容，与李瑞东传人于民国八年抄本中记载的传杨家谱也有不同之处。其《太极拳论》中记载的《太极拳长拳歌》，可能是民国时期与太极拳相关的著作仅见。这一内容，后来在1953年7月1日，才出现于何孔嘉先生的序言文字中，将杨健侯赠田兆麟拳谱（油印本《太极拳手册》）重提。直到近年，孟宪民先生于2015年出版《牛春明太极拳及珍藏手抄老谱》一书，将其外祖父牛春明抄于杨健侯拳谱手抄本的影印件公布于世，以《太极妙处歌》之名才又出现。

黄元秀先生武学著作的着眼点独到。他认为即便是同一门弟子之间的拳法，各传人之间也是“各有特长，各尽其妙，不能从同，亦不能强同，其中并无轩轻可分，在学者更不得是此而非彼。要知此种艺术，能立千年而不废，博得一般人士之信仰，其中确有不可磨灭之精义，令人莫测之妙用存焉。”“无论系何师，一家所传，一人所传，其动作多少，皆不能同，亦不必尽同。不仅太极拳如此，即弹腿一门有练十路者，有练十二路者。此为回教门之艺，尚且有两种之分。又若少林门各拳，有岳家手法，有宋太祖拳，此传彼授，各是其是，各非其非，惟情论总须一致，设或理论不同，则其宗派显然有别，不得谓为同门矣。”为后人纷争谁是正宗、如何辨别不同门派指点了迷津。高人高思，可见一斑。

由于黄元秀显要的社会地位，加上诸多便利因素，他可以向杨澄甫先生询问许多问题，涉及其他弟子与师父之间不便询问的事情。以其资深的武学修养、文学修养、修佛境界及军队高阶等身份，记录了杨澄甫等杨家太极高手的高深功夫，令人信服。如“杨老师顺势一扑，其手指并未沾着余之衣襟，而余胸中隐隐作痛”。为何弟子们各有特色，为何练太极者众多而成才者寥寥无几？他给出了自己的调查结果。此外诸如什么人适合什么拳，练太极重点何在，学拳慢与快的道理所在，太极与少林姿势的对应关系，以及太极拳练法、连劲、推手、散手、对打、技击，八打八不打，等等，都做了专项讲解。他还对一些门派（如零令门）加以介绍，对旧时拜师学艺仪式的流程、讲究，武林场上的各式规矩、礼范，一些门派的学艺特色，都给以详细描述，同时将历代剑侠名人悉数记载在册。黄元秀先生还在专著中述诸文字，大声呼吁：应当把概念笼统的国术称谓改为具体的武术称谓，唯此才能够准确厘清武术的专责与其他门类的分野……凡此种种，都使后人能够看到那个时代武术业清晰的样貌。

黄元秀在其武学专著中，还保存了许多武术史上的重要信息。记载了杨家传人对武家太极来历之不解；记载了杨露禅所学来自陈家沟的陈长兴，为太极拳史研究再次提供了来自杨家说法的旁证；记载了杨镜湖（杨健侯）的珍贵心得对张三丰（峰）与太极拳之关系，做了概述与探讨。

黄元秀还用生动的文笔，记载了河北一个别开生面的郝家太极拳派。其文如是说道："太极拳，近年来风行南北，可谓国术界中最普遍之拳术，遍观各处，各人所练，各不相同，可大别为三派：一为河北郝家派。此派不知始于何祖，闻系河北郝三爷（郝山野）所传，述者忘其名，世以郝三爷称之。三爷于清末走镖秦晋间，身兼绝技，善画戟，名震绿林，镖局争聘之，实为山陕道上之雄。余见天津蒋馨山、刘子善等，皆练此拳，南方习者不多，吾师李芳宸先生南来时，其家人及同来各员，皆善此。手法极复杂，其动作较杨陈二派增添一倍，约有二百余式，表演一周，时间冗长。据吾师云：此于拳式之外，加入推手各法，故较他派手法齐备，因太繁细，颇不易记，诸君既习杨家派，其理一贯，勿须更习。余怂恿朋侪学习之，计费六十余日，不能卒业，可见其繁细矣。孙禄堂先生云：‘此拳之长，极近柔顺之至。’尔时余忘索其拳谱，不知与陈杨两派之理论，有无异同也。”黄元秀的这一记载，学界并没有认识到，它为破解太极拳众多重大历史谜团，留下了一把钥匙。《武当武技与开合太极拳》作者李仁平，于2013年《武魂》发表文章介绍：……19世纪晚期，清代武术家刘德宽得世隐高人的开合太极拳，传弟子吴俊山。1910年刘德宽病故，弟子吴俊山投至李景林麾下，并与蒋馨山（1890—1982，祖籍河北省枣强县人。程派八卦掌传人。毕业于北京法政学堂后，跟随表兄李景林从戎，时任李景林奉军第一师军法处处长，直隶省军务督办署军法处处长。）关系密切。为报答李景林、蒋馨山的知遇之恩，吴俊山奉献开合太极拳，言此拳系王宗岳所传，请李、蒋二人甄别。李、蒋二人慧眼识得此拳的价值，甚是欢喜地接纳了此拳（后蒋馨山传弟子吕学铭、李允中、儿蒋炳熙等；吕学铭传弟子李仁平等；李仁平传众弟子……），由此可知有一个“述者忘其名”的神秘人物——河北郝三爷，而蒋馨山等所练之开合太极拳与河北郝三爷同脉。蒋馨山生前常说：“该拳无一处不合‘拳论’，是王宗岳真传无疑。”

文中说这位郝三爷“于清末走镖秦晋间，身兼绝技，善画戟，名震绿林，镖局争聘之，实为山陕道上之雄。郝三爷走镖往来于秦晋之间，一代太极拳宗师王宗岳也是山西人，有地缘上的契合以及人与人之间往来联系的可能性，由此是否可以推断郝三爷的太极拳来源于山西王宗岳一脉？开合太极拳公之于世已六代人（180 多年）。清中晚期，镖师郝三爷得武当高人传授开合太极拳，为近代第一代传承人。晚清著名武术家刘德宽（1826—1911）在山西护镖时，得郝山野传授，为第二代传承人。刘德宽传第三代吴俊山；吴俊山代师传蒋馨山、李景林、程海亭……由此推断刘德宽得自郝三爷。”

综合新发现的山西版《三三拳谱》、山西版《三三枪谱》及唐豪先生厂本《阴符枪谱》《太极拳经》合抄本等可知，王宗岳是乾隆时人、原来《阴符枪谱》分别在北平、河北、山西三地流传。乾隆年间民间流传的《山右王宗岳太极拳论》，不止被武禹襄经过其兄而得到，也被河北广平陈华（利）先生等人得到。顾氏六合通背拳传人广平陈利先生这一支，掌握的拳谱与杨家不同，如杨家并无《阴符枪谱》。另从河北顾氏传人藏谱，以及各传人的著作等看，其门内并不尊王宗岳为乾隆传祖，可知其不是王宗岳嫡传之系。陈利弟子卢氏的传谱名为《六合通背》，而非《太极拳谱》。

陈利先生得到《阴符枪谱》《山右王宗岳太极拳论》之后，最初用于补充完善自己的六合通背拳，并非太极拳。可知陈利先生之前的顾氏拳法为六合通背拳，其传人卢鸣金先生的《枪谱》也不是阴符枪。此枪法被三皇炮拳传人冠之以“赵云勇战枪”“子路枪”，河南南阳地区以“黄龙枪”称之。这些信息的共享，是又一个值得研究的大课题。

因此，陈利六合通背拳传系后与杨家交流学习，结合自己所学，将其扩充为太极长拳，拳谱文字也二者合一。此拳传人有郝三爷、刘德宽先生、陈利传人等。后人搞不清楚来源，河北广平等地传人将太极拳上推到顾氏；又见自己传谱中有张三丰的信息，便按自己的理解，认为是张三丰所传。

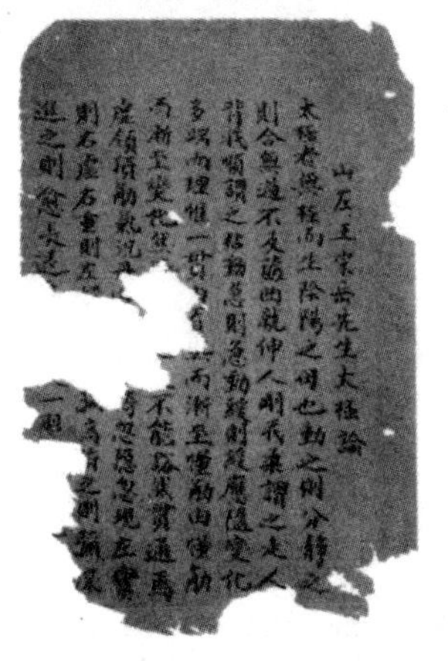

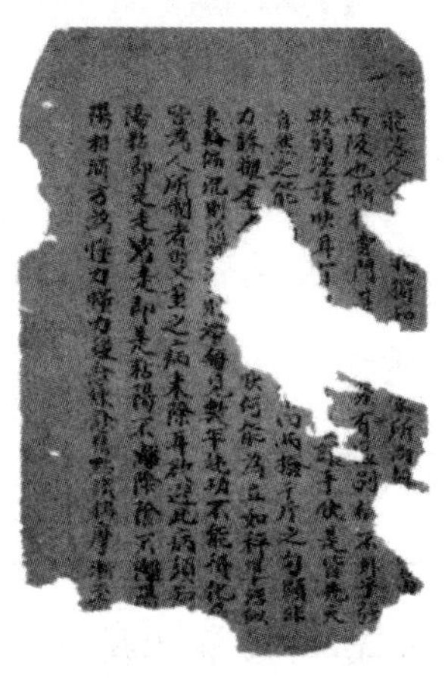

河北顾氏传人陈利传谱中《王宗岳太极拳论》的信息

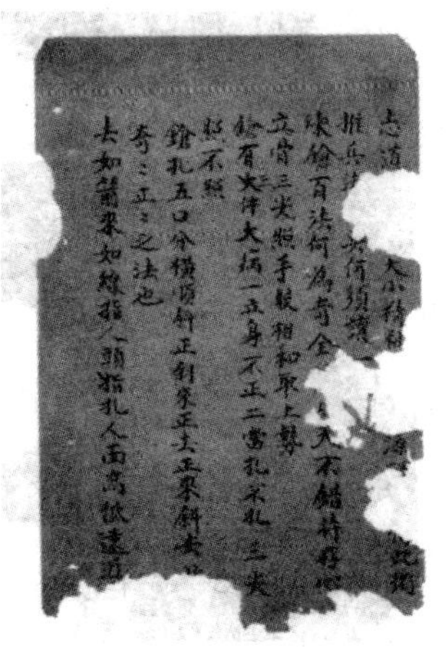

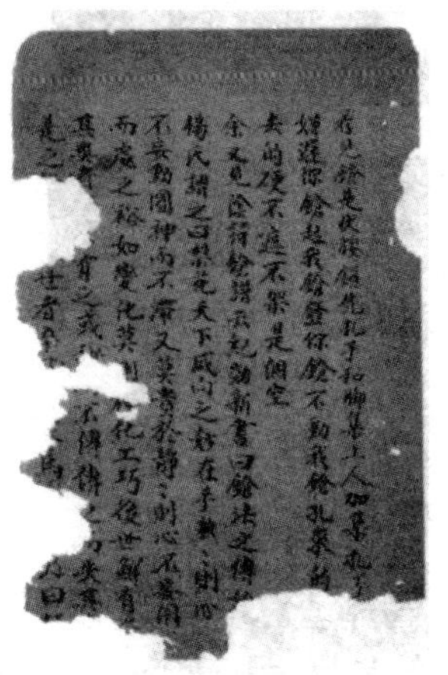

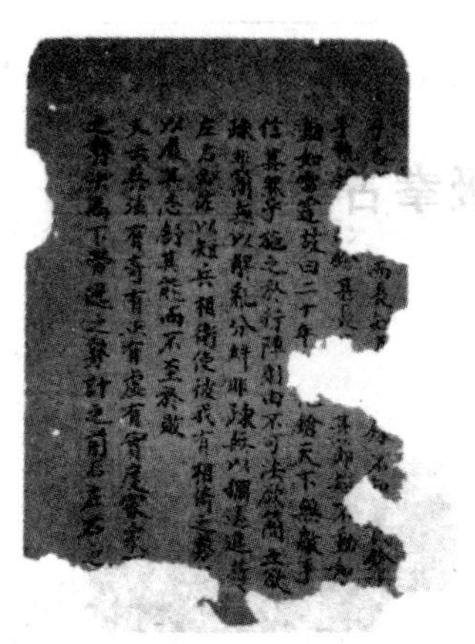

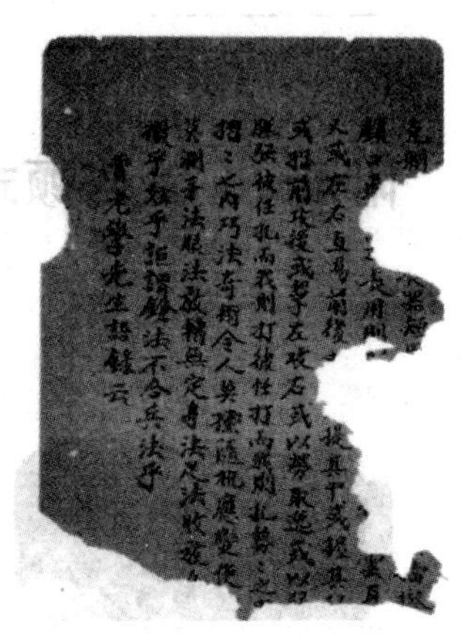

河北顾氏传人陈利传谱中《阴符枪谱》的信息

此外，吴孟侠先生民国三十三年《明武山庄武学手册之一》显示，所谓牛连元传谱并不存在，原来是王树刚传谱，也是陈利这一支的传谱。

至此，笔者得出初步结论：河北郝三爷各太极拳传系与姜容樵、姚馥春太极拳传谱相合；吴孟侠传谱与姜容樵、姚馥春太极拳传谱相合；姜容樵、姚馥春太极拳传谱与河北广平陈氏陈利传系相合；山西《三三拳谱》、山西《三三枪谱》与唐豪厂本、河北顾氏传人陈利传谱相合；乾隆时王宗岳《阴符枪谱》与《太极拳论》相合；武氏《王宗岳太极拳论》与山西、河北、北平《王宗岳太极拳论》相合。

上述发现，以及“此系武当山张三丰先师遗论”真相揭示等成果，将改写太极拳的历史，并提出新的大课题。更多相关课题及其深入探讨有待学界展开。这是黄元秀先生此书的历史价值及贡献所在。

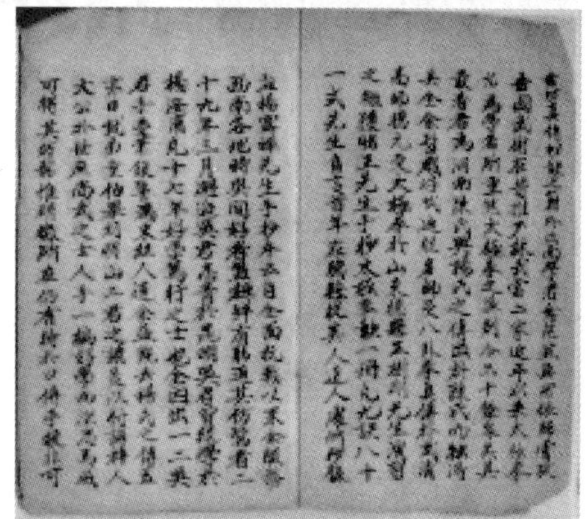

吴孟侠先生民国三十三年《明武山庄武学手册之一》原本

黄元秀先生的书是以辛亥革命过来人的历练，写光复后国人如何对待传统武术，应该如何使之发扬光大。这点与李泰慧先生著作《心一拳术》背景相同。因此，这些前辈们是真心为国家及其后代受益而著述，其心胸视野自是不同。

《太极要义》一书，是国术统一月刊社发行《杨家太极拳各艺要义》之后，第一部太极拳方面的独立出版物。表面上看，两者内容上有大量相同，但《太极要义》更加丰富的内容，正是黄元秀先生致力于武学事业、不断完善作品的反映，这也是其用心所在。鉴于刊物发行量有限，黄元秀先生经过不断努力，终于有了《太极要义》单行本。该书整理于抗日战争时期，意义特别，因物质匮乏而使用土纸出版，由文信书局印行。此书没有了《杨家太极拳各艺要义》中的刊物附带，以及其他学人的武学相关文字及历史遗迹遗物等内容，篇幅内容也有增删与不同，并有许多历史名人之序，反映出当时政要人物对武术国粹及其黄先生的重视程度。除太极拳内容外，此书另有大量传统武学的其他内容，增补了图示。无论从哪方面讲，黄元秀先生的武学专著都具有多方面的实用与学术价值，其中作序的相关人物，今日大都已成需要后人重点研究的历史人物。

晚年，黄元秀先生又总结出《武术丛谈续编》（1956 年油印稿），更新其武学心得与成果，但限于历史条件，仅在小范围公开。虽个人身份以及社会地位不断变化，但黄元秀先生将中华武学发扬光大的初心不改，世间罕见。如其 1957 年与海灯法师的交往及其留影，又为学界关于海灯法师武功疑问的争论，提供了一个佐证。

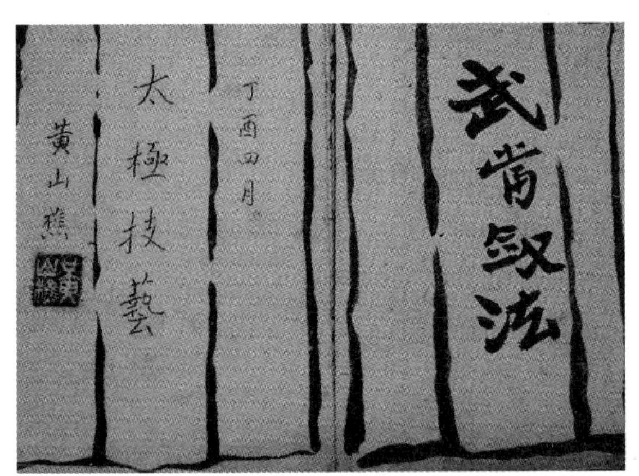

1957 丁酉年，黄山樵（黄元秀）撰《太极技艺》《武当剑法》

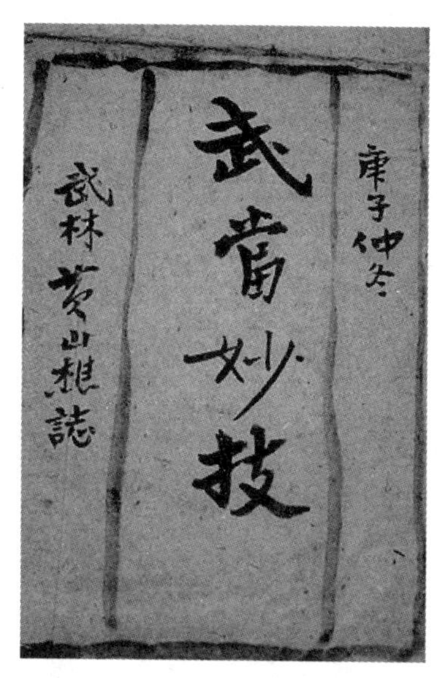

1960 庚子年，黄山樵撰《武当妙技》

1960 庚子年仲冬，海灯法师与黄元秀（时年七十又八）涌金公园对剑

唐豪先生、徐哲东先生等学人都曾以黄元秀先生著作为论据，考证相关课题；移居危地马拉的李英昂先生曾在《太极拳十三枪

注》中赞誉，黄元秀先生是以科学方法整理太极拳；陈炎林编写的《太极拳刀剑杆散手合编》一书，论劲、散手、太极拳表等，皆从黄先生著作而来。

遗憾的是，黄元秀先生的武术专著，除个别出版于民国时期，以前一直未能公开出版发行。大陆地区只在20世纪80年代翻印过《武当剑法大要》一书。其余都没有机会再版或翻印。部分单册《武当剑法大要》《杨家太极拳各艺要义》台湾虽有翻印，但因繁体字影响现代人的阅读兴致，其价值很难发挥，阻碍了广大读者对黄元秀先生武学著作的了解和传播，可谓遗珠弃璧。迄今为止，国内外尚没有出版过黄元秀先生武学著作合集，更没有简体版整理合集出版，这也是学界一大不足。

对黄元秀先生武学著作的首次合集出版，将会对传统武学及其相关文化的研究与继承、历史迷雾的澄清、传统武学的发扬与光大都有所帮助。无论初学者还是资深武学家，都会从这样一位独特人物的武学结晶中汲取到自己所需。这也是我们整理分享黄元秀前辈著作的初衷。

崔虎刚

于加拿大首都渥太华

太極要義

附武術叢談

書樵誌

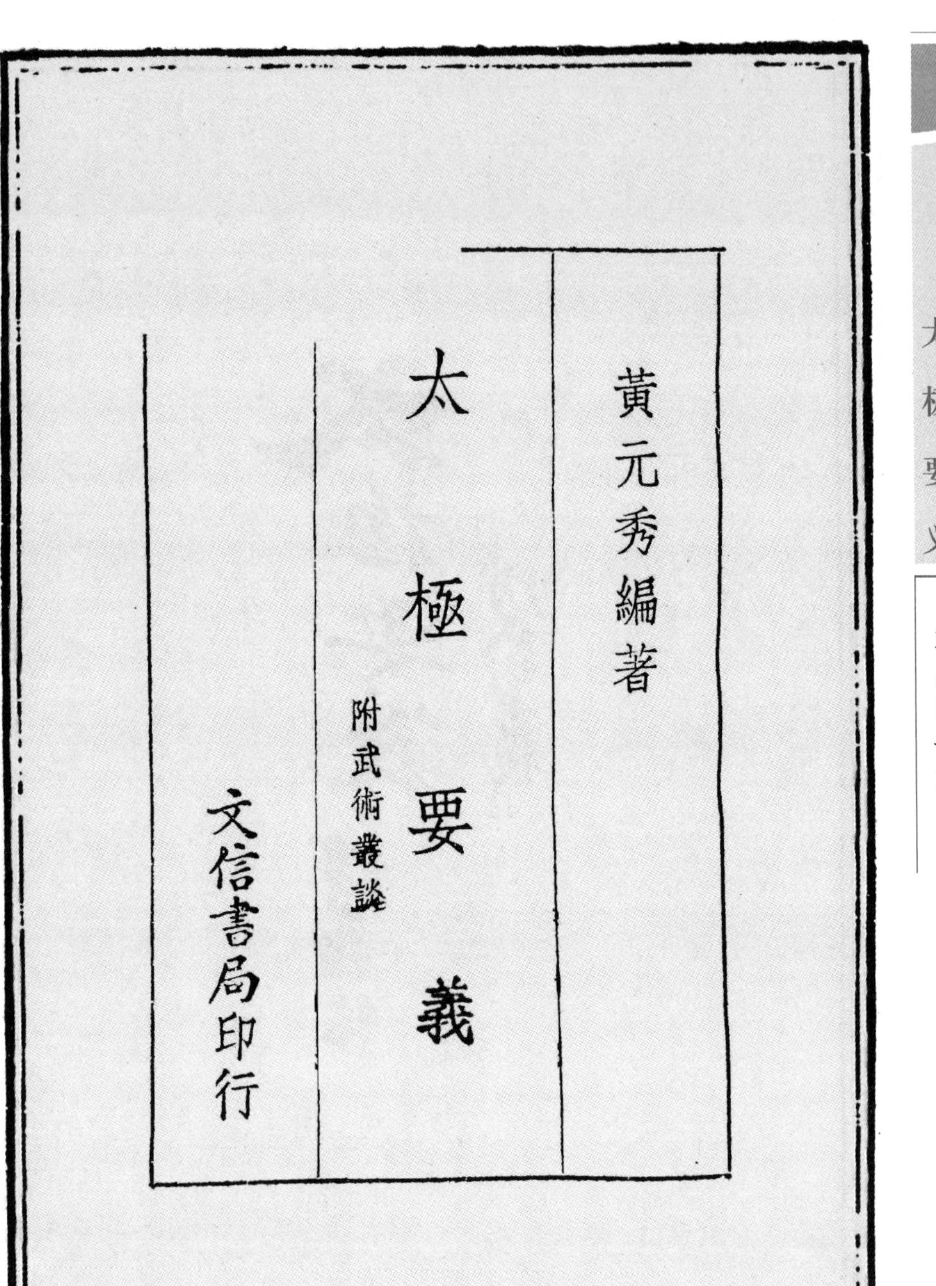

黃元秀編著

太極要義

附武術叢談

文信書局印行

目錄

太極拳要義 目

顧序（一）

民國二十三年春三月，余至南昌，謁　委員長。遇行營黃處長文叔先生，出其太極拳要義一書，囑余題句，余因之有言矣。余聞諸　楊夢祥先生曰：研究太極拳之要訣有三：

一：盤架子，初學者，宜匀、宜緩、宜正、宜展，所謂匀者，劃圈宜圓，兩圓須成切線，兩圓相交，須通過圓心，蓋求其整齊也。所謂緩者，使所儲之內勁，漸漸達於指梢，蓋求其血氣舒暢也。所謂正者，全身中正安舒，重心無傾斜之弊，　蓋求其姿勢之優美也。所謂展者，使筋肉骨節自然展開，蓋求合符生理上之運動也。

二：推手　架子盤熟，工夫稍進，則學推手，或曰搭手，又曰靠手，推手者，敵我二人，以一手或兩手粘搭，用拈、連、黏、隨、四字工夫，劃陰陽兩圈。其法有二：

1. 甲劃圓圈，乙隨而走，或乙劃圓圈，甲隨之而走。
2. 甲乙兩人，各劃半圓圈，合成一整圓圈。

然無論一整圓圈，或兩半圓圈，均於此圓圈上，研究掤、攦、擠、按、四字要訣。惟應注意者，甲乙兩人，各有一重心，甲乙兩人靠手時，又於靠手之交叉點，自成一重心，此三重心點，由甲乙兩人互相爭奪，得重心者勝，失重心者敗，此一定之理也。

三：發勁與化勁　推手練習純熟，然後練習發勁與化勁，初學者，可練手上發勁，所謂合掌，或曰補手是也。工夫較深者，練習腰勁或足跟之發勁，所謂發於足跟形於手指是也。發勁宜直，化勁宜圓，化之不盡。發之不遠。初學化勁者，方向宜斜，上乘工夫，則向自身化之，所謂引進落空是也。或曰：以夫子之道，反制夫子。卽借敵人之力，以打敵人，借敵人之勁，以制敵人也。

然發勁化勁，必須拈、連、黏、隨、掤、攦、擠、按、採、挒、肘、靠、合而運用。否則不克生效也。

余對於太極拳，初學而未專研，玆承　黃先生囑，不敢推諉，謹錄師語，以留紀念，並非臆造也。

永新譚夢賢於南昌識

譚序（二）

余友黃君元秀，字文叔，軍界之宿將也，性恬淡，廣交遊，公餘之暇，輒喜擊技之術，昔日曾與李芳宸楊澍甫杜心五諸先進遊，潛心研習，歷有年矣，著有太極拳要義一書，尋將付梓，供諸同好，問序於余，余因之有言矣。夫古代拳術，不知創自何人，史冊難稽，近代拳術，其流派雖演爲武當少林兩宗，然其鍛鍊之結果，其成功則一也。夷考少林拳術，有龍拳練神，虎拳練骨，豹拳練力，鶴拳練精，蛇拳練氣之分，五拳鍛練純熟，則體魄雄厚，膽氣充足，手足靈活，眼光銳利，基礎既立，然後研求對敵致用之方，於是少林之拳法備矣。武當拳術，創始於張三丰先師，此拳不重表面筋皮骨之形態，而重內體精氣神之充實。其致用之法，主張以靜制動，以柔克剛，以短勝長，以慢擊快，以無力打有力，即兵法所謂動於九天之上，藏於九地之下是也。初習三丰藝術者，先練十三式架子，盤此架子之期間，最短百日，最長三年，姿勢務練正確，手眼身腰步已趨一致，而動作呼吸用意三者，均能協調，然後再練着法，由着熟而練習懂勁，由懂勁而階及神明，一旦臨敵，則着勁合一，身意協調，吾人一舉手，一抬足之間，無不得機得勢，所向無敵矣。練武當拳如是，練少林拳想亦大同而小異也。今之習技擊者，應以黃君之要義爲法，幸勿存內外二家之謬見，而生分別之心，則習拳之要旨得矣。質諸文叔兄，未卜以余言爲河漢否耳，爰爲序。

民國三十一年冬譚夢賢又序於桂林習是齋

姚序

黃君文叔，博學多能，崇尚武俠，少居鄉里，好與突鬢垂冠者，縱談技擊，未嘗不心領神會。其時風氣未開，輒爲父老所阻，長而奔走國事，職務鞅掌，無暇及此。中年以後，始與田紹先楊澄甫，諸國術名家，先後相識，乃從學太極拳，暨各種武藝。旋又游李芳宸將軍之門，習武當劍法，繇是十餘年來聲應氣求，交遊益廣，學業亦日益精進，近出所著太極拳要義見示，都凡一萬四千餘言，詳論拳術工夫，並學者用功方法；而於調節體力，修養身心諸端，言之尤詳。至若師門派別，拳家慣例，亦略舉大概，足供參考。夫拳術諸書，不乏善本。惟斯編乃不僅拳法論理，並能切實指示學者以用功要旨。蓋本其經驗所得，加以悉心體會，故着眼有獨到之處，語似尋常，而體用賅備，願讀者勿以其近而忽之，斯可已。

民國紀元二十有三年甲戌仲春弟姚憶華謹跋

蔣序

擊技總別爲武當，爲少林，少林宗達摩，武當宗張三丰。考武當之擊技，亦不一其途，就余所知者，如太極拳、八卦遊身連環掌，武當劍術，皆三丰祖師所傳留。太極拳之登峯造極者，在唐代有許宣平夫子李，在元代有張三丰，在明代有張松溪。松溪乃三丰之高足，於浙之鄞縣，傳授門徒，厥後名家輩出，要皆松溪一派。八卦遊身連環掌，則董海川太老師，在江南謝花山，受之道人避燈俠。武當劍術，則先師宋唯一，在醫巫閭山，受之道人避月俠，乃避燈俠之師兄也。二者之術，似同而不同，不同而同。其左旋右轉，右旋左轉，擰蔴花則不同而同者也。其換勢一則自下，一則自上，自下者，乾用九，進陽火。其旋轉，則如盤中衮珠，其變化則身如風中之柳，手如織布之梭。自上者，坤用六，退陰符。如衮圓石於萬仞之山，其法主於誘，卽所謂善戰者不鬥，善爭者不怒，此同而不同者也。尤宜辨者，武當丹字派劍術，則張松溪在浙江鄞縣之四明山，受於張三丰，故又稱曰四明劍術。松溪本少林名家，遍歷南北無敵手，在四明爲張三丰所折服。遂盡棄少林所學，而歸於武當，所存者僅少林之五行陰手棍，又名達摩過江棍，故凡松溪一派之劍客，均熟於少林陰手棍法。甲子秋余從先師宋唯一受教時，談及太極拳之意義，則不知有太極拳之名，質之演練太極拳者則不知有武當劍術之名。太極拳之要義，爲拈、連、黏、隨，武當丹字派劍術之要義，爲背孤擊虛，完全用離，所謂往來無蹤影者也。以其時代地點考之，均松溪所傳留，固無疑意。余友虎林黃文叔先生，既著太極拳要義，武術叢談，徵敍於余，余不敏，不能文，則就武當各派之源流，略述梗概，後之學者，攻擊之風，於以泯滅，斯則余之厚望焉。

甲戌秋，河北蔣馨山敍於天津淨業菴國技研究社。

鮑序

虎林黃文叔先生，學識通明，亦儒亦俠，而胸懷坦摯，肝膽照人。少即有志於技擊，顧其時斯道尚未大彰，武術名家，亦不爲當世所引重，先生方有志焉而未之逮。尋且投筆從戎，以軍界先進人物，盡瘁國事，倥傯不遑者，彌歷年歲。而先生志願所結，卒以全國國術大會之機緣，與太極泰斗楊澄甫先生親炙，得精究噪傳一世之楊無敵露禪先生拳術遺傳，因以廣交海內國術名家，不一其人。更從李芳宸將軍研習武當劍法，以與太極拳術相輔，由斯應求會合，廣益集思，益諳斯道之奧妙。邇者退食自公之暇，著太極拳要義一書，而附以經驗所得之武術偶談，其於拳術之宗法規約，與夫致力之方，稱名之義，體力之調節，身心之修養，均肫切致意，有志斯道者，洵堪奉爲典要。回憶去夏，行營成立，先生奉召來贛，佛田亦附驥奔走於斯，旅社傾襟，備覺歡洽。自是公餘盍簪，觀摩漸漬，益承先生不棄，忘形爾我，始知先生固深嫺武術，佛田愧於斯道，素少研究，方思學步，而苦於靡所問津。今對先生之逸興遄飛，嚮嚮之意，彌形堅決，顧以公務忙迫，人事拘牽，卒卒未果。直至今歲元月，始得償半載以來之結念，由是每夕追陪，於練拳練劍之餘，時飫聞先生名論。凡古今來端人賢哲之嘉懿言行，堪垂法矱，與夫一切涉世應務之方，植品謹身之道，莫不懃懃懇懇，垂爲雅言。其對於青年後進，

允力勉其鍛鍊身體，以成種種作人要義，更致致於放下俗念，於生濟世利[illegible]，[illegible]
不僅以練習拳術強壯身體爲其終的，惟以練拳術強壯身體爲其基礎。蓋以拳術家而兼道德家慈善家
之所長，含涵泳身心，保持健康，淘汰衆生，諸要義而一貫之。此佛門[illegible]，[illegible]
生蘊藏於其中，此[illegible]以嚶於心者，所編以貢與讀是書者，共論焉爾。
中華民國廿三年十月[illegible]館佛因序於南昌行營

林序

余習太極拳於田師紹先，得識黃文叔先生。其爲人深沈果毅，勇往直前，每習一藝必至精熟而後已，故其進境之速，造詣之深，非余所能揣測也。本年春，黃先生於劬勞黨國之餘暇，出其多年苦心所得之經驗，筆之於書，彙爲太極拳要義及武術偶談欲示初學者，以實練入手之法，其有益於世，詢非淺鮮。書成以余稍習醫學，命將拳術於生理上之益處，簡括言之，重違其請，謹爲條例如左：

一：太極拳之爲術也。一動無有不動，一靜無有不靜，其動其靜，莫不身心兼顧，內外並修，絕無偏重之弊。且其練習順序，由淺入深，按步以進，尙柔和不尙拙力，以努氣爲大忌，絕無過勞之弊，故能發達全身臟器，使其肥大，則身體日益堅強矣。

一：太極拳之實練也，以聚精傾神，以發號施令，一舉一動，皆有意志，爲其主宰，非漫無統率者可比，故能意志集中，精神日以鞏固。

一：呼吸爲吾人生命所賴以維持，其爲重要，不言可知。然在實際上，每被忽視，常見有摒其氣息，以求最大努力，致面色紫漲，脈絡怒張，或竟疲敗苦悶而倒地，此皆不知注意呼吸，無以應體內氧氣之需求故也。太極拳則不然，集中心意，以行呼吸，一呼一吸，皆應身體之動作，屈伸轉換之間，皆以呼吸貫通之。即所謂以心行氣，以氣運身，身心之關，介以呼吸，故能身體靈活，呼吸順遂，而肺活量日以增大矣。

凡上三端：僅其大概，聊舉以塞責，固不足以盡拳術於生理上之益也。

民國二十三年一月南昌行營第八臨時醫院院長林鏡平謹識

自序

余自幼喜弄拳棒，好聞古俠士行，從鄉入學，數年未成，壯求科學，旋即從軍，無暇及此。民國八年，同學斯參謀鏡吾，聘北平田兆麟先生來浙，邀余加入，學纔數月，江浙軍興，奔走勞瘁，遂至中輟。民十八張靜江先生主浙，開全國國術大會，國術名家，聯袂涖止，適時見獵心喜，乃從廣平楊澄甫先生重習太極拳；并從老友孫祿堂，張兆東，如兄杜心五、劉百川，研究各技；復承李芳宸先生傳授武當劍術，由來六易寒暑，愧無所得，而向慕之私，愛好之念，實未嘗一日去懷。上年孟春，日寇關東，為友人邀往第八軍參贊戎幕，入夏南來，委座囑任行營工作。公餘之暇，拳劍自娛，同營中，不乏同好，爰叚錄此譜，以餉諸友，又有余習拳經驗談數則，當另附焉。

民國二十三年元月中澣黃元秀識於南昌百花洲行營

張三丰傳（錄北平太極拳研究社許先生序）

張三丰名通，字君實，遼陽人，元季儒者。善書畫，工詩詞，中統元年，曾舉茂才異等。任中山博陵令，慕葛稚川之爲人，遂絕意仕進，遊寶雞山中，有三山峯，挺秀蒼潤可喜，因號三丰子。世之傳三丰先生者，不下十數，均未言其善拳術。洪武初，召之入朝，路阻武當，夜夢玄武大帝授以拳法，旦以破賊，故名其拳曰武當派，或曰內家拳。內家者，儒家之意，所以別於方外也。又因入門五步，爲此拳中之要訣，故名十三式，言十三法也，後世誤解以爲姿勢之勢，則謬矣。傳於松溪，張翠山。先是宋遠橋，與俞蓮舟，俞岱岩，張松溪，張翠山，殷利亨，莫谷聲，等七人爲友，往來金陵之地，將同往武當山，訪夫子李先生不遇，適經玉虛宮，晤三丰先生，七人共拜之，耳提面命者，月餘而歸，自後不絕往拜。由是而觀。七人均曾師事三丰，惟張松溪，張翠山，傳者名十三式耳。或曰：三丰係宋徽宗時人，值金人入寇，彼以十人殺金兵五百餘，山陝人民慕其勇，從學者數十百人，因傳技於陝西。元世祖時，有西安人王宗岳者，得其真傳，名聞海內，著有太極拳論，太極拳解，行功心解，搭手歌，總勢歌等。溫州陳同州多從之學，由是由山陝而傳於浙東，又百餘年，有海鹽張松溪者，在派中最爲著名，見寧波府志後傳其技於寧波葉繼美近泉，近泉傳王征南來咸，清順治中人。征南爲人勇而有義，在明季可稱獨步，黃宗羲最重征南，其事蹟見遊俠佚聞錄。征南殁時，曾爲幕志銘。黃百家主一，爲傳內家拳法，有六路長拳，十段錦等歌訣。征南之後，又百年，始有甘鳳池，此皆爲南派人士。其北派所傳者，由王宗岳傳河南蔣發，蔣發傳河南懷慶府陳家溝陳長興，其人立身常中正不倚，形若木雞，人因稱之爲牌位先生，子二人，曰耿信，曰紀信。時有楊露蟬先生福魁者，直隸廣平永年縣人，聞其名，因與同里李伯魁共往師焉。初至時，同學者，除二人外，皆陳姓，頗異視之，二人因互相結納，盡心研究，常徹夜不眠，牌位先生見楊之勤學，遂盡傳其秘，楊歸傳其術遍鄉里，俗稱爲軟拳，或曰化拳，因其能避制強硬之力也。嗣楊游京師，客諸府邸，清親貴王公貝勒多從受業焉。旋爲旗官武術教師，有三子，長名錡早亡，次名鈺字班侯，三名鑑，字健侯，亦曰鏡湖，皆獲盛名。余從鏡湖先生游有年，論其家世，有子三人，長曰兆熊字夢祥，仲名兆元早亡，叔名兆清字澄甫，班侯子一，名兆鵬，務農於鄉里，當露蟬先生充旗營教師時，得其傳者蓋三人，萬春凌山全佑是也。一勁剛，一善發人，一善柔化。或謂三人各得先生之一體，有筋骨皮之分，旋從先生命，均拜班侯先生之門，稱弟子云。有宋書銘者，自云宋遠橋後，久客項城幕，精易理，善太極拳術，頗有發明，與余諸人日夕過從，獲益匪鮮，本社教員紀子修，吳鑑泉，劉恩綬，劉采臣，姜殿臣等，多受業焉。

太極拳要義

太極拳理詳解　富春陳智俠　杭州黃元秀述註

太極拳術十要（此十要，從拳譜拳論中，擇其要旨，分別詳釋之篇）。

一、虛靈頂勁。

頂勁者。頭容正直，神貫於頂也。不可用力，用力則項強，氣血不能流通，須有虛靈自然之意。非有虛靈頂勁，則精神不能提起也。

二、含胸拔背。

含胸者。胸略內涵，使氣沉於丹田也。胸忌挺出，挺出則氣擁胸際，上重下輕，脚根易於浮起。拔背者。氣貼於背也。能含胸則自能拔背，能拔背，則能力由脊發，所向無敵也。含胸，非彎胸出背，微含而已。

三、鬆腰。

腰為一身主宰。能鬆腰然後兩足有力，下盤穩固。虛實變化，皆由腰轉動。故曰：「命意源頭在腰際」。有不得力處必於腰腿求之也。

腰固要鬆，而肩肘腿手，皆要鬆。否則不能靈活不能沉，發勁不長。

四、分虛實。

太極拳術以分虛實為第一義。如全身皆坐右腿則右腿為實，左腿為虛。全身坐在左腿，則左腿為實，右腿為虛。虛實能分，而後轉動輕靈，毫不費力。如不能分，則邁步重滯，自立不穩而易為人所牽動。

此雖僅以足為例，如手之出動，亦有虛實，或一手中亦分虛實，腿中亦有虛實，此理非有純熟工夫，不能領悟。

五、沈肩墜肘。

沈肩者。肩鬆開下垂也。若不能鬆垂，兩肩端起，則氣亦隨之而上，全身皆不得力矣。墜肘者。肘往下鬆墜之意。肘若懸起，則肩不能沉。放人不遠。近於外家之斷勁矣。兩臂沉下，兩肘亦向沉下，但不可僵硬，仍須鬆活雍備。

六、用意不用力。

太極論云：此全身用意不用力。練太極拳，全身鬆開，不使有分毫之拙勁，以留滯於筋骨血脈之間，以自支持。然後能輕靈變化，圓轉自如。或疑不用力，何以能長力？蓋人身之有經絡，如地之有溝洫，溝洫不塞而水行，經絡不閉而氣通，如渾身僵勁，充滿經絡，氣血停滯，轉動不靈，牽一髮而全身動矣。若不用力而用意，意之所至，氣即至焉，如是，氣血流注，日日貫輸，周流全身，無時停滯，久久練習，則得真正。內勁，即太極中所云：「極柔軟然後能極堅剛也」。太極工夫純熟之人，臂膊如綿裹鐵。分量極沉。練外家拳者，用力則顯有力。不用力時，則甚輕浮。可見其力乃外勁浮面之勁也。外家之力最易行動，故不尚也。

內家拳，不重外表之僵勁，而重內部之心意，意之所到，即精氣神所到之處，如是血脈方能運行，如法修練，日久自得無窮妙用。譜中所謂行氣如九曲珠無微不到，其行氣之法，全在意也。

七、上下相隨。

上下相隨者，即太極論中所云：「其根在腳，發於腿，主宰於腰，形於手指，由腳而腿而腰，總須完整一氣也」。手動，腰動，足動，眼神亦隨之動。如是方可謂之「上下相隨」。有一不動，即散亂矣。

八、內外相合。

上下不相隨，即不能完整一氣。術語云，手到腳不到必定瞎胡鬧。

太極所練在神。故云、神爲主帥，身爲驅使，精神能提得起，自然舉動輕靈。架子不外虛實開合。所謂開者。不但手足開，心意亦與之俱開。所謂合者。不但手足合，心意亦與之俱合。能外內合爲一氣，則渾然無間矣。

九、相連不斷。

外家拳術，其勁乃後天之拙勁。故有起有止；有續有斷。舊力已盡，新力未生，此時最易爲人所乘。太極用意不用力，自始至終，綿綿不斷。周而復始，循環無窮，原論所謂：「如長江大河，滔滔不絕」；又曰：「運勁如抽絲」，皆言其貫串一氣也。

太極拳。自第一動起，至結束，相連不斷。如一元環無斷間處，無凹凸處。

十、動中求靜。

外家拳術，以跳踯爲能，用盡氣力。故練習之後，無不喘氣者。太極以靜禦動，雖動猶靜，故練架子愈慢愈好。慢則呼吸深長，氣沉丹田。自無血脈僨張之弊。學者細心體會，庶可得其意焉。

練此拳時，外而雖動，而內部沉靜，此靜字，心意中有冷靜之意。

太極拳論（張三丰祖師著）

未有天地以前，太空無窮之中，渾然一氣，乃爲無極。無極之虛氣，即爲太極之理氣，太極之理氣，即爲天地之根荄。化生人物，始初皆屬化生，一生之後，化生者少，形生者多。譬如木中生蟲，人之生蝨，皆是化生，若無身上的汗氣，木無朽氣，那裏得這根荄，可見太極的理氣，就是天地根荄之領袖也。（此處疑有遺漏）

一舉動，週身俱要輕靈。

不用後天拙力，則週身自然輕靈。

尤須貫串。

貫串者。綿綿不斷之謂也。不貫串則斷，斷則人乘虛而入。

此指氣血脈絡貫串全身。

氣宜鼓盪，神宜內斂。

氣鼓盪則無間。神內斂則不亂。

神宜內斂，即恬靜之謂，靜者命也。

無使有凸凹處，無使有斷續處。

有凹處有凸處，有斷時有續時，此皆未能圓滿也。凹凸之處，易爲人所乘。斷續之時，易爲人所乘。皆致敗之由也。

其根在腳，發於腿，主宰於腰，形於手指。由腳而腿而腰，總須完整一氣。向前退後，乃得機得勢。

莊子曰：「至人之息以踵」。太極拳術，呼吸深長。上可至頂，下可至踵。故變動。其根在腳。由腳而上至腿。由腿而上至腰。由腰而上至手指，完整一氣。故太極以手指放人而跌出者。並非盡手指之力。其力乃發於足跟，而人不知也。上手下足中腰。無處不相應。自然能得機得勢。

所云得機得勢，有二人接觸之機，相交之勢，有個人內外相合之機，前後轉動之勢。

有不得機得勢處，身便散亂，其病必於腰腿求之。

不得機不得勢，必是手動而腰腿不動。腰腿不動，手愈有力，而身愈散亂，故有不得力處。必留心動腰腿也。

上下前後左右皆然，凡此皆是意不在外面。有上即有下有前即有後，有左即有右。

欲上欲下，欲前欲後，欲左欲右，皆須動腰腿，然後能如意。雖動腰腿，而內中有知己知彼，隨機應變之意在。若無意，雖動腰腿，亦亂動而已。

如意要向上即寓下。意若將物掀起，而加以挫之之意。斯其根自斷，乃壞之速而無疑。

此言與人交手時之縱橫變化。反復無端。令人不測。使彼顧此而不能顧彼。自然散亂。散亂則吾可以發勁矣。

虛實宜分清楚。一處有一處虛實。處處總此一虛實。週身節節貫串。無令絲毫間斷耳。

練架子要分清虛實。與人交手，亦須分清虛實。此虛實雖要分清然全觀來者之意而定。彼實我虛彼虛我實。實者忽變而爲虛。虛者忽變而爲實。彼不知我，我能知彼 ，則無不勝矣。週身節節貫串。節節二字，以言其能虛空粉碎，不相牽連。故彼不能使我牽動，而我穩如泰山矣。雖虛空粉碎，不能相連，而運用之時，又能節節貫串，非不相顧。如常山之蛇。擊首則尾應。擊尾則首應，擊其背而首尾俱應。夫然後可謂之輕靈矣。譬如以千金之鐵棍。非不重也。然有巨力者可持之而起。以百斤之鐵鍊。雖有巨力者不能持之而起。以其分爲若干節也。雖分爲若干節，而仍是貫串。練太極拳亦猶此意耳。

虛者非無也，僅虛而已矣。實者非僅與硬也，實在而已。

以上係武當山張三丰祖師所著願天下豪傑延年益壽不徒作技術之末也。

王宗岳先師拳論

太極者。無極而生。陰陽之母也。

陰陽生於太極，太極本無極。太極拳處處分虛實陰陽。故名曰太極也。

此論王宗岳先師所造。

動之則分。靜之則合。

我身不動，渾然一太極，如稍動，則陰陽分焉。

無過不及，隨屈就伸。

此言與人相接相黏之時。隨彼之動而動。彼屈則我伸。彼伸則我屈。與之密合。不丟不頂。不使有稍過，及不及之弊。

剛我柔謂之走。我順人背謂之黏。

人剛我剛則兩相抵抗。人剛我柔則不相妨礙。不妨礙則走化矣。既走化。彼之力失其中則背矣。我之勢得其中則順矣。以順粘背，則彼雖有力而不得力矣。

剛與僵不同。柔與軟不同。黏與滯不同。鬆與散不同。

動急則急應。動緩則緩隨。雖變化萬端，而理惟一貫。

乘之緩急隨彼之緩急，不自爲緩急，則自然能粘連不斷，然非兩臂鬆淨，不使有絲毫之拙力，不能相隨之如是巧合。若兩臂有力，則喜自作主張。不能捨己從人矣。動之方向緩急不同。故曰：變化萬端雖不同，而命之粘隨。其理則一也。

由著熟而漸悟懂勁，由懂勁而階及神明。然非用力之久，不能豁然貫通焉。

著熟者。習拳以練體。推手以應用。用力既久。自然懂勁而神明矣。學者須注意階及二字，其工夫如升階然，須一級一階而升堂入室，久練功到自然成。

虛靈頂勁。氣沉丹田。不偏不倚。忽隱忽現。

無論練架子及推手，皆須有虛靈頂勁，氣沉丹田之意。不偏不倚者，立身中正，不偏不倚也。忽隱忽現者，虛實無形，變化不測也。

此喻所云之頂勁，其頂中需虛靈，非硬提也，若硬提則僵直矣。其沉，非硬壓丹田也，若硬壓，日久成病切忌切忌。

左重則左虛，右重則右杳。

此兩句即解釋忽隱忽現之意，與彼粘手，覺左邊重則吾之左邊與彼相粘處即變爲虛。右邊亦然。杳者。不可捉摸之意。與彼相粘，隨其意而化之，不可稍有抵抗使之處處落空，而無可如何。

此節工夫，須與人推手時練習之。

仰之則彌高，俯之則彌深，進之則愈長，退之則愈促。

彼仰則覺我彌高，如捫天而難攀。彼俯則覺我彌深，如臨淵而恐陷。彼進則覺我愈長而不可及。彼退則覺我愈逼而不可逃。皆言我之能粘隨不丟，使彼不得力也。

一羽不能加，蠅蟲不能落。人不知我，我獨知人。英雄所向無敵，蓋由此而及也。

物不能加，蠅不能落，形容不頂之意。技之精者，方能如此。蓋其感覺靈敏，已到極處，稍觸即知。能工夫至此。舉動輕靈。自然人不知我，我獨知人。

此節完全是聽勁工夫，與人交手粘連不離，非熟練聽勁不可，否則易為人制，習聽勁，先從推手起。

斯技旁門甚多。雖勢有區別，概不外壯欺弱，慢讓快耳。有力打無力，手慢讓手快。是皆先天自然之能，非關學力而有為也。

以上言外家拳術，派別甚多，不外以力快勝人。以力以快勝人，若遇力過我者，則敗矣。是皆先天自然之能，非有巧妙如太極拳術之不恃力不恃快而能勝人也。

此節所提旁門，常有以太極之名，而無太極拳陰陽虛實之分，徒取外表之形式，而無內部虛氣脈絡之修練，故視為旁門外道。

察四兩撥千斤之句，顯非力勝。觀耄耋能禦衆之形，快何能為。

太極之巧妙，在以四兩撥千斤。彼雖有千斤之力，而我順彼背，則千斤亦無用矣。彼也快，乃自動也。若遇精于太極拳術者，以手粘之，彼欲動且不能，何能快乎。能辨到四兩撥千斤著著能禦衆之形，始得太極拳眞工夫。

立如平準。活似車輪。

立能如平準者。有虛靈頂勁也。活似車輪者，以腰爲主宰，無處不隨腰運動圓轉也。

立如平準，並非硬直僵立。活如車輪，並非亂動。

偏沉則隨，雙重則滯。

何謂偏重則隨，雙重則滯。譬兩處與彼相粘，其力平均，彼此之力相遇，則相抵抗，是謂雙重。雙重則二人相持不下。仍力大者勝焉。兩處之力平均，若鬆一處，是爲偏沉，我若能偏沉之，則彼雖有力者亦不得力，而我可以走化矣。

有彼我之雙重，有本身之雙重，彼我之雙重，必至於頂，本身之雙重，必至於笨滯。

每見數年純功，不能運化者，率自爲人制，雙重之病未悟耳。

有數年之純功，若尚有雙重之病，則不免有時爲人所制，不能立時運化。

試驗雙重，須在推手中求之。

若欲避此病，須知陰陽，粘卽是走，走卽是粘。陰不離陽，陽不離陰，陰陽相濟，方爲懂勁。

若欲避雙重之病，須知陰陽，陰陽卽虛實也。稍覺雙重，卽速偏沉，虛處爲陰，實處爲陽，雖分陰陽，而仍粘連不脫。故能粘能走，陰不離陽，陽不離陰者。彼實我虛，彼虛我又變爲實。故陰變爲陽，陽變爲陰，陰陽相濟。本無定形。皆視彼方之意而變耳。如能隨彼之意，而虛實應付，毫厘不爽，是眞可懂勁矣。

此論中有稱陰陽，有稱虛實，足見陰陽與虛實有別。

懂勁後愈練愈精，默識揣摩，漸至從心所欲。

懂勁之後，可謂入門矣。然不可間斷。必須日日練習，處處揣摩，如有所悟，默識於心，心動則身隨，無不如意，技日精矣。

懂勁者明白對方之勁如何與自己之勁如何入門而已，由此而升堂入室，漸至從心所欲。

本是捨己從人，多誤捨近就遠。

太極拳不自作主張，處處從人，彼之動作，必有一方向，則吾隨其方向而去，不稍抵抗，故彼落空或跌出，皆使用力太過也。如有一定手法，不知隨彼，是謂捨近而就遠矣。

斯謂差之毫厘，謬以千里，學者不可不詳辨焉。

太極拳與人粘連，即在粘連密切之處而應付之。所謂不差毫厘也。稍離則遠，失其機矣

長拳者。如長江大海，滔滔不絕也。

太極拳亦名長拳。楊氏所傳，有太極拳，更有長拳，名目雖異，意義相同。

十三勢者。掤攄擠按採挒肘靠。此八卦也。進步退步右顧左盼中定即五行也。掤攄擠按，即坎離震兌，四正方也。採挒肘靠，即乾坤艮巽，四斜角也。進退顧盼定。即金木水火土也。

此論句句切要，並無一字敷衍陪襯。非有夙慧，不能悟也。先師不肯妄傳，非獨擇人，亦恐枉費工夫耳。

太極拳之精微奧妙，皆不出此論。非有夙慧之人，不能領悟，可見此術不可以技藝視之也。

十三勢歌（王宗岳先師作）

十三總勢莫輕視。命意源頭在腰際。變轉虛靈須留意。氣遍身軀不可滯。靜中觸動動猶靜。因敵變化示神奇。勢勢揆心須用意。得來不覺費工夫。刻刻留心在腰間。腹內鬆淨氣騰然。尾閭中正神貫頂。滿身輕利頂頭懸。仔細留心向推求。屈伸開合聽自由。入門引路須口授。工夫無息法自修。若言體用何爲準。意氣君來骨肉臣。想推用意終何在。益壽延年不老春。歌兮歌兮百四十。字字眞切義無遺。若不向此推求去。枉費工夫貽歎息。

十三勢歌之意義，前已申述，故不復注解。

十三勢行功心解

以心行氣，務令沉着，乃能收斂入骨。以氣運身，務令順遂，乃能便利從心。

以心行氣者。所謂：意到氣亦到。意要沉着，則氣可收斂入骨，並非格外運氣也。氣收斂入骨，工夫既久，則骨日沉重，內勁長矣。以氣運身者。所謂氣動身亦動，氣要順遂，則身能便利從心。故變動往來，無不從心所欲。毫無阻滯之處矣。

行功心解四字，㊟即道家煉氣修心之法，行功是外，心解是內，即內外兼修，即是動靜雙修，便是性命雙修。前人稱爲太極手法，今人改稱太極拳。

精神能提得起，則無遲重之虞。所謂頂頭懸也。

有虛靈頂勁，則精神自然提得起。精神提起，則身體自然輕靈。觀此，可知捨精神而用拙力者，身體必爲力所驅使，不能轉動如意矣。

意氣須得靈，乃有圓活之妙。所謂變轉虛實也。

與敵相粘，須隨機換意。仍不外虛實分得清楚，則自然有圓活之妙。

發勁須沉着鬆淨，專注一方。

發勁之時，必須全身鬆淨，不鬆淨則不能沉着。沉着鬆淨，自然能放得遂。專注一方者。

隨彼動之方向。而直去也。隨敵之勢，如欲打高，眼神上望。如欲打低，眼神下望。如欲打遠，眼神遠望。神至則氣到，全不在用力也。

立身須中正安舒，撐支八面。

頂頭懸則自然中正。鬆淨則自然安舒。穩如泰山則自然能撐支八面。

行氣如九曲珠，無微不到。

九曲珠。言其圓活也。四肢百體，無處不有圓活珠，無處不是太極圈子，故力未有不能化也。

運勁如百鍊鋼，無堅不摧。

太極雖不用力，而其增長內勁。可無窮盡，其勁如百鍊之鋼。無堅不摧。

形如搏鳥之鶻，神如捕鼠之貓。

搏鳥之鶻，盤旋不定。捕鼠之貓，待機而動。

靜如山岳，動若江河。

靜如山岳，言其沉重不浮。動若江河，言其周流不息。

蓄勁如張弓，發勁如放箭。

蓄勁如張弓，以言其滿。發勁如放箭，以言其速。

曲中求直，蓄而後發。

曲是化人之勁。勁已化去，必向彼身求一直線，勁可發矣。

力由脊發，步隨身換。

含胸拔背，以蓄其勢。發勁之時，力由背脊而出。非徒兩手之勁也。身動步隨，轉換無定。

收即是放，放即是收，斷而復連。

黏化打雖是三意，而不能分開。收即黏。化放是打。放人之時，勁似稍斷，而意仍不斷。

往復須有摺疊，進退須有轉換。

摺疊者。亦變虛實也。其所變之虛實。最爲細微。太極截勁，往往用摺疊。外面看似未動。而其內已有摺疊。進退必變換步法，雖退仍是進也。

極柔軟然後極堅剛，能呼吸然後能靈活。

老子曰：「天下之至柔，馳騁天下之至堅」。其至柔者，乃至剛也。吸爲提爲收。呼爲沉爲放。此呼吸乃先天之呼吸與後天之呼吸相反。故能提得人起，放得人出。

氣以直養而無害。勁以曲蓄而有餘。

孟子曰：「吾善養吾浩然之氣。至大至剛。以直養而無害。則塞乎天地之間」。太極拳蓋養先天之氣，非運後天之氣也。運氣之功，流弊甚大，養氣則順乎自然。日習之養而不覺。數十年後積虛成實。至大至剛。致用之時，則曲蓄其勁以待發。既發則沛然莫能禦也。

心爲令，氣爲旗，腰爲纛。

心爲主帥以發令，氣則爲表示其令之旗。以腰爲纛則旂中正不偏。無致敗之道也。

先求開展，後求緊湊。乃可臻於縝密矣。

無論練架子及推手，皆須先求開展。開展則腰腿皆動。無微不到。至功夫純熟，再求緊湊。由大圈而歸於小圈。由小圈而歸於無圈。所謂「放之則彌六合，卷之則退藏於密」也。

又曰：先在心，後在身，腹鬆淨。氣斂入骨。神舒體靜。刻刻在心。

太極以心爲本，身體爲末，所謂：「意氣君來骨肉臣」也。腹鬆淨，不在絲毫後天之拙力，則氣自斂入骨。氣斂入骨，其剛可知，神要安舒，體要靜逸。能安舒靜逸，則應變敏暇，決不慌亂。

切記：一動無有不動。一靜無有不靜。

內外相合，上下相連。故能如此。

練到節節貫串，上下相隨，卽有此工夫。

牽動往來，氣貼於背，斂入脊骨。內固精神，外示安逸。

此人與人比手之時，牽動往來，須涵胸拔背。使氣貼之於背，斂於脊骨。以待機會。至則發。能氣貼於背，斂於脊骨，則能力由脊發。不然仍手足之勁耳。神固體逸，則不散亂。

外示安逸，便是冷靜態度。

邁步如貓行，運勁如抽絲。

此仍形容綿綿不斷，待機而發之意。

步履，如貓行之輕靈、沉着、穩固。

全身意在精神，不在氣。在氣則滯。有氣者無力，無氣者純剛。

太極純以神行，不尚氣力。此氣，言後天之氣也。蓋養氣之氣，乃先天之氣。運氣之氣，爲後天之氣。後天之氣有窮。先天之氣無窮。

氣如車輪。腰似車軸。

氣爲旗，腰爲纛。此言其靜也。氣如車輪。腰似車軸。此言其動也。腰爲一身之樞紐。動則先天之氣如車輪之旋轉。所謂：氣遍身軀，不滯也。

推手歌（按推手即打手，又稱搭手，又有稱柔手者。）

掤攦擠按須認眞。上下相隨人難進。任他巨力來打我。牽動四兩撥千斤。引進落空合即出。沾連粘隨不丟頂。

認眞者。掤攦擠按四字，皆須照師傅規矩。絲毫不錯，日日打手，功夫自然能上下相隨。一動無有不動。雖巨力來打，稍稍牽動，則我之四兩，可撥彼之千斤。彼力既巨，力必長而直，當其用力之時，不能變動方向，我隨彼之方向而引進，則彼落空矣。然必須粘連粘隨。不丟不頂，方能引進落空，四兩撥千斤也。

平常通稱推手，如原地推手，活步推手。

又曰：彼不動己不動。彼微動己先動。似鬆非鬆。將展未展。勁斷意不斷。

打手之時，彼不動則我亦不動，以靜待之。彼若微動，其動必有一方向，我意在彼之先，隨其方向而先動，則彼必跌出矣。似鬆非鬆，將展未展。皆言聽彼之勁，蓄勢待機。機到則放，放時勁似斷而意仍不斷也。

練拳架時，自始至終，其動作式式不同，似有斷續之處，而其內部之意與氣，實一貫不斷，此所謂勁斷意連也。

推手法之原理說明（譚孟賢著）

十三勢根據五行八卦之理而成，由練架子之十三勢，而發生推手之十三勢。所謂五行，又分爲「內」「外」二種。

1.形於外者爲進、退、顧、盼、定。

2.發於內者爲掂、連、黏、隨、不丟頂。

至於八卦亦分「內」「外」二種。

1.形於「外」者爲四正，四隅，即東南西北四正方及四隅角是也。

2.蘊於「內」者爲掤、攦、擠、按、採、挒、肘、靠。

也形於「外」者爲「勢」，蘊於「內」者爲「勁」，用勁之時其根在脚發於腿主宰於腰，而形於手指。故太極拳練架子時，蓋所以練「勁」，練推手時，蓋所以求懂「勁」也。

「掂」如兩物互交，掂之使起，在太極拳術語，謂之掂勁，然非直接掂起之謂，實間接掂起之謂。而含有「勁」「意」雙兼之兩義。譬如敵我兩人推手，或交手時，敵人體質強壯，氣力充實，馬步穩固，則勢難向敵人掀動，或移其重心，則用「掂」勁，即能使敵人自動失其重心。其法先用「意」探之使敵人氣騰，精神向上注，則敵體上重而脚輕，其根自斷，此即敵人之自動力所致，我則順其勢撤手以不乏頂之「勁」，引敵懸空，是謂拈「勁」。

「連」貫串之謂。手法毋中斷毋脫離，接續綿綿，無停無止，無休無息，是謂連勁。

「黏」即粘貼之謂。彼進我退，彼退我進，彼浮我隨，彼沉我鬆，丟之不開，投之不脫，如粘似貼，是謂黏勁。

「隨」隨者從也。緩急相隨，進退相依，不即不離，不後不先，捨己從人，緊敵而進，是謂隨勁。

「不丟頂」丟者離開也。頂者抵抗也。即不脫離，不攘先不落後之謂也。

掤勁義何解。如水負舟行。先實丹田氣。次緊頂頭懸。周身彈簧力。開合一定間。任爾千斤力。飄浮亦不難。

攌勁義何解。引導使之前。順其來勢力。引之使長延。輕靈不丟頂。力盡自然空。重心自維持。莫被他人乘。

擠勁義何解。用時有兩方。直接單純意。迎合一動中。間接反應力。如球撞壁還。又如錢投鼓。躍躍聲鏗然。

按勁義何解。運用如水行。柔中已寓剛。急流勢難當。遇高則澎滿。逢窪向下潛。波浪有起伏。有孔必竄入。

採勁義何解。如權之引衡。任爾力巨細。權後知重輕。轉移只四兩。千斤亦可秤。若問理何在。棍桿作用存。

捌勁義何解。旋轉如飛輪。投物於其上。脫然擲尋丈。急流成漩渦。捲浪若螺文。落葉墜其上。倏爾便沉淪。

肘勁義何解。方法卅五行。陰陽分上下。虛實宜辨清。連環勢莫當。開花捶更兇。六勁融通後。用途始無窮。

靠勁義何解。其法分肩背。斜飛勢用肩。肩中還有背。一旦機可乘。轟然如倒碓。仔細維重心。失中徒無功。

大攄約言

我攄他肘。他上步擠。我單手按。他轉身攄。我上步擠。

他逃證。我一攄。他上步擠。

楊鏡湖先生約言

曰：輕則靈。靈則動。動則變。變則化。

太極拳表解

太極拳要義

原則

心法

以心行氣—行氣如九曲珠無微不到

以氣運身—務使順遂則能便利從心

氣宜鼓盪—不可憋氣

心為令—氣為旗—腰為纛

神宜內斂—內固精神外示安逸

意氣君來骨肉臣—先在心後在身

氣如車輪腰如車軸

氣以直養而無害

動作

其根在腳發於腿主宰於腰形於手指

由腳而腿而腰總須完整一氣

周身宜輕靈

別

步法

含擋勁

虛步

實步

有轉換

姿態

含胸

拔背

虛靈頂勁

尾閭中正

邁步如貓行　運勁如抽絲　形如搏兔之鵠　神如捕鼠之貓

身法

立身：中正—由於中樞姿勢之正確；安舒—由於通身輕靈（詳解）　靜如山岳

兩臂：沉肩　墜肘

全身：其病於腰腿求之

應用

聽勁

化勁

拿勁

發勁

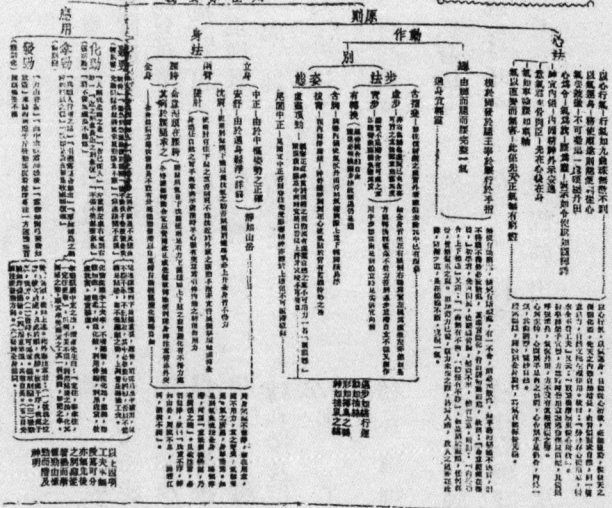

太極拳名稱

太極出勢。　攬雀尾。　掤攌擠按。　單鞭。　提手上勢。
白鶴展翅。　左摟膝拗步。　手揮琵琶勢。　左摟膝拗步。　右摟膝拗步。
左摟膝拗步。　手揮琵琶勢。　左摟膝拗步。　進步搬攔捶。　如封似閉。
十字手。　抱虎歸山。　攬雀尾。　掤攌擠按。　斜單鞭。
肘底捶。　左右倒攆猴。　斜飛勢。　提手上勢。　白鶴展翅。
左摟膝。　海底針。　扇通背。　轉身撇身捶。　上步搬攔捶。
上勢攬雀尾。　掤攌擠按。　單鞭。　左右雲手。　單鞭。
高探馬。　右分脚。　左分脚。　轉身蹬脚。　左右摟膝拗步。
進步栽捶。　轉身撇身捶。　進步搬攔捶。　右蹬脚。　左右打虎勢。
右蹬脚。　雙風貫耳。　左蹬脚。　轉身右蹬脚。　上步搬攔捶。
如封似閉。　十字手。　抱虎歸山。　攬雀尾。　掤攌擠按。

斜單鞭。左野馬分鬃。右野馬分鬃。左野馬分鬃。上步攬雀尾。

掤攦擠按。單鞭。左右玉女穿梭。上步攬雀尾。掤攦擠按。

單鞭。左右雲手。單鞭。斜身下勢。左右獨立金雞。

左右倒攆猴。斜飛勢。提手上勢。白鶴展翅。左摟膝拗步。

海底針。蝙遠背。轉身撇身掌。白蛇吐信。進步搬攔捶。

上步攬雀尾。掤攦擠按。單鞭。左右雲手。單鞭。

高探馬。轉身右蹬脚。左摟膝指襠捶。上勢攬雀尾。掤攦擠按。

單鞭。斜身下勢。上步七星。退步跨虎。轉身雙擺連。

彎弓射虎。上步搬攔捶。如封似閉。十字手。合太極。

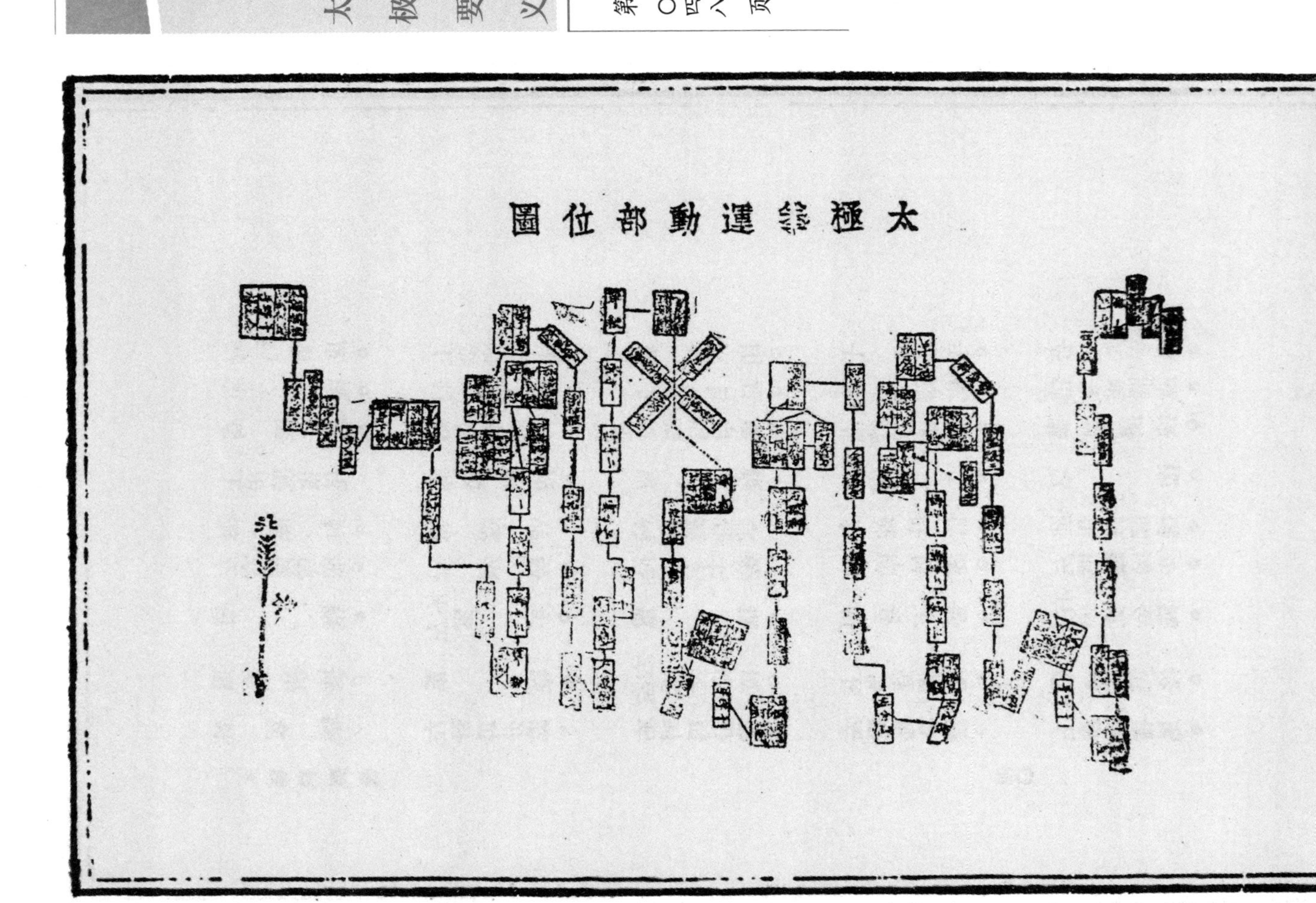
太極綜運動部位圖

太極長拳名稱

四正四隅。 掤攦擠按。 左右雲手。 魚尾單鞭。 鳳凰展翅。
摟膝拗步。 手揮琵琶。 雀尾勢。 彎弓射雁。 琵琶勢。
上步搬攔捶。 猿猴勢(即如封似閉十字手)。 抱虎歸山。 掤攦擠按。
斜單鞭。 提手上勢。 肘底捶。 倒攆猴頭。 摟膝指襠捶。
轉身蹬脚。 上步栽捶。 斜飛勢。三 攬雀尾。 魚尾單鞭。
轉身撇身捶。 上步玉女穿梭。 兩掌兩拳左掌右拳 攬雀尾。 左右野馬分鬃。
斜身下勢。 左右金鷄獨立。 左右倒攆猴。 斜飛勢。 提手上勢。
白鶴展翅。 摟膝拗步。 海底珍珠。 蟠通背。 轉身白蛇吐信。
上步搬攔捶。 上步攬雀尾。 單鞭。 左右雲手。三 單鞭。
高探馬。 左右分脚。 轉身蹬脚。 左右摟膝拗步。 左右雙風貫耳。

擺脚。 左打虎勢。 右雙風貫耳。 左蹬脚。 轉身蹬脚。

上步搬身捶。 白蛇吐信拳。 進步搬攔捶。 上步攬雀尾。 掤攦擠按。

單鞭。 左右雲手。三 單鞭。 高探馬。 轉身單擺連。

上步指襠捶。 上步攬雀尾。 轉身單鞭。 下勢。 七星跨虎。

轉身雙擺連。 彎弓射虎。 搬攔捶。 如封似閉。 十字手。

合太極。

太極長拳歌

太極長拳獨一家。無窮變化洵非誇。妙處全憑能借力。當場着急莫輕拿。掌、拳、肘

合、腕。肩、腰、跨、膝、脚。上下九節勁。節節腰中發。

約言：順人能得勢，借力不須拿。

太極劍名稱

三環套月。魁星勢。燕子抄水。左右邊攔掃。小魁星。

燕去入巢。靈貓捕鼠。鳳凰點頭。黃蜂入洞。鳳凰右展翅。

小魁星。鳳凰左展翅。釣魚勢。左右龍行勢。宿鳥投林。

烏龍擺尾。青龍出水。風捲荷葉。左右獅子搖頭。虎抱頭。

野馬跳澗。勒馬勢。指南針。左右迎風打塵。順手推舟。

流星趕水。天鳥飛瀑。挑簾勢。左右車輪。燕子啣泥。

大鵬展翅。海底撈月。懷中抱月。哪吒探海。犀牛望月。

射雁勢。青龍現爪。鳳凰雙展翅。左右鬆豎。射雁勢。

白猿獻果。左右落花勢。玉女穿梭。白虎攪尾。魚跳龍門。

左右烏龍絞柱。　仙人指路。　朝天一柱香。　風掃梅花。　牙笏勢。

抱劍歸原。

太極劍歌

劍法從來不易傳。直來直去是幽玄。若仍斫我如刀劈。笑死三丰老劍仙。

太極刀名稱歌

七星跨虎交刀勢。騰挪內展意氣揚。左顧右盼兩分張。白鶴展翅五行掌。

風捲荷花葉裏藏。玉女穿梭八方勢。三星開合自主張。二起脚來打虎勢。

披身斜掛鴛鴦脚。順手推舟鞭作篙。下勢三合自由招。左右分水龍門跳。

卞和攜石鳳回巢。吾師留下四方讚。口傳心授不能忘。教斫剗剁。截刮。撩腕。

太極黏連槍

頭一槍進一步刺心。二槍進一步刺腋。三鎗進一步刺膀。四鎗上一步刺咽喉。（此進步由退即進，因他之進而後進也）。退一步採一鎗。進一步擲一槍。進一步　一槍。上一步抓一槍。（此四鎗，在前四槍之內也）。

武術偶談（黃元秀 文叔 碧述）

自光復以還，凡百學術，無不鵲起，即消聲匿跡已久之國術，亦乘時而興。邇來各省儲設專館，市間出版風行，但偏屬於槍、刀、拳、棒、之方法，所謂教也。而於育字方面，未嘗加以研究。至於煅煉之目的，收效於何處，皆未明白了悟。故練而強者有之，練而致疾者亦有之。余以爲對於工夫固屬重要，對於身體，尤宜注意。故須先知調養之方法，效用之目的，然後加以練習之功，乃至國術界中一切習慣，亦須知所謹守。茲將經驗所得，分述於左：

（一）練武術之目的。吾儕提倡吾國武術之目的，非直接致用於戰鬥，係間接收效於事業也。蓋現在機械化學之戰爭，不能以血肉之軀相抗，有常識者，類能知之。但研究科學，使用火砲，駕駛飛機，非有強壯之體力，不能運用自如，非有雄偉之氣概，不能指揮若定，非有充足之精神，不能深刻研究，即通常社會之事業，亦莫不然，倘學者對於武術，果能按照程序，依法鍛練，既不過分，又不中輟，循序漸進，則其精力定能增長，以之從事教育，必能發揮其教理，從事實業，必能謀進其事業，從事軍政，必能達成其任務，從事科學，必能輔助其研究，此則直接維持健康，間接助其事業，能使全國民衆，增加自衛之奮鬥力也。此種鍛練，既不必如球場之鋪張，又不必有多人之集合，寒暑晴雨，舞劍月下，論藝燈前，深山窮谷，代有傳人，實吾國數千年來，強身健體之絕藝也。

吾人所謂快樂者，舉止有爽快之感覺，思慮有歡樂之興趣，探其原因，皆從精神充足而來。例如兒童活潑跳躍，其心中懷有無限快樂，此即精神充足之故。嗜煙酒者，以煙酒提神，貪一時之快，雖知其害，而不能去。不知練國術者，精神飽滿，身體爽適，其快樂之妙，迥非煙酒之提神於一時者可比。一則日久成疾，形成殘廢，一則練成絕藝，卻病延年，其利害相較，不可以道里計也。

(二)調養　邇來練拳術者，皆因身體孱弱而學習，是初學之時，對於調理身體，殊宜注意。如四季中，春季應服清補之劑，夏季應服卻暑等品，秋宜滋潤，冬可峻補，凡關補品，為習武之人，長年所不可少，吾鄉有言：窮文富武是也。蓋時讀書者，一部四子書，可以終其身，為價不過數百文而已，然習武學者，長年措補，所費不貲，即器械用具，亦非一部四子書所可等量齊觀也。至於應需何種補品，則因個人身體不同，不能固定，總之藥補不如食補，通常以魚肝油、牛乳、雞蛋、蹄筋、肝腰、脊髓、等物為宜。其他奇異怪誕之物，如虎筋鹿脯，以及龜、鱉、鱔、鰻、等類，肥濃厚膩，久食恐生疽毒，宜屏除之。

以上所列，如肝則補肝，腰則補腰，魚油補肺，脊髓補髓，蹄筋補筋。此外如豆料植物，亦極滋補，勿以園蔬而忽之。總之食品不尚名貴，食量不在多貪，要宜平時使之消化，所謂平均者，不可過多過少，所謂消化者，務使咀嚼精熟。如國術名家孫祿堂先生，太極、形意、八卦、各種拳法，皆負盛譽，年逾古稀，無疾而終。其平日食品，皆極清淡。又廣平楊澄甫先生，太極泰斗，名滿南北，身極魁梧，而食量並不過巨，杜心五劉百川諸少林派名家，飲食皆如常人，同學曹晏海兄，身體偉岸，武藝精深，於浙江全國比試會，名列第四，上海全國比試會，名列第一，殊不知其係長齋茹素者。上列諸君，並皆點酒不聞，考其經驗，或保鑣南北，或久歷戎行，足跡遍江湖，大名盛南北，而平時眠食起居，皆極珍攝。可見在於調養，並不在過分之飲食，古稱斗酒十肉者，無非形容其豪邁之行耳。

調節時間　即煅鍊時間與休息時間，互相調節，其平日所辦事務，切宜節約，騰出光陰，以養其身心，此為最要之言。余見數友人，因煅煉之後，精神旺盛，對於業務，盡力使用，一年之後，衰象突呈，有友人以此精神供冶遊，不及二載遽致殞命。故練不得其道無益，練得其道而不知養，更有害也，願熱心此道者，三復斯言。

（三）戒忌　凡人一習拳術，豪氣自生，輒忘其平日怯弱之態，每有縱酒浪遊，或好勇鬥狠之行。故幾年風氣未開之時，一般家長，皆禁其子弟弄拳舞棒尋事。一則防其損身，二則慮其鬧事。余嘗見國術館附近街巷中，有以拳架式與人鬪毆者，此為往年所無，年輕子弟，最易犯此。狂酒則傷身，浪遊則廢業，若好勇鬥狠，必致惹禍招殃，其招致之由，實誤認血氣之勇，為任俠之舉，結果以義之心，反而害之，是不可也，深宜戒之。

練習國術者，忌在飽食，忌在過飢，忌在酒後，忌在風前。遺精之後，病愈之後，房事之後，業務疲勞之後，皆宜休養一日，或二三日，自覺精神無異，則繼續之；否則必致疾病。

練習後，因汗脫衣，或遽飲冷汁，或即安坐睡眠，俱大不可，輕則感冒風寒，重則勞傷氣痛，於練習工夫，反有妨礙。

練武人，遠離女色為要義，手淫尤為禁忌，即自然之遺精，亦有礙氣體，況斲傷乎？若犯之自促其壽命矣。凡闕深嗜淫欲，以及聲色之場，切勿沾染。即有室家之人，房事亦宜節制，年在卅以後，一月一度，四十以後，一季一度，五十以後，一年一度，或且不可矣。習武修道之士，其所以為資糧者即精氣神三寶而已，若無資糧，實無可練也。此個中人云：「練武身，貴如金，遍身毛髮值千金」，足見古來武士之重視保養矣。

（四）運動與煅煉　古德云：練精化氣，練氣化神，練神還虛，由虛成道，實千古不易之名言。試觀近日國術比試場，及表演會場，往往有皤然長鬚，鶴髮童顏之壯士。而歐美運動名家，未必盡享大年，即最近日本運動著名之人見絹枝。自得盛名之翌年，即日長眠地下，此何故耶？是不知精氣神三者之修養也。

先哲有言：「眼珠光澤，舌底津津者，其精必盈。發音洪亮，言語清朗者，其氣必盛。眼皮紅滿，指甲赤潤者，其血充行」。又曰：「精足不思淫，氣足不呻吟，神足不惛沉」。

凡人每日三餐飲食，入胃化為胃養汁，至腸化為腸養汁，經各部吸收後溶而成精，（此所謂精非精蟲之精，係精液之精，是營養之精華生活之要素）。修鍊之士，以命門火蒸騰，化而爲氣爲血，升而爲神，聚而生肌，動而爲力，變化自然，神奇莫測，其經過大致如此。若沾濡之徒，則易偏道而入腎臟，故其氣浮，其血貧，其力弱。或再戕之以酒，加之以勞，則營衛不敷，必耗其本原，本原既虧，百病自生，促其壽命也。

天地之間，以氣爲本，曰氣象，曰氣運，曰氣數，凡百盛衰，皆視氣之盛衰爲轉移，人亦何獨不然。歷來言人氣之上者，如氣沖霄漢，氣化長虹。其次若氣概雄偉，氣度非凡，力大聲洪，叱咤風雲。其衰者，尸居餘氣，氣息奄奄，故強弱盛衰，全憑之氣，不知其氣，實由精液而成，其所存之處，在丹田，其所成之由，在命火與精液，道家所謂水火既濟，所謂內丹者，即此也。例如近世機器，凡有動力者，皆仗蒸汽而動，以火蒸水，水化爲汽，以汽衝動而行百械，有電力云云者，仍仗蒸汽之力摩擦而生，若水涸油盡，非爆烈即崩潰矣。

氣血行於內者，謂之運，軀殼表於外者，謂之動。運動二字，係表裏運行之稱，所謂流水不腐，戶樞不蠹，推陳出新，借假練眞，是方外修鍊之補助。故道家有五禽經，佛家有易筋經，道家有張三丰，佛家有達摩祖，考其運行之資源，捨精氣神無他道也。

鍛煉者，寒暑不易，風雨無間之謂也。人身組織，除黃梅時節外，伏臘二季爲最大變換，故歷來習此道者，於嚴寒盛暑，無不加意調攝，刻苦鍛煉，以其能長工夫，且不易退轉也，所謂煉者，每次演習至出汗，否則謂之裝腔作勢，膚淺無效。常人初汗始於頭部與兩腋，繼則腰腹，或臀股，若至小腿有汗，則宜止矣。如吾儕馳馬，若見馬身背有汗，則須停馳，不然，有傷其生命。

通常拳廠中，每日未明前四點即起，練一小時後復臥，待天明早餐後，向野外散步，呼吸清新之氣，歸來午餐，下午中睡一小時，三四時起，復練一小時，或二小時，七時晚餐，夜間八時練至九時止，十時即睡，此為專門練習。吾輩有職務者，當以早晚二小時為度，或早晚合為一小時，或合為半小時皆可，總求其歲月之久，不求一日之長也。

（五）太極拳各派談　太極拳。近年來風行南北，可謂國術界中最普遍之拳術，遍觀各處，各人所練，各不相同，可大別為三派：

一、河北郝家派　此派不知始於何祖，因係河北郝三鏡所傳，識者忘其名，世以郝三鏡稱之。三鏡於清季走鏢秦晉間，身懷絕技，轟轟載，名震綠林，鏢局爭聘之，實為山陝道上之雄。余見天津蔣馨山劉子善等，皆練此拳，南方習者不多。吾師李芳宸先生南來時，其家人及同來各員，皆習此。手法極複雜，其動作較楊陳二派增添一倍，約有二百餘式，表演一遍，時間尤長。據吾師云：「此於拳式之外，加入推手各法，故較他派手法齊備，因太繁細，頗不易記，諸君既習楊家派，其理一貫，毋須更習」。余嘗約朋儕學習之，計數六十餘日，不能卒業，可見其繁細矣。孫祿堂先生云：「此拳之長，極盡柔順之至」。當時余忘索其拳譜，不知與陳楊兩派之理論，有無異同也。

二、河南陳家派。　即河南溫縣陳家溝世傳之拳，余所稔者，如陳君伯璵，及績甫叔姪二子明昆季等，皆陳氏之裔，而世其術者。據子明續甫二兄云：其先世以此報國保鄉，立功勳者累累，故合族皆習太極拳，略分新架子與老架子兩種：並有所謂太極砲拳者。余閱其動作，及所示拳譜，完全與楊家所傳者不同。其手法剛，其步法寬，運勁一切，卻有獨到之處，可異者，即陳氏各人表演，亦覺不盡相同。近聞張之江館長，派人至陳家溝考察，攜帶其世傳拳譜付梓，與子明兄所刊行本，亦有歧異。揣其緣由，想因歷次傳抄，不免魯魚亥豕，或有心仔者，從而修改增減之，轉輾變易，遂有出入矣。

三　北平楊家派　即世稱楊無敵楊露禪先生所遺傳，如楊班侯、楊健侯、楊夢祥、楊澄甫、許禹生、吳鑑泉等，亦各不同，大致分為大架子與小架子兩種。余嘗以此事問之澄甫先生，先生答曰。「先求開展，後求緊湊，初習者，宜大架子，能使筋脈舒展，血氣充行，確定方位，表示工夫，到用時，要快要便，宜小架子也，家兄現在練的。都是打人法則」。其意若曰：基本工夫尚未做到，欲越而學打人，等於小孩，平路尚不能走，先要學跳，其可得乎？例如學游泳，平穩靜水之中，尚不能浮泳，欲涉驚濤駭浪之江海可乎？又習騎馬，親淺之慢步，未有把握，而欲跳越障礙可乎？古人所謂登高必自卑，行遠必自邇，實為至理名言。總之打人之事，非日常所需，而應施實為須臾不可離，試問吾儕，何者為要，何者為急，本篇所述，皆為平庸之談，卑無高論，倘讀者能循此而進，日計不足，月計有餘，於應付上不無裨益。至於騖存駭俗之論，好高務遠之談，是非鄙人所知矣。近日一般學者——非徒弟之列，指普通學者。——

往往求速求快，最好能太極拳五六步工夫，數十年學力，在三兩日內學成，故近年學太極拳者，由北而南，黃河流域，長江流域，浸至於珠江流域，不下數十萬人，即以浙省而論，十餘年來，亦有數千人，至今能稍有成就者，幾寥若晨星，即以普通能在推手上將掤、攦、擠、按、四字分得清楚者，亦不多見，其原因何在耶？一在求速，二在無恆，好高務遠者，決無成就。總之吾人先從基礎上練起，決無錯誤，第一求氣血充足，然後能精神飽滿，身體強健，遂使架式正確，舉動合法，使其有利而無弊，循序而漸進，不在思想之急迫，而在學力之勤惰，與方法穩妥否也。楊夢祥先生；拳架小而剛，動作快而沉，常使冷勁，偶一交手，肌膚飄痛，無所指示者，頗多應用方式，其工夫，確得乃祖真傳，惜非常人所能學。文弱者，不堪承教，無根底者，無從領悟，且性情剛烈，頗有其伯楊班侯之遺風，同志中，每興難學之慨，故其名不顯，其徒不多。澄甫先生即夢祥先生之胞弟，架子開展而柔順，手法綿軟而沉重，所謂綿裏藏鐵強，柔中有剛，好太極拳者，均歡迎之。但仍有不願與其推手者，每一發勁，輒被擲跌尋丈門外，為弟子者，仍難領受其內勁滋味。余嘗問澄甫先生，教人何必如此，先生曰：非如此，無以示其勁，若隨隨便便模模糊糊，君輩何必來，豈不徒耗光陰。虛擲金錢耶？十八年秋，楊爲浙江國術館教務長，余常與推手，某次比演健按，楊順勢一採，其手指並未沾着余之衣襟，而余胸間隱隱作痛移時，照常理論，手臂既未接着，何來疼痛之感？殆所謂拳風者耶？余詢之楊，楊曰：內勁耳，氣耳，余至今仍不解其所以然也。據田紹先先生云：當年學習時，以拳會力槩楊健侯老先生之腹，老先生腹一鼓，紹先跌出庭外，而老先生仍安坐椅上，手持菸筒呼吸如常，若不知有所舉動者。後與澄甫比試，被擊於右脅，而痛於左脅者月餘，凡此種種，皆為技術上不可思議之事。然考紹先之工夫，其手法之妙，出勁之沉，實非普通太極拳家，所能望其項背，余非為其宣傳，凡有太極拳有歷史者，莫不知田紹先為太極拳名家也。他如武匯川、褚桂亭、陳微明、董英傑諸君，同為澄甫先生入室弟子，行道於南北者，亦有年，聲譽籍籍，頗為社會人士所欽仰。而手法仍各有不同，理論亦各有其是，其他私淑者可知矣。以上三派拳法，各有特長，各臻其妙。不能從同，亦不能強同，其中並無軒輊可分。在學者，更不得是此而非彼。要之一種藝術，能歷千餘年而不廢，博得一般人士之信仰，其中確有不可磨滅之精義，令人莫測之妙用存焉。

據以上情形，無論係何派何師，一家所傳，一人所傳，其動作多少，皆不能同，亦不必盡同。不僅太極拳如此，即彈腿一門，有練十路者，有練十二路者，此為回教一門之藝，尚且有兩極之分。又若少林門各拳，有宋太祖拳，有岳家手法，此傳彼授，各是其是，各非其非，惟情理論總須一致，設或理論不同，則其宗派顯然有別，不得謂為同門矣。以此質之海內專家，以為如何？

練拳（一）　練太極拳全套架式，每日學一二式，繼續不斷，以常人資質，約一月可以學全。須經兩月之改正，再加一月之苦練，共計四個月，其式樣姿勢，即離開師傅一年，可以不致變換。——若僅一月光陰，粗知大略。不經改正，則不得謂之學會，因稍有間斷，其方向與動作，早已走變矣。——但每日仍須復習，不可間斷，若每日兩遍，能使純熟，每日三遍，能增工夫，每日一遍，不過不忘而已。

練拳（二）——學習拳架，自第一動起至末尾止，謂之一套，其中名目百餘，式式皆要綿密周到，而且要輕靈沉着，無有一式可以隨便，無有一式可以丟頂。——丟者離也，頂者僵也。——四肢百骸，從輕，從綿，從柔。輕而不可忽，綿而不可斷，柔而不可疏，若注意而起僵勁，此所謂頂，便離太極門徑矣。學者切宜注意之：

練拳（三）練太極拳一遍，其經過時間，是急長愈妙，有練一遍，需一小時以外者。練慢之後，亦須練快，有以數分鐘內練五六遍者，無論慢快，總以均勻爲貴。譜曰：『毋使有缺陷處，毋使有凹凸處，毋使有斷續處』。初學之人練一遍，最少八分至十分鐘，如經五六年後，工夫已深，則可練快，惟須式式到家，不可因快而草率。至於架式分三種：初練以高架子，繼則四平架子，（眼平，手平，腿平，襠平），再則工夫日深，逐漸而進於低架子矣。由高而平而低，皆從工夫上來，不可强求，否則弊病百出，無益於學者。

練拳（四）練架式，外面注意動作，務使勻靜。譜曰：『由腳而腿而腰，總須完整一氣。』內部氣分呼吸，亦要勻靜，若無事然，萬勿迸氣。心意不可呆滯。譜曰：『精神能提得起，則無雙重之慮，所謂頂頭懸也，意氣須換得靈，乃有圓活之趣，所謂變化虛實也，』內外各變勁工夫，例如本保提手上勢之勁，一變而爲白鶴亮翅之勁，再變而爲摟膝拗步之勁。各式各氣，各氣各勁，由此式而變彼式，交接之間，換式換法，換法換意，由換意而換氣，由換氣而換勁。此中變換轉動之間，與學者內部之意氣運用，外部之回旋伸轉開合，有極大關係，務須依照譜中各論，而適合之。

練拳（五） 所謂增工夫者，即學者之氣日漸增長，——不致氣喘身搖，——手足日漸輕靈，腰腿日漸柔順，手掌足底日漸增厚，頭部與兩太陽穴日漸充滿，精神充足，思慮周到，發聲洪亮，耐肌耐寒，能鎮定，能任勞，飲食充分，睡眠調適等事，可以證到。

練拳（六） 節拳法雖皆有益，而學者身體，確有相宜不相宜，乃有博學與選學之分別。如年富力強，環境許可者，不妨由博而約，各家門徑，均可涉獵，結果則專修一門。若年事已長。且有業務關係者，則選其與己相宜者習練之易於得益也。

練拳（七） 例如身體肥大者。可學通臂拳，摔角等技。如身材中等，而強壯者，可學撻角拳、八吉拳、太祖拳、形意拳等技。如身輕靈小巧者，可學地躺拳、猴拳、醉八仙等技。如年事已長，身體柔弱者，可學八卦拳、太極拳、金剛十二法等技。中國拳技繁多，今余不過舉其大概而已。

練拳（八） 專練拳架，是爲運動衛身之術，修己之事也。學推手與散手，爲攻避方法，及練勁之術，敵人之事也。若年事已長，身有宿疾者。專練拳架，亦可却病延年。如年力富驗，環境優裕者，儘可尊聘名師，為升堂入室之研究。

練拳（九）　據友人云：太極拳中各式，實兼備各家拳式。全套中有八種法：如掤、攦、擠、按、採、挒、肘、靠，又有八種勁：如退步跨虎為開勁；提手上勢為合勁；海底針為降勁；白鶴展翅為提勁；摟膝拗步為進勁；倒攆猴為退勁，抱虎歸山為右轉勁；肘底捶為左轉勁。

又有八種式：如十字手，少林門為平馬式；摟膝拗步，少林門為攻步式；下勢，少林門為撲腿式；金雞獨立，少林門為獨立式；手揮琵琶，少林門為太極式；搬攔捶，少林門為坐盤式；栽捶，少林門為麒麟式；跨虎，少林門為懸腳式：共為八式，無論何種拳法，總不外此八式，故稱拳師為把勢者，即實八式之訛也。

八快歌　行如風，站如釘，升如猿，降如鷹，鎚發流星，眼如電，腰如蛇行，腳發鑽。

太極拳中八法八式之外，尚有八腿：如踢。蹬。起。擺。接。套。襯。採。清末時所練者僅四腳：如左右踢腳；轉身蹬腳；二起腳；擺連腳。現在竟致僅練踢蹬擺三腳，其他四法，更無所聞。如接者；見敵腿來時，以我之腿接其腿而踢之，謂之接腳。套者；見敵腿來時，套出而踢之，若敵從左方踢來，我套在右方踢之，敵從右方踢來，我套在左方踢之，謂之套腳，襯者；以我之腳踢敵腳之內側方，如襯其內，謂之襯腳。採者；即以腳橫斜而採之，用在敵來我側方時踢之，謂之採腳。此四腳極不易練，亦不易用，須有長久單純工夫為之補助，不然，不能應用自如。想後來一般教太極拳者，因不能使人人肯這學習，且年長身弱之人，更難習練，故臨敵之，與其應用之巧妙，踢法之齊備，不可不兼而出之也。

踢腿要領，有「直起風波」四字：直者：踢腿蹬腳：無論向前向側，總須要直，若不甚直，不能貫澈工夫。起者：高也。踢腿蹬腳：皆要高，能高可滿足企圖，最小限度，亦得踢過腰，練時能高，用時可以如意。風者：踢出蹬出時，快而有風聲，此言其快，不快無風，即不能出勁。波者：踢出之腿，自腰際至腳尖，有波浪形狀，表示腿勁，貫到腳尖之意。有此四字，可以稱踢腳要領齊備，不僅太極拳如是，無論何門何拳，基本要領，莫不如是也。踢腳與蹬腿不同，以腳尖腳邊腳掌打人者，謂之踢腳蹬腿，以腿之全部打人，或以腿之後跟打人者，謂之踢腿，其要領同。讀此道中人云：「手如兩扇門，全憑腿打人。」「八式無真假，指上便打下。」足見用腿之重要矣。

練拳（十）習練拳術，最要注意手、眼、身、法、步、五大項。所謂手者：即掌拳肘合腕等動法。所謂眼者：即左顧右盼，或向上向下等看法。所謂身者：即肩腰胯等動法，如含胸拔背，轉換等事。所謂法者：即拳術各種名式，如太極拳中各名稱，紅拳中各名稱，花拳中各名稱，各拳各路，各套各法，不勝其述，要皆拳路中，打人之方法也。所謂步者：是練拳人最易疏忽，而最要之事，步為根基，快遲在步，穩固亦在步，着與不着在步，巧與不巧亦在步。此道中人曰：「手到腳不到，自去落苦惱，低頭與彎腰，傳授定不高。」此兩句話，五種方法，皆說到矣。

武匯川先生名言　練太極拳之要旨，務須身體中正圓滿；氣要鬆，手按時；要使肩肘鬆透出；兩肩要鬆，兩肘要下沉；尾閭要收。腳落地時，先虛而後實，上下一致，式式均要圓滿。頭要提頂；氣沉丹田；練時要慢，快則氣即上浮。

田兆麟先生名言　（一）『化勁』之最重要者，是順人之勢，尤其是快慢要相合，過快則致勢易生中斷，太慢仍未能化去。（二）「發勁」先要化勁化得好，才有發勁的機會，機會既得，即宜速放，其勁要整，要沉著。（三）『攻人』全在得機得勢，機會未到，不宜攻人，『雙分』『單分』時候要合得上，黏勁亦甚重要，發勁先要化得合法，發時要快，要有一定目標。凡此種種，若非著實久練，不能得心應手。

推手（一）　習練拳架，係一人虛擬，其勁之如何？究屬渺茫。故進一步練推手，即實現其掤、攦、擠、按、採、挒、肘、靠、之用法，換言之：以循環的攻避方法，來試用太極拳打人避人手段是也。其中最難者，即聽、化、拿、發、此四字工夫。所謂聽者；即以我之手腕身體，與對方接觸時，剎那間，知其動作變化，謂之聽；同時避其攻擊，謂之化；同時定其作用，謂之拿；同時攻其弱點，謂之發。詳言之分此四段，而實在是一剎那間爲之。故此四字工夫，甚難甚難，雖畢生研究，亦無止境。其總訣在一元圈，其化也發也避也攻也，無不以元圈爲之，所謂太極者在此，所謂妙用者亦在此。——（採挒肘靠同）——

推手（二）　以余個人之揣擬。初練習推手者，於掤、攦、擠、按中，先以兩人合作五個大元圈，來試演之，名爲基本方法。一：平面元圈；二：直立元圈；三：斜形元圈；四：旋梭元圈；五：自轉元圈，先將此法習演純熟。以後可以變化各種元圈，而妙用之。但此五圈，非面授不可，筆墨之間，難以盡其動作。初試元圈大而笨；繼則小而活；再則其圈不在外而在內；有圈之意；無圈之形；一剎那間，而妙用發矣。到此地位，可以意會，不可以言傳，莫知其妙，而妙自生，非有長久克苦工夫，不能到也。

推手（三） 推手爲太極拳實驗之方法，已如前言之，此外須要注意者有三：第一：不可存爭勝負之心。彼此既爲同道，自有互相切磋之誼，動作稍有進退挫折，並無勝負榮辱之可言，何可在此計較而生嫉妒之念？第二：不可存賭力之心。太極之妙是在巧，非在蠻力，譜上云：『察四兩撥千斤，顯非力勝。』若恃蠻力。是非研究太極拳之道矣。第三：不可存作弊之心。凡爲同道，皆當互愛互助，彼高於我者，應謙恭而請教之，彼不如我者，當誠懇而指導之，語云：他山之石，可以攻錯，勿以其力弱可欺，而出我之風頭，似非同道者所可有也。

推手（四） 兩人一交手，即須研究手、眼、身、法、步、五項，並練掌、拳、肘、合、腕，肩、腕、腰、胯、膝、脚、各勁，及掤、握、擠、按、採、挒、肘、靠，前進、後退、左顧、右盼、中定、十三勢，方始爲推手之目的，推手之本事。每見普通學者，不按上列譜技習練，俗語所謂磨豆腐者，雖千遍萬遍，有何益焉。

推手（五） 初習此者，最好選身體大小相等之人，靜心細想而琢磨之。或有不對處，不領會處，請師詳細指導之。勿憚辛勞，勿稍懈怠，而專心一致研究，自有水到渠成之一日。

推手（六）　今將拳論上之聽、化、拿、發、等工夫，分註如下：王宗岳先師論曰：『人剛我柔謂之走，我順人背謂之粘。』此二語，即言我與敵接着時，敵以剛硬來襲，我以柔化之，是為化勁。借其勁，使陷於背勢，而我處順勢，仍不與敵脫離，是為拿勁。上句是聽勁中帶化勁；下句是化勁中帶粘勁；能使敵陷於背，我處於順，向其背處，稍一發勁，則敵必如摧枯拉朽而僕跌之，能得此機會，謂之拿。又曰：『曲中求直，蓄而後發，蓄勁如開弓，發勁如放箭；發勁須沉着鬆淨，專注一方，』是為發勁。但以上聽、化、拿、發、四步工夫，須從粘字中練出來。又曰：『動急則急應，動緩則緩隨；』即謂敵來步快，快應之，來得緩，緩隨之。但我總不與敵脫開，是為粘勁。若手臂不粘連，腳步不跟隨，如何能聽，能化？更不能拿，不能發矣。其行功心解曰：『往復須有摺疊，進退須有轉換，』此言與敵貼近時之變換身法也。續曰：『極柔順而後極堅剛。能呼吸然後能靈活，』係指示內部運化工夫。再曰：『邁步如貓行，運勁如抽絲』，形容其邁步如貓行之輕靈穩固，運勁如抽絲之不斷不猛，係指外表工夫。要實驗以上所云，皆離不了論中所謂：『由着熟而漸悟懂勁，由懂勁而階及神明。』換言之欲懂勁，非由着熟與熟練不可。且如階級的一層一級，而達到神而明之之地位也。但學者，從何而懂勁？從何而着熟？從何而熟練？只有從推手做起。

推手（七）　凡學習推手者，身體切不可前傾後仰。若前傾，重心偏於前方，對方用[illegible]

勁，易於向前跌倒。如後仰，重心偏於後方，對方用捌勁，亦必向後跌倒，此其一也。彼此一交手，他方必有攻誘方法，我方必須保留轉換變化之餘地。惟身體中正，則有餘地可以左右前後週旋也，此其二也。在推手時，遇對方手腕沉重，或來勢猛烈，一不可兩手縮緊，二不可使用蠻勁，三不可胸中迸氣，四不可身向後退。如兩手縮緊，長度必定減短，不能敵着對方。使用蠻力。全身必定僵硬，猶如笨伯，其原理是與太極相反，所學方法無可使用矣。至於胸中迸氣，血液停滯，面色逐漸變青，實爲有礙生理。身向後退，被人隨勢逼攻，無有不敗。學者於此四弊？切宜注意！

推手（八） 凡初學者，無論練拳、練推手、大攌散手等技，一：要觀人練習，凡有身法好，手法純，步法穩，可爲學範式者，皆須一一留意而深記之。二：要聽人講解，如遇前輩，及對學中有心得之談，經驗之論，均宜虛心靜聽而領會之。三：要實地鍛鍊，此爲實際工夫，而達到能實行地位。若只知鍛鍊而不知觀與聽，古人所謂盲修瞎練，小則勞而無功，大則有害身心，結果所得，與目的相反也。

推手（九） 推手與練拳，既已如上述。其關於本身者，卽以虛實二字。四肢百骸，均要有虛實之分，剛柔之別，如進退起落無虛實，必定笨滯，不能輕靈也。兩足固宜分虛實，一足亦須有虛實，非但兩手有虛實，一手亦須有虛實。論中云：『虛實宜分清楚，一處有一處虛實，處處總有一虛一實，王宗岳先師曰：『每見數年純功，不能運化者，皆自爲人制，卒不能制人，則雙重之病未悟耳」。所謂雙重者，即虛實不分。先師又曰：「雙重則滯」。滯者，運用不能輕靈，便爲人制。又曰：「偏重則隨」。若偏重一手，或偏重一足，而不寓有虛實者，必隨人受制。又曰：「欲避此病，須知陰陽，陰不離陽，陽不離陰，陰陽相濟，方爲懂勁，懂勁後，愈練愈精」。所謂陰陽者，包含虛實也，剛柔也，收放也，開合也，進退也，起落也，閃轉也，騰挪也，皆在其中矣。

所謂剛柔者。與人推手時，兩手相接，神氣外露，肌肉堅硬。筋骨擴大，發勁能動中心者；是人練械多而練拳少，其勁偏於剛也。兩手相交，動作綿而細，步法身法輕靈，接着如有力，打去猶無物者；是人練械少而練拳多，其勁偏於柔也。若能神氣安舒，身穩如山，上下相隨，發勁沉長，而能動全身者；是人剛柔具備，其勁陰陽相濟矣。學者須知柔勁與剛柔，並非如物理化學之專科，吾人總拳練習，有時偏於剛勁，有時偏於柔勁，惟剛柔相濟，爲最少耳。練劈掛八吉等拳者，發勁大半偏於剛勁，練八卦太極者，往往偏於柔勁。其實無論何門何學，均須剛柔兼備，陰陽相濟，方爲拳藝之正宗也。

推手（十）　推手動作，表面上雖在手腕，而實際上全在腰中，亦可以說手是三分，肩是一分，胸是一分，腰是五分。若肩不能鬆，胸不能涵，腰不能活，全仗手腕，決不能化人，亦不能發人，此事在練拳架時，即須注意。此外步之穩不穩，係在檔勁。細言之：即胯、腿、脚、三部分，連系動作。換言之：能粘跟否？是在上身，即手、肩、胸、是也。能跟隨否穩定否？

之曰。腰勁一事，不但太極拳所重視，如形意八卦，均極注重，即少林門亦無不注意之也。以上所言，係形意之談。至於內部，氣之一字，先從意字起，意之所到，雖未必是氣之所逮，氣之所逮，未必即血之所充。但非由此無從入手，故先以意導氣，以氣行血，久之意與氣，自能合一，氣與血，自能相隨。其行功心解曰。以心行氣，務令沉着，以氣運身，務令順遂。心者，意也。身者，血肉也。但運行之間，於沉着順遂兩語，切宜重視。否則非流入漂浮，即陷於別途。至於沉着之法，即氣沉丹田。順遂之法，即活用腰腿。內外一致，方合其義。須用默識揣摩工夫，而后能從心所欲，其細微原理，俟單簡稍暇，再詳言之。一般練拳與推手者，大半注重在上部，手法如何如何？身法如何如何？前已言之。但不知下部之關係，實比上部為重要，其變化與進步，須從實地試練出來。教拳人，初則高低大小不能自然，動作不能穩定。繼則動作漸勻，步法漸穩，再進則舉止輕靈，隨心所欲。至於推手經過，初則腰腿硬直，搖擺不定。再則旋轉進退，逐漸穩固。再進則心手相應，腰腿一致。

大攦　太極推手工夫分作三步：其初用原地推挽為第一步。繼則活步推手。（即此進彼退彼進此退之法）為第二步。其意為原地練習既熟，繼而練行動中掤捋等法，但此不過直線之行動而已。此法練熟，繼而練四斜角行動方法，大攦者，即練習四斜角之方法也，為第三步。練大攦之難者，前進必須三步，方與對者成正直角。若用兩步必斜，至於對者，必退兩步，若用一步，不能避對方之攻擊。此方擠，彼方靠，彼方擠，此方靠，往復循環而演之。無論何方，在擠在靠時，其架式要低，腿胯要正，方合其要領也。

推手中九節勁使用法

掌　雙按掌、單分掌、雙分掌、高探馬掌。

拳　搬攔捶、雙峰貫耳捶、栽捶、折疊捶。

肘　單肘、雙分肘、挾腕肘。

腕　單分腕、雙分腕。

肩　單採靠、雙分靠。

胯　正胯（大攄）側胯（換手）

膝　雙採膝、（獨立金雞）

脚　左右分脚、獨立蹬脚、穿梭套脚，穿梭襯脚、等。

散手

第四步爲散手，計分兩種：

（一）利用太極拳中之各式，兩人對打，例如甲用雙風貫耳打乙，乙用雙按破之；甲用攬打乙，乙用單靠破之；二人聯續對打，如花拳中之對子，惟轉變發勁不同耳。若不習之，則太極拳各式之應用不知，直等於學跳舞矣。

（二）上列散手對打，皆係預定方式，雙方編練成套。第二種則不然，雙方均無預定，亦無式樣，各方一作準備姿勢，卽開始攻擊。或緩或急；或高或低；或方或圓；用拳用腿；各隨自由。大致勝負相關方式，一爲圓形方式，如甲在中心，乙游擊四週。其次縱形方式，直來直往，二人中你來我往。我退你進，成一縱形決鬭式，與比試，大半不外此二式，二人一交手，謂之一合。戰鬬合數之多少，全在平日練架氣分之長短，拳足之靈否，發勁之大小，全在推手大握之精粗。此段工夫，完全實用功夫，亦可謂最後一步功夫，習此者，非常練苦練不可，初期與師傅對打，爲師者，常要讓生徒撲擊。此道中人，所謂喫腿喫拳是也。爲師者，若不喫之，生徒無從得其三昧，是爲師者，最難最苦之教授。一則難得機會，既要精神充足，又要無人偷視，且須身授撲擊，不免痛苦。二則防生徒學成，而有欺師叛道行爲，或者忌其藝勝於師，而師自失其地位與生計。故爲師者，往往不肯教授，實有不得已之苦衷存焉。學拳如是，學器械亦如是，其困難更甚於學拳。

太極拳散手對打名稱：

（一）上手　上步捶　　（二）下手　提手上勢
（三）上手　上步攔捶　（四）下手　搬捶
（五）上手　上步左靠　（六）下手　右打虎
（七）上手　打左肘　　（八）下手　右推
（九）上手　左劈身捶　（一〇）下手　右靠

（一一）上手　撤步左打虎
（一二）下手　右劈身捶
（一三）上手　提手上勢
（一四）下手　轉身按
（一五）上手　擺疊劈身捶
（一六）下手　穿捶（閃勢）
（一七）上手　橫挒手
（一八）下手　左（換步）野馬分鬃
（一九）上手　右打虎（下勢）
（二〇）下手　撤步攤
（二一）上手　上步左靠
（二二）下手　轉身按
（二三）上手　雙分蹬腳（退步跨虎）
（二四）下手　指襠捶
（二五）上手　上步採挒
（二六）下手　換步右穿梭
（二七）上手　左側右劈捶
（二八）下手　白鶴亮翅（蹬腳）
（二九）上手　左靠
（三〇）下手　撤步撥臂
（三一）上手　轉身按（攦勢）
（三二）下手　雙風貫耳
（三三）上手　雙按
（三四）下手　下勢撇捶
（三五）上手　單推（右臂）
（三六）下手　右右臂
（三七）上手　順勢按
（三八）下手　化打右掌
（三九）上手　化推
（四〇）下手　化打右肘
（四一）上手　採挒
（四二）下手　換步撤

（四三）上手　右打虎　　　　　　（四四）下手　轉身撤步攔
（四五）上手　上步左靠　　　　　（四六）下手　回擠
（四七）上手　雙分靠（換步）　　（四八）下手　轉身左靠（換步）
（四九）上手　打右肘　　　　　　（五〇）下手　轉身左獨立
（五一）上手　退步化　　　　　　（五二）下手　蹬腳
（五三）上手　轉身（上步）靠　　（五四）下手　搓左臂
（五五）上手　轉身（換步）右分腳　（五六）下手　雙分右摟膝
（五七）上手　轉身（換步）左分腳　（五八）下手　雙方左摟膝
（五九）上手　換手右靠　　　　　（六〇）下手　回右靠
（六一）上手　撤步攔　　　　　　（六二）下手　順勢靠
（六三）上手　回擠　　　　　　　（六四）下手　轉身按

以右列上下六十四手，僅利用太極拳全套之半，其餘容暇時續記。

簡易擒拿術

裹腕法。外轉法。撩襠法。爪肩法。請客法。反腕法。搭臂法。打滾法。別翅法。摺豬法。撕翅法。使過法。

上列十二種拿法，簡單易學，稍練拳術者，一經指授，便可使用，實爲旅客防備宵小之要術也。

拳手槍法

懷中抱月。湘子挎籃。壯士背虎。貴子別肘。倚礁拼搶。貼身靠臂。

上列六種拳法，有正面使用，與背面使用兩法，須拳術有根底，會習搶拿者，方能得心應手，其要領是在心氣沉着，動作敏捷也。

練勁、無論練拳與練器械，總須將內勁練到四肢。如練器械。不論劍槍等器，則須將內勁達到器械之尖。劍則劍尖，槍則劍尖。至於勁之大小，因先天禀賦之不同，不能苛論。能到器械之尖，武藝功夫可算到家矣。但練習程序，不可躐等，先在徒手時，將身軀之勁貫送肩、臂、腿、腳、四部，而后到手尖足尖。要此步功夫做到；亦須三四年，然後再用短器械，練到長器械，要使內勁貫到器械上，甚難，非徒手工夫可比。個中人留意三關，第一關將勁貫到械上，第二關由械柄通過械中心，第三關達到械尖。此三關功夫，不在本身力之大小，而在平日水磨功夫如何？由科班出身者，（從徒弟出來）下過苦功，大半能透三關，一般票友中，所能者無幾矣。

練勁之經過既如上述。今將「太極拳勁」之種類分述如下：

一、「柔勁」，又名「粘勁」。此太極門最初之練勁法。拳譜上所謂：「一舉動，週身俱要輕靈，尤要貫串，無使有缺陷處，無使有凹凸處。無使有斷續處」。初練拳架時全用「柔勁」。否則不能貫串，必有缺陷，與凹凸斷續之病。王宗岳先師論曰：「人剛我柔謂之走。我順人背謂之粘」。「不偏不倚，忽隱忽現，左重則左虛，右重則右渺」。（此係與人交手之柔勁功夫，推手時便可用之）。十三勢行功心解云：「極柔軟而後極堅剛」。又曰：「邁步如貓行。運勁如抽絲」。楊澄甫先生約言曰：「似鬆非鬆，將展未展，勁斷意不斷」。等語：即說柔勁之理，說得極其明顯，其效用在能粘能吸，與敵粘住，總不使其離，將其吸住，使其為我制。初學者，均須從此入手，若初學之人，不注意於此，便難太極門徑，決難成就。

二、「剛勁」，又名：「斷勁」，有稱「冷勁」，有稱「脆勁」。其名不同，其法則一，其性激烈，發時如炮彈爆炸。譜上云：「動勁如百鍊鋼，無堅不摧，靜如山岳，動如江河。當勁如開弓，發勁如放箭，曲中求直，蓄而後發」。「發勁須沉着鬆靜，專注一方」。等語：皆指示剛勁之法，其效用，是將敵人擲出無餘。練此勁時，注意在猛而長。若發勁短促，雖剛烈，亦無多效用也。

三、「接勁」又名「借勁」，其勁中包含「聽勁」「化勁」「剛勁」「柔勁」諸法。此勁最難練，是為最後功夫，敵勁到，我勁亦到。譜上云：「彼微動我先動」，換言之：敵勁之到我身，我即化其勁而發之，有時敵勁將到時，我已先發而發之。總之我接敵之勁，借敵之勁而發之，其方法是在一個圈圈。致勁須敏捷時，如一極小圓圈而發之，此圓圈，非僅力所能見，非初學所能知，非到微妙程度不能領會。語云：可以意會，不可以言傳也。譜云：「得機得勢」又云：「將物掀起，加以挫之，其根自斷」。歌曰：「引進落空合即出」。「牽動四兩撥千斤」。「妙處全憑能借力，無窮變化洵非誇」等。皆言接勁要領，此中方法，全須面受，又須熟練，非筆墨所能盡也。

比試

即由散手中學習而來。學習散手，有經驗，有進步，再下苦功，到比試時，定有幾分把握，雖然遇到強敵，不能取勝，總不至意外吃虧。故散手一步功夫，實爲練武者最後功夫，亦爲練武者最後目的。若練武人不會散手，便不能比試，便何能與人決鬭，在倉卒中何能獲到效益，此西人所以譏我中國武藝爲單人跳舞也。今將關於比試之管見，試述如左：

比試在教練中謂之散手，在角逐中謂之比試，在衝突中謂之決鬭。其名目雖異，其效用則一，是爭勝敗於俄頃也。吾人五官四肢皆同，雖秉賦同異，而性靈則一。我能見，彼亦能見，我能打，彼亦能打，所以能取勝者是在方法，是在熟練，有方法而不熟練，雖有等於無，單靠熟練而無方法，所謂盲修瞎練，亦徒勞也。方法與熟練之要素有三：一、要狠；二、要快；三、要準。一：狠者，能取攻勢，出手時能到家，能盡力，能克敵，若心一柔，便無用矣。二：要快，是在同時並發，彼發我先發，彼發短。我發長，彼發軟，我發硬，彼發柔，我發狠，是我勝矣。三：要準，準字爲最重要，若出腿出手，皆不準，心雖狠，手雖快，皆無用也。

點打五攻法

武當五攻法說明　同門山左韓慶堂記

本法乃一點穴散手，其目的在養成學者，手眼身法步心之統一運用，對敵時不致手忙眼花，身滯法窮，步亂心慌而能沉着應付以擊敗敵方也。

五攻法名稱圖解（對打時用指尖如指未練成用拳亦可練指法附後）

（一）（甲）單風扇耳　（二）（乙）順風掃葉　（三）（甲）摘星補斗

（四）（乙）鸞鳳展翅　（五）（甲）孤雁出羣　（六）（乙）迎風擺柳

（七）（甲）肋板掏脂　（八）（乙）抽樑換柱　（九）（乙）撥雲倚霧

（十）（甲）餓虎撲食

圖解

甲乙對練預備式

起式立正抱肘距兩步對練兩手攻擊後收回以備還擊之狀

（一）

（甲）單風貫耳

上右步右掌打其腮

（乙）用順風掃葉退左步以右手小掌邊劈砍（甲）腮趁順式手背抵右腮

（二）

（乙）順風掃葉（一式）

身略右轉左手心向外迎接其手用手掌貼其手背二三四五指握其手心下壓左開右手反上撥打其右乳下

（三）

摘星換斗

（二式）

（乙）用雙鳳展翅身略右轉避其拳以左手指向上挑其拳（掌）下壓左開使其不能旋轉爲度

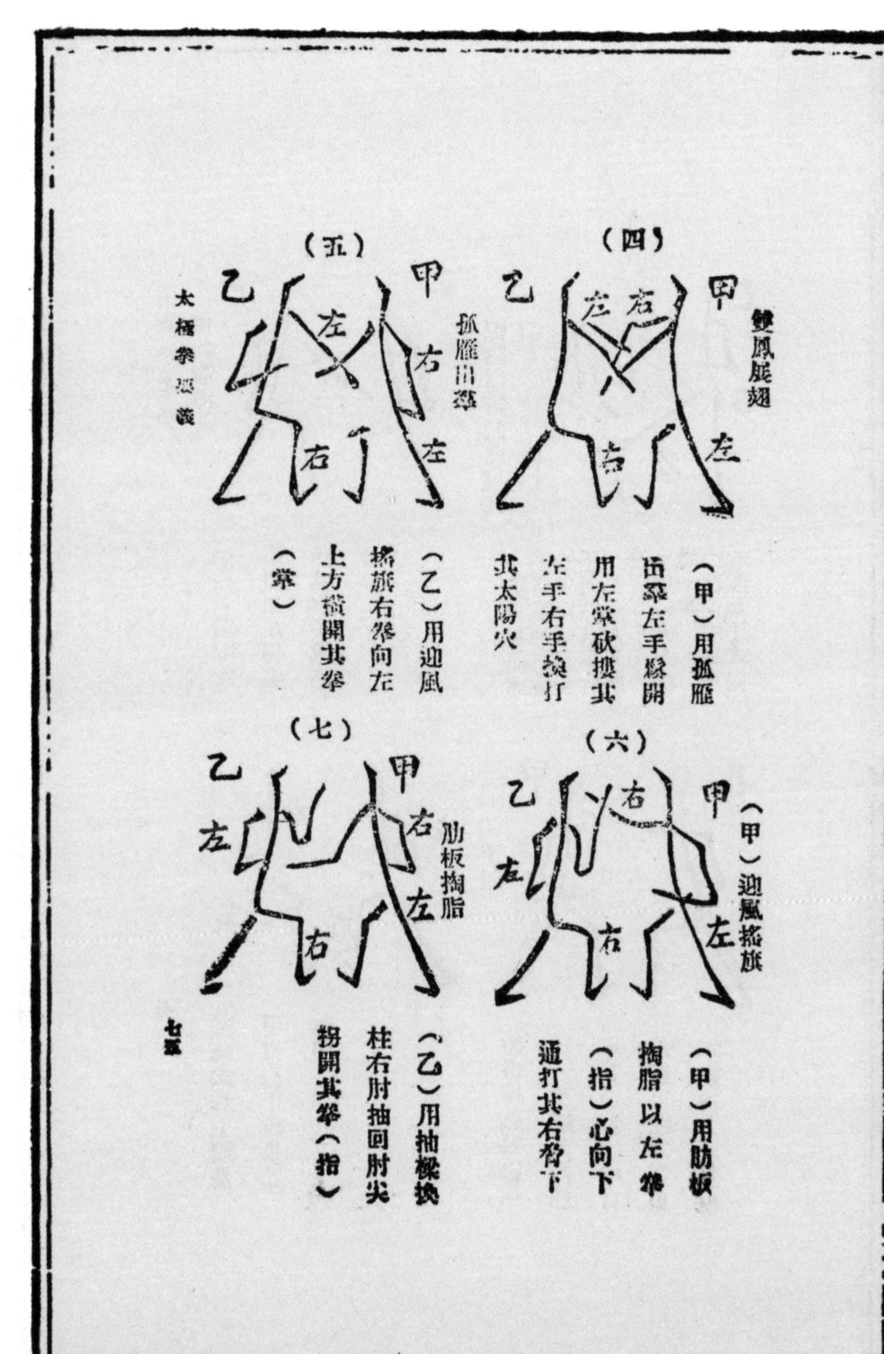
太極拳要義

（四）

雙鳳展翅

（甲）用孤雁出羣左手鬆開用左掌砍摟其左手右手換打其太陽穴

（五）

孤雁出羣

（乙）用迎風搖旗右拳向左上方橫開其拳（掌）

（六）

（甲）迎風搖旗

（甲）用肋板搯脂以左拳（指）心向下通打其右脅下

（七）

肋板搯脂

（乙）用抽樑換柱右肘抽回肘尖拐開其拳（指）

七五

撩陰箭彈

（八）

甲 乙

（乙）用撩陰箭彈用左腳尖踢其陰子或高骨

撩陰彈箭餓虎撲食

（九十）

甲 右 左 左 右 乙

（甲）用餓虎撲食右腿後退一步兩（一拳）手撲其背（乙）左足落地（甲）左足後退一步（乙）右足上一步如下式同

至此式爲上段是甲打乙下段是乙打甲

右 左 左 左

下段

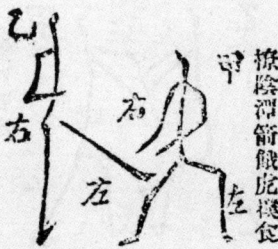

循環練熟熟能生巧一巧破千斤練成習慣習慣成自然就可隨意運用不致被人所制也

點穴受傷藥方

三稜五錢　赤藥一錢五分　骨碎補一錢五分　當歸一錢　蓬朮一錢　胡索一錢　桃仁一錢
木香一錢　烏藥一錢　青皮一錢　蘇木一錢

共十一味同煎

若大便不通加大黃四錢　血凝氣滯加砂仁三錢

練指點穴法用油煎沸，滴二指上，遂急擦之使冷，如是三次，指生厚皮，再用砂插之，三年成功。另有煎藥練指法，錄於別冊。

武當對劍名稱

第一套　上下出劍式：對平刺。（陽手）對翻崩。上點腕，下抽腕刺。對提。對走。下翻格帶腰。上翻格帶腰。重二遍。下壓劍擊耳。（灘耳）上帶腕。（崩勢」對提對劈。下刺喉。上帶劍刺喉。陽劍圈。上橫提。下擊頭。上擊腿。下截腕。上帶腕。（保門勢）下左截腕。上抽腕刺胸。下截腕。上帶腕。（保門勢）下翻格。上抽腕。各保門完。

第二套　下上步擊。上擊腕對提。上刺膝。（箭步）下壓劍帶腰。（箭步）對翻崩。上點腕。下斜刺崩。上抽。下刺腹。上左截腕對劈。下反擊斗。上反擊腕。下抽腿。互刺腕抽腰走。重二次。下擊頭。上帶腕回擊。對提。各保門完。

第三套　下劈頭。上格劍帶腰。下格腕帶腰。上格腕帶腰。下格腕帶腰。上格腕帶腰。下壓劍。翻盤耳。（擺耳）上伏帶。（崩勢）。下提。：上步扣腕擊。下上步扣腕擊。對走。對反抽。下刺腹。上格腕。對繞腕。各保門完。

第四套 上洗。下陽劍圈起手。對陽劍圈。下陰劍圈起手。對陰劍圈。下進步攪。對攪。下抽。上下進退帶抽。重三遍。下崩。上抽。下上步刺。直壓劍。上擊腿。下反盤耳。下直帶。對提。各保門完。

第五套 對伏式。上刺。（中陰手）下盤腕。上拾劍平截。對截腕。對提。對走。上正崩。（中陰手）下帶腕。（保門勢）上進步反格。（中陰手）。下抽身截腕。上上步截腕。下反截腕。上抽手截腕。下抽手截腕。上帶腿換步刺腰。下換步刺腰。上平抽。下轉胸。（獨立金雞式）上平帶。對提。各保門。各伏式。下刺胸。上平盤。對提。對劈。對刺。上格腕。下翻刺腕。上扣腕刺。對轉身劈劍各保門。上下收劍完。

劍法十三勢 武當劍法，大別爲十三勢，以十三字名之：即抽、帶、提、格、擊、刺、點、崩、攪、壓、劈、截、洗、亦似太極拳之掤、攦、擠、按、採、挒、肘、靠、前進、後退、左顧、右盼、中定也。此外另有綠劍，未有定式。非到劍術純妙不能學習，非口授面傳，不能領會。

以上所編套子，即劍學泰斗李師芳辰以十三勢編練而成。對練時，審來度往，按法練習，初習時，宜慢不宜快，宜緩不宜疾。 式式應到家，劍劍須着實，有時須注意用法，與練法不同處，此其大概也。

武當劍法筆記（浙江溫嶺胡子謨記）

第一路　預備式（上手稱甲下手稱乙）

甲乙各執劍就位——左手執劍反貼左臂外方，右手垂直貼右髀傍，兩足平立，離開之距約與肩等，身體正直，目平視前方。

出劍式

甲乙各交劍與右手——右手戟指掌心向上，屈右腕與腰平，伸右臂向右與肩水平，頭向右轉目視右手，轉左足向左方，轉身上右足，左足微屈，右足着地，同時右手戟指向前一指，目視敵方。退右足同時轉身，兩手自左上向右後方畫一大圈，左右各收至胸前，右掌向上，左掌向下，將劍交與右手，斯時身微作勢下挫，重心寄於右足，目仍視敵方。甲乙各伸劍平刺——斯時左足在前，右足在後，成弓箭步，左手戟指在左額前方，右手極力伸劍平刺，太陽劍。甲乙對反刴——右足進一步立定左足作探步，蹲身向下，左手戟指微屈臂向左，右手以中陽劍反刴，頭向右，轉目注對方之腕。甲點腕——突然起立轉身收左足，向左斜後方，半步着地，即出右足，作預備姿勢，足尖點地，右手以中陰劍尖點敵腕，左手戟指微扶劍柄，目注敵腕。乙抽腕——乙亦突然起立，轉身立定左足，換出右足，向右後方退一步，右手以老陰劍從下方抽甲之腕，同時體重移於左足，成弓步，目觀敵腕。對刺——甲乙各將右足後退，右手提劍前刺，（老陰劍）同時上體竭力向前探，左手戟指，置左額前方，手掌向外，目注敵方。對繞走（換位）——兩劍仍相交，甲乙各起右足，進步向左方繞走，對換位置，仍取前勢停止。乙反格——乙以中陽劍反格甲腕。甲帶——甲將劍轉爲太陽劍，同時將肘往下一沈，劍往左帶，身半向左轉，兩足在原位置，左實右虛，目注敵人劍尖。乙帶腰甲反格乙腕——甲見乙腕避去，已爲我劍所不及，趁勢轉爲太陽劍，帶乙之腰，乙即含胸轉腰，避過甲劍，同時將劍變爲中陽劍，反格甲腕，如是往復三遍。乙壓劍貫耳——俟甲劍反格，正轉變帶腰時，突然將劍變爲中陰劍，往下橫壓甲劍，隨即起身以太陽劍貫甲右耳，左手扶住劍柄。甲直帶腕纏綳——右手用中陰劍左手扶住劍柄。往後直帶復往下一沈，劍尖正對敵腕纏剿。對提——乙避甲之劍尖，提腕變爲老陰劍，刺甲之腕，甲亦提腕，變爲老陰劍以防之。對劈——甲乙各將劍尖自左下方向上繞一小圓圈，變爲中陰劍，直往下劈攻敵之右腕。乙刺喉甲粘帶——乙右手變太陽劍左手扶住劍柄，由下往上正刺敵喉，斯時劍尖向敵喉，劍柄約當自己胸下，甲亦變爲太陽劍，左手扶住劍柄，劍身粘住乙劍，同時身體微向右轉，帶去乙劍。甲刺喉乙粘帶——甲既帶去乙劍，趁勢伸劍刺乙之喉，乙亦轉身粘帶，復反刺甲，如是三遍（太陽劍圈）。甲橫攪乙隨之——甲俟乙劍刺來時，將劍粘住乙劍，向右向下橫攪之，同時舉右足交步向左繞走乙隨之亦交步向左繞走，斯時兩劍相粘不離，隨攪隨走，各俟機會，但攪時各伸出右手，左手戟指置於左方，平掌向外，頭向右轉，目視敵劍。乙擊頭——如前繞走，彼此互換位置時兩劍尖已第二次互攪至下方，乙劍正換至甲劍外方，甲劍正向上攪乙趁勢以少陽劍擊甲之頭。甲擊腿——身微向左後披重點寄於左足，成左實右虛弓步，避過乙劍，同時右手變太陰劍，斬擊乙之右腿。乙截腕——體重寄於左足，舉右足向左前方斜進半步，避去甲劍，同時右手變爲太陰劍斜截甲腕。甲帶腕——右手變爲太陽，往左肩前帶避，劍尖向敵方劍把，較肩略低，目注敵人。乙上步截腕——右足向右斜方趨上一步，右手用中陰劍，截敵右腕，重心移於右足，成右實左虛弓步。甲抽手——將腕往下一沈，避去乙劍，同時右手變爲老陰劍，從左向右抽乙握劍之手。乙抽避甲刺腹——趁乙抽劍避開之時，用中陰劍直刺乙腹，斯時體重移於右足。乙截腕——身微側讓去敵劍，右手用中陰劍橫截敵腕，斯時體重寄於右足。甲帶乙反格——甲用太陽劍姿勢，將右腕往左前方一帶避開，同時收回右足移向左斜方半步，身半向左；目視敵方，乙劍跟隨敵腕由下往上反格，中陽。甲抽腕保門——將右腕往上一翻，變爲太陰劍，同時劍尖向下由左往右抽乙之腕，退步（右足往後退一步）轉身，斯時右手微屈高舉在右額前，成中陽劍，劍尖向敵．左手戟指扶住右腕，身體向右，體重寄於右足，左足置於右足左前方半步，足尖點地，目注敵方。乙帶腕保門——乙劍變爲太陽，往左帶敵之腕，同時收右足至左足前方半步，然後變

為中陽劍，右足往右後方退一步立定，成保門衮勢。（完）

第二路

乙上步擊頂——右足前進一步，同時右手以少陽劍擊甲之左頂，左手分開置於左後方。甲乙對上步撥腕——右足前進一步，同時右手用太陽劍擊乙之腕，左手分開置於左後方。甲乙對提——乙先提，甲隨之式如前。甲乙對刺膝——各將右足微起用左足着力一蹬，備步前進，刺敵之膝，但兩劍相拒，各刺不中（此時另有動作須面授）。甲乙各上步反撩——各刺不中，彼此換身而過時，各將劍變為中陰，竭力使用劍身粘住敵劍，（防其趁勢而入帶腰或發腿也）斯時雙方各將左足前進一步，拔身下撩，同時以中陽劍反撩敵腕。甲轉身貼腕——以左足着地迅速轉身起立，收回右足，成預備步，同時以中陰劍點敵之腕。乙轉身斜步繃腕——迅速轉身起立，以右足着地，左足隨即向左側方移進一步，收回右足，成預備步，身向下沈左手扶住劍柄，同時劍尖向上斜繃敵腕。甲抽——將腕往右外避去乙劍，右腕下沉抽乙握劍手，同時右足向右前斜方踏出半步，重心在右足。乙刺腹——趁甲抽劍避開之時，用中陰劍直刺甲腹，同時右足向右前斜移半步，重心寄于右足。甲左截腕——俟乙劍刺腹時，將身略偏避去乙劍，同時右手以中陰劍向前截乙執劍之手，重心仍在右足。乙劈甲亦劈——如前對劈之式。乙上步貫耳——右手變為太陽劍，左手扶住劍柄，上右足探身伸劍貫敵右耳。甲平帶——右手用太陽劍，垂肘轉腰，同時將劍往右後方平帶乙腕，格開乙劍。乙抽腿——趁勢將劍一翻，變爲太陰，轉身抽甲之腿。甲刺腕——向左轉方舉起右腿，避去乙劍，同時右手將劍尖指敵右腕刺去。乙退步繞避，甲進步追刺——乙向右退步繞避，甲向左進步繞追，雙方各循半圓形之弧線進退。甲抽腹乙含胸轉腰刺腕——甲進至中圓形弧線將終點時，將劍轉爲太陰，抽乙之腹，乙即含胸轉腰避去甲劍，同時將已劍轉爲太陽，刺甲之腕。甲退步繞避乙進步追刺——甲亦向右循半圓形弧線退步繞避，乙進步繞追，如是三遍。乙壓劍上步劈頂——乙繞退將至終點時，突然止步將劍變爲太陽，微抬其腕，讓甲劍從腕下刺過，趁勢將甲劍壓格於外方，隨即上步劈甲之左頂。甲退步帶腕上步回擊——退步避過乙劍，同時將劍往右外方平帶，復趁勢上步回擊乙之左頂。乙退步抽腕保門——俟甲伸劍進擊，轉爲中陽劍，從下方抽甲之腕，同時右足退一步保門。甲退步保門。（完）共十九式不同者十式

第三路

乙上步劈頂——右足上步，右手用中陰劍，正劈甲頂。甲格劍進步翻身帶腰——上右足，用中陽劍格，隨即向左前方進左足，復交步上右足，右手將劍轉爲太陽，帶乙之腰。乙格腕帶腰——一面含胸轉身，退右足避過敵劍，一面將劍尖下指，右腕上提，從左往右外方格甲之腕，甲既翻身避去，乙迅速向左前方進左足，復交步上右足，亦將劍變爲太陽帶甲之腰。甲格腕帶腰——亦如乙之動作，如是互換繞走數遍。乙壓劍貫耳——俟甲劍轉爲太

腸，尚未進步帶腰之際，用中陰劍往下橫壓，隨即起身上步，用太陽劍貫甲右耳。甲直帶腕——耦身微向後挫，用中陰劍直帶彼觸敵之腕。乙提——如以前式，提劍刺敵之腕。甲反撩腕——右足向左方交進一步，身向下蹲，同時將劍從左下方繞一圓圈，側面反撩敵之右腕，左手扶住劍柄，頭向右轉，目注敵右腕。乙反撩腕——亦同甲同樣動作姿勢反撩。對繞走——甲乙兩劍尖各指敵腕，蹲身繞走，從左方向右繞走，至互換位置時停止。乙抽劍刺——突然抽劍向後變爲中陰劍直刺，同時右足開一步向右。甲反格腕——抽劍向後，同時右足開一步向右，用中陰劍，從敵腕下反格之。乙直帶腕——微指其腕，劍尖向下交敵之腕，隨即將腕往下一沈，向後抽帶。甲反手帶腕——甲將肘往下往左避去敵劍，同時反腕，成中陽劍，抽帶敵腕。各退步保門。（完）共計十五式不同者六式

第四路

甲上步洗——右足前進一大步，右手執劍從右下方往上洗，變爲中陽劍，伸直右臂左手載指，置於左後方，兩足成右實左虛弓步，目視敵方。乙上步帶腕（陽劍圈起手式）——右足向右前方側進一步，身體微蹲，右手執劍，從右上方經右下方向左前方復轉右前方，審一螺旋形反帶甲之右腕，斯時變成太陽劍，伸直右臂，左手同時扶住劍柄，頭半向右轉，目注敵腕，兩足成交步。甲上步帶腕（陽劍圈起手式）——亦如乙之動作姿勢，反帶乙腕。對陽劍圈——甲乙各先進左足，同時將劍往自己懷中帶回，次進右足，同時將劍由左往右

平走一圓圈，反帶敵腕，如是繞走三遍。對陰劍圈——甲乙各將劍變爲太陰，同時開右足向右側方探步，一面繞走，一面抽敵腕與敵腹，如是繞走三遍。乙進步攪——如前繞走畢終圈時，突然將劍往胸前收回，變爲太陽劍，劍尖從右往左（在敵腕上）復從左往右（在敵腕下）繞攪敵腕，一面逐步前進，左手扶住劍柄，此動作全在腰腿手腕一致敏活，否則難以得勁勢矣。甲退步攪——甲亦如乙之動作，但隨乙之進逼，逐步後退，（進退之步法須四平步搓腰）。乙退步抽帶——用太陰太陽劍，從敵腕下方抽帶，一面逐步後退，（此式如太極劍中之獅子搖頭）。甲進步抽帶——亦用太陽太陰劍，從敵腕上方抽帶，但甲用抽，則乙用帶，適與相反，一面逐步前進。乙繃腕——退回原位置時，突然用中陰劍上繃甲腕。甲抽劍避之。兩手相左右分開。乙上步刺頭——斯時見敵方正面無備，上步用中陰劍直刺其面。甲壓劍——將頭向左側一偏，避過敵劍，同時右手將劍壓住敵劍，向右下方，兩足須左實右虛。乙反壓——將敵劍反壓於左下方，兩足須左實右虛。甲帶腿——趁我劍被壓時，趁劍帶敵之右腿，隨即起身，將劍反擊敵之右耳，伸直右手，兩足右實左虛弓步。乙直帶繃。——身體微向後傾，同時用中陰劍，由前向後直帶敵腕，終仍變爲繃式。甲乙各提劍保門——甲先變爲提，乙隨之。（完）共計十七式不同者十式

第五路上

甲乙各作伏勢——身向右後方下披，重點寄於右足，伸直左腿，近貼地面，右手變爲太陽

劍，橫於胸前，劍尖向敵，左手戟指扶右手之腕，目視敵方。甲上步直刺——變身向前，右足前進一步，右手用中陰劍直刺敵胸。乙上步擊腕——變身向前，右足前進一步，右手用太陽劍，平擊敵腕。甲抬腕平擊腕——抬高手腕避過敵劍，同時以太陽劍，平擊敵腕。乙側身截腕——左足向左側開進一步，成左實右虛弓步，體重寄於左足，同時右手用中陰劍，從敵之右前方，側截其腕。甲側身截腕——亦如乙之動作姿勢。對提對繞走——此兩動作已見前第一路中。甲近綳腕——繞走至互換位置時，突然轉爲中陰劍，綳敵之腕，乙帶腕避——向左帶腕，避去敵劍，身體同時半向左轉，體重寄於右足、成左實右虛弓步。甲進步反格腕——左足遞進一步，同時以中陰劍，劍尖斜向下方如提劍式，左手扶住右腕，用力自下向上反格敵腕。乙截腕——將右腕抬高，避去甲劍，從甲腕上繞過，用中陰劍截其腕，斯時體重移於右足，成右實左虛弓步。甲上步截腕——速離開左手，將右腕往右一移避過乙劍，同時右足前進一步，成右實左虛步，截敵之腕。乙抽身截腕——略移右腕，同時抬腕，劍尖向下截敵右腕外方，兩足變左實右虛。甲壓腕（或作截腕）——將腕往左避開，同時將劍從敵腕上繞過，下壓敵腕，（用太陰劍若截則用中陰劍）斯時步法變爲左實右虛。乙抽手截腕——仍如前式。甲帶腿——斯時右腕既被敵劍壓住，僅有趁勢從下往左帶敵之腿，同時體重移於左足，收回右足，移至左足前方半步，復趁勢刺敵之腰。乙刺腰——繞起右足，避過敵劍，迅速起立，將右足移至左足前方半步，身半向左，右手以中陰劍刺敵之右腰。甲抽腕——抬高其腕，一面避去敵劍，一面以太陰劍抽敵之腕，同時收回右足，向右前方移一步。乙金鷄獨立刺胸——右手往左一帶，避去敵劍，隨即以中陰劍，直刺敵胸，並提起左足，全身重點，寄於右足，作金鷄獨立式。甲擊手——用太陽劍平擊敵之手肘。甲乙各提劍保門，甲先提，乙隨之。（上半完）。甲乙各作伏勢——見前。乙上步刺胸——上右足，用中陰劍，直刺敵腹。甲上步平提。對提——見前各式中。對劈——用中陰劍直劈，取敵之左方，與以前各式中取敵之右方者不同。對刺腹——中陰劍直刺。甲反格腕——中陰劍從敵腕下方反格。乙反帶腕——開左足，向左斜方上，全體向左傾，右手從敵腕上以中陽劍往左一帶。甲反腕帶——與第三路末式乙之動作同。各轉身劈——雙手捧劍，劍尖向下，轉身向右，上左足，復轉身退右足，躍轉身退右足時，趁勢將劍舉起劈下。各保門。（完）共計三十式不同者十二式。

武當劍法五路共百一十劍，其中不同者有六十劍，李芳宸先生所傳也。武林黄文叔爲先生入室弟子，余從文叔遊，因得而私淑焉。憶疇年寓杭垣湧金門時，距文叔之西湖新宅不數里，晨夕過從，每當酒酣耳熱，輒相與起舞，意氣豪甚。顧比年衰病侵尋，從不復習，強半遺忘，甚矣余之惰而荒也。今春遇文叔於滬上，彼方以劍法授潘子時雨，傅子秀德，徐子梅岐，且假余庭園爲演練之場，於是向之遺忘者歷歷然復印諸心目，爰綜記之備他日復習之用，且以記此一段因緣云。

民國二十八年歲次己卯三月一日　易簡齋主人子意識

摔角之大概　中國拳術於踢打之外，有摔角與擒拿二藝。摔角為近身扭結時必要之技術，粗看似全仗膂力，詎不知方法之外，實有巧妙存焉。初學者，先以一人單練，如前進後退，轉身變臉，勾腳，挑腿，挺腰，坐馬等方式。但不行打，不行踢，如犯之即違章，為衆所不許。初與師對練，與同學對比如大別子，挑勾子，抹脖兒等等，全仗實驗工夫。最奇者，變臉一事，如對人使上把，或下把時，雖轉身而不變臉，仍不能倒敵，一變臉敵必墳跌矣。此藝現在江南者，楊方五、佟忠義、王子陸、諸君優為之。習練工具，用專門褡褳衣一襲，腰帶一根，其行規，服此衣摔死不償命，其優劣以跌倒多次者為負，比演時相約摔三十交或五十交為準。善此者，約定三十交，可將對方摔倒三十交，或可將人摔之上樓，或摔斷腰腿，竟至死者。故有人認此為危險之技藝者，其實在教者與學者之性情耳。

摔角方式甚多，另有專書，非片言所能盡，本篇略述大概，為學太極者一斑之助耳。

東瀛所謂柔道者，實係吾國古代所流傳，考其功力，碻有滿溢之成就，考其方法，尚不及吾國摔角之什一。惜吾國上下不能一致提倡，視為江湖末技，不足當大雅之欣賞也。

擒拿之大要　擒拿術，不行打，不行踢，亦不行摔，專以特種手術，將敵拿住。換言之：將敵之四肢之一部，用一方法，使其不能動，不能倔強，無可脫逃。敵如反抗，則其四肢之一部，必致苦楚難堪，或有折筋斷骨之虞，彼只得聽從我之使命，此之謂拿住。今將各部拿法名目，開列如下：

第一頭部法　搬頭法，抓腕法，抓耳法，捏喉法。

第二肘部法　纏肘法，向上搬肘法，向上推肘法，轉身抗肘法，橫斷肘法，向下壓肘法。

第三拳部法　拘拳滾身法，捲拳法，扣拳肘拐法，扣拳壓肘法。

第四腕部法　單纏腕法，雙纏腕法，大纏腕法。

第五掌部法　反掌斷肘法，架掌跨肘法，牽手法，扣掌按肘法，扣手拐肘法，捏手背穴法。

第六腿部法　倒坐腿法，撲腿法，傘陰破法。

踢打之部位　八可打，八應打，八不打三法。所謂八可打者，比演時可打而無害。八應打者，懲兇儆惡之舉。八不打者，打着便有危險。以上三種：亦是學技者，不可不知也。今開列如下：

八可打　兩肩窩，兩上肘，兩背胛，（背之上部）兩大腿，以上八處，可爲師徒間練習摔打之用，尙無妨礙。

八應打　一打眉頭雙晴，二打口上人中，三打耳下穿腮，四打背後脊縫，五打兩肘骨節，六打鶴膝虎脛，七打腿下顆骨，八打脚背指趾。如遇暴客凶徒；舉動狠毒時，應打以上八處，而懲之，使其疼痛昏迷，不致作惡也。

八不打　一不打泰山壓頂，二不打兩耳雙門，三不打喉咽氣管，四不打胸間穿心，五不打乳下鍵骨，六不打海底撈陰，七不打腰心兩腎，八不打尾閭中正。以上八處，踢打中者，必有性命之虞，故不打也。

自然門 此門之拳術，從人身本來自然行動中練習之。其初步煅煉，手足、腰腿、目光各部，而於手尖脚尖；尤爲注意。其練法，詳載於萬籟聲出版之武術匯宗（商務印書館出出）本篇不贅。萬氏於中央國術比試，皆佔優勝，其師卽余盟兄杜心五也。杜氏年屆七旬，身懷絕技，目光如電。惜其學道心切，已入羽士之流，比聞遯入山林矣。

六合門 此門之拳，可謂少林宗，最細全之技術。其初步，先學五種模子，又名羅漢工，卽基本工夫。而後學各種單式打法，其八種腿法，尤爲他派所無。鍛鍊時，有靜動兩法，極繁細，極深刻。非普通人所能學習。余兄劉百川，精研此藝，淸季藉此走鏢北方，革命軍興，隨從蔣總司令北伐歸來，以年老告休，現聘爲浙江國術館教務長。

（六）勁與力之分　吾人四肢運動之效用，體育家名之謂「力」，武術家稱之曰「勁」。者「勁」與「力」之分甚微，所謂力者，天然根成，其效用隨年齡疾病而增減。明言之：年齡少壯，其力強；年齡老大，其力衰，身體康健，其力充，身患疾病，其力弱。所謂勁者，則不然。由多年苦練而成，其效用，不因年事疾病而退減。譬如八卦先師董海川董老公，享壽九十餘歲，于臨命終時，有一壯士爲其更衣，董不欲，一舉手將壯士拋擲室外，至今八卦門傳爲美談。足見內勁之不因疾病而減弱，可知矣。今將全身之力，可練而成內勁者，列如下：

攝力（掌勁）　合力（擠勁）　射力（捌勁）　推力（按勁）　拉力（採勁）

拖力（攦勁）　托力（肩勁稱勁）　舉力（擴勁）　提力（提勁）　招力（腕勁）

騎力（沉勁）　排力（開勁）

以上路分為十二種，其發勁之源，皆起于腳，出勁於腰，而達於四肢也。

（七）師生間之關係　歷來教拳者，雖口頭法一說教授，毫無分別，而實際確有三種情形。第一種：受業者為徒弟，教授者為師傅。授者盡心苦練，教者盡心教授。但學業之外，師家大小雜務，皆須服役，待有技藝程度，初隨師為幫教，繼則代教，三年五載之薪水，完全供養師傅，其後看師傅之度量，與夫業徒之資格若何？如業徒漸漸老練，則師傅亦漸漸客氣，此後場面，皆歸自己撐持矣。然對於輩分，仍極尊重，門戶亦極重視。江湖藝規，大半相同。如唱戲者，科班中例規，藝徒儘享大名，儘掛頭牌，能叫座儲博彩，而其包銀一千二千，全歸業師收去，待到資格已老，經過滿師手續，方得自由營業。各師皆如此，各徒皆如此，以上情形，雖為江湖俗例，亦屬人情之常。否則為師者，既無利益可得，何苦而為竭盡心力之指教。在學者方面，對於師之本有技藝尚不可得，欲求青出於藍，更為難矣。

第二種：受業者為門生，社會中所習拜門者。教授者為老師，師弟之間，稍稍客氣，餘學業外，不服役私事。其教練亦有相當指授，學業亦有成就者。其門生有爲師傅義務者，有不盡者，一門之中，個個不同。

第三種：教授者稱爲先生。如學校學生，軍營士兵，以及時髦機關職員，逢期一次二次，教者既不能精確指導，學者亦無非時髦而已，事實上難以成就也。

從來拜師傅者，須具大紅全帖。第一頁寫生徒姓名某某頓首拜。第二頁寫生徒三代父母，本人年齡，籍貫，住址。有於第三頁附寫介紹人姓名籍貫住址者，有不寫介紹人者，最後寫當時年月日。另設香案，中供本門祖師，邀請師伯叔，及師兄弟等觀禮。先由業師拜其祖，（少林門爲達摩，武當門爲張三丰）其徒繼拜之，跪奉其帖後，向師再拜，起對各師伯叔師兄弟行禮，即舉行宴會。有献贄見儀者，其數不定，視其師生感情，與附者經濟耳。

少林門（山東滄洲一帶拳廠）習拳之經過

一：拜師。（經二人以上之介紹，具帖請酒，及各種儀式）。

二：習彈腿。（彈腿。爲少林門各路拳術之基礎，故先習此）。

三：拉架子。（拉架子者，即習各種拳術之架子，待所習之拳架子，手足純熟，身法自然，將本身之勁，能作用到四梢，（即手尖足尖），爲期約二三年，然後再學短兵器，若躐等而學便有害，其師亦不許也。

四：學刀劍。（鞭鐧等短器），練大槍。

五：折拳法。（將拳架各式，折開說明用法），折器械：其方法與上同。

六：練拳對子。（各種拳架對手方法）。

七：拏手法。（各種爪拿法）。

八：折器械。（各種器械對打法）。

九：散手。（散手對打，分文武兩種。所謂文者，動手不用腿。所謂武者，動腿不用手，腿手並用，謂之文武並用）。

十：春典。（春典者，江湖上綠林中之黑話，又名江湖術話。此事歷來頗視爲重要，故有「偷教千般藝，莫教一口春」之說。因懂得此類術話，即是個中人，既是一家，便有照顧，即占便宜矣。

（附）『下場不溜腿，到老沒藥救』，此言練拳後，不可停止而坐，須走數圈，而溜其腿，使平其氣和其血脈也。

（八）國術界中之習慣　練國術者，須略約知一般之規例，亦入國問禁，入鄉問俗之意。凡見人練拳，或練器械，必須起立，不可坐視，否則必遭厭惡，或受人揶揄，如爲座師，或直屬長官，及長親父執師伯叔等，則可以不拘，見其練畢，必須致贊美之辭。若自己表演時，應除帽脫長衣，但不可赤膊赤腳，最小限度，帽子與馬褂必須除去，而後向環衆致歉辭。否則此道中人。以爲欺師蔑祖，曰空一切。暗中已受人歧視，，或竟當場發生比試等事，因此而生永凡之惡感矣。

凡向人索閱刀劍器械等件，不可徑搴開視。必須先得其允可，接到手後，應變換個方向轉之，其快口尖鋒須對己，不可對人，否則為大不敬，且防傷人。授受者，勿以手指口沫擦拭其刀劍，犯之，尤為一般習慣所痛惡。在宴會席上，有同道人來遞茶，或斟酒，皆係表示尊敬與佩服之禮節，受者當起立而回敬其禮，毋忽視之。平常言論，切忌評人工夫之長短，雖屬一時閒談，並無成見與其他作用。但對方之名譽及生計，或竟因此而受重大之打擊，彼必以全力謀圖報復，是不可不知也。

以上各條，略舉大概，一知半解，在所不免。至所述太極之妙用，余在十餘年前，初聞此言，以為談此者宜傳之辭。今以各師之講授，自身之經過，以及同學朋友之試驗，對燃火紙有時，確有靜妙莫測之作用。余非小說家，何必過炫其說，要在善學者，刻苦求之，自得之耳。

中國自古以來，武器甚多，形式各異，名稱不一，而一般所稱之十八般武藝，名式如下：長槍、大刀·戈、矛、戟、鏟、斧、鉞、爪、鐮、鎚、叉、棍、鎚、劍、刀、鞭、弓、鐧由鞭而成，弩由弓而成，鏜由矛而成，匕由劍而成，故不列。

附言

鄙見國術名稱，宜改為武術二字，較為適當。因國術之稱，範圍過於廣泛，凡屬中國之藝術、圖畫、琴棋、百工六藝，皆可稱爲國術，豈獨偏做乎武術哉？或曰稱爲武術，恐與軍事相混合。實則不然，行軍作戰之學，皆冠以軍字，如軍事計劃，軍事訓練，陸海空軍，陸軍大學，軍官學校，或簡稱爲軍人，軍官，軍佐，軍械等，世界各國皆同，決不與武字相混淆。或曰：此係中國之技術，須加以國字。試問中國一切學術，一切機關，皆冠以國字可乎？東西洋各國，其本國之學術，豈不皆冠以國字，其重在事實與性質，明矣。邇來中央國術館，彙研究西洋拳擊，日本擊劍諸藝，不如易以武術二字爲當，質之海內賢達，以爲如何？

武當治傷驗病方 同門山左韓慶堂錄

武當門治驗傷病方目錄

(32)無名腫毒方　(33)牙痛方　(34)黃水瘡方

(35)胃痛悶脹不消化方　(36)寒熱病方　(37)黃病方

(38)乾疥方　(39)小便發熱方　(40)生肌拔毒散

(41)紅白痢疾方　(42)八脚蟲方　(43)中[illegible]氣方

(44)脚氣病方　(45)瘋犬咬方　(46)久年腹痛方

(47)久年頭痛方　(48)羊角瘋方　(49)破傷風方

(50)小腹扁墜方　(51)治疥方　(52)治痢疾方

(53)脚痔病方　(54)治多年惡毒瘡方　(55)治黃胆方

(56)治脾寒方

共五十六方

(1)跌打損傷總方(共三十六味研細末每服二錢用開水黃酒沖服病重者每天服三次輕者一次或酒水皆可)此方能強壯筋骨養血合氣常用力大無窮

木香五錢　蘇木酒炒一兩　白朮二錢　厚朴薑鹽炒六錢　骨碎補童便炒一兩　三棱蜜炒五錢　紅花三錢

杜仲炒二錢　歸尾酒炒一兩　自然銅五錢　乳香去油三錢　白芷一兩　地鱉虫卅個　元胡索一兩

兩頭尖三錢即鼠糞　蒼朮六錢米汁炒　五靈子一兩酒炒　青皮一兩童便炒　川芎一兩　黃芩六錢　枳實六錢炒

香附五錢童便炒，　小茴三錢酒炒　紅花七錢酒炒　炙甘草一兩　茯苓四兩　草果五錢去殼　蓬莪朮夏三錢冬五錢

赤芍一兩酒炒　肉桂夏二錢冬五錢　三歧一兩酒炒　落得打三錢　沒藥五錢去油　丁香五錢去皮　沉香二錢

佛手片三錢

藥名九一丹　治脚氣　紅升五錢用土埋之　製石膏九錢用童便浸過　冰片少許

（2）打傷年久未愈方（共四味）

升麻七錢　黑丑六兩　莪朮七兩　肉桂五錢　（共研爲末另用大皂莢一兩煎水爲丸服之）

（3）皮破止血補傷丹　治壓傷馬踢刀傷跌打等傷

諸傷雖腎子壓出者可治，並能止血止風，不忌風，若傷重血不止，用玉樹神油滴患處，立止痛止血，二藥並用有起死回生之效。

白附子十二兩　白芷一兩　防風一兩　生南星一兩　天麻一兩　羌活一兩　共六味晒乾研爲細末，就破處敷上，若傷重用陳黄酒冲服三錢，多飲則麻倒，少刻即愈亦無害也，青鹽水調敷之立愈。預製愼藏以濟急需，此方曾愈傷及食管，肚腸已出，用此藥得活也。若腸破斷者，用桑白皮線縫好，再用藥敷上，保險全愈。

(4)打傷時節隨治法十二時血行達十二經，如有某時在某經，倘未打傷，切宜忌之。

(子)時血行至胆經　(丑)肝　(寅)肺　(卯)大腸　(辰)脾　(巳)胃　(午)心
(未)小腸　(申)膀胱　(酉)腎　(戌)胞絡　(亥)三焦

春打傷肝三年凶亡，夏打傷心三年凶亡，秋打傷肺即刻凶亡，冬打傷腎三年凶亡，四季三十六大穴，七十二小穴，是人身穴部，信者不可打。

百會穴。咽喉穴。兩太極穴。對口喉穴。太陽穴。太陰穴。尾閭穴。陰穴。

附打傷十二時藥方(觀形察色便知何處受傷)

(子)時傷在胆方

地別(地鼈虫)八錢　蘇木八錢　五加皮二錢　班節七錢　甘草二錢　砂仁二錢　只壳七錢
柴胡二錢　以上八味　用水淺飯碗，煎四分服之。

（丑）時肝方

香附八錢　桃仁一錢　地別一錢　生地四錢　靈仙二錢　紅花一錢　天乔片二錢　甘草二錢

水一碗煎六分服之。

（寅）時肺方

紫花二錢　黄芩一錢　桔梗六錢　玄胡二錢　加皮八錢　款冬花八錢　天花粉八錢　甘草二錢

服法同前

（卯）時大腸方

木通二錢　黑丑八錢　續斷八錢　牛膝二錢　大黄三錢　紅花七錢　澤蘭七錢　玄胡一錢

木香六錢　甘草二錢五分　服法同前

（辰）時脾方

木通五錢　蘇木三錢四分　青鹽五錢　神曲二兩　紅花二錢　白糖四兩　虫草合煉爲丸，用白茯苓湯送下。

（巳）時胃方

白芥子二錢 台烏藥二錢 藿香二錢五分 乳香一錢 沒藥一錢 紅花五錢 歸尾二錢

香附二錢 砂仁二錢 大腹皮二錢 甘草二錢 水一碗煎七分服之，其藥渣再煎服。

（午）時心方

川連二錢 兆仁二錢 黄芩二錢 鬱京二錢 茵陳二錢 枝子二錢 夜明砂二錢 甘草二錢

水一碗煎八分服之

（未）時小腸方

木通二錢 車前子二錢 生地二錢 川連二錢 蒼木一錢 紅花八錢 只殼二錢 歸尾一錢

鐙豊三錢 甘草二錢 水一碗煎七分服

（申）時膀胱方

與巳時胃方相同

（酉）時腎方

檳榔二錢　筵萱二錢　蘇木六錢　紅花七錢　麥冬二錢　杜仲二錢　牛膝二錢　歸尾二錢

甘草二錢　冰糖五錢　水一碗煎八分服

（戌）時胞絡方

川連五錢　筵萱二錢　檳榔二錢　紅花六錢　斑節二錢　枝炭八錢　水一碗煎七分服之

（亥）時三焦方

枝子一錢　黃柏八錢　干葛二錢　蘇木二錢　生地一錢　知母二錢　桔梗二錢　大黃七錢

水一碗煎六分服之

傷在心經　南方丙丁火其色赤
傷在腎經　北方壬癸水其色黑
傷在脾經　中央戊己土其色黃
傷在肺經　西方庚辛金其色白
傷在肝經　東方甲寅木其色青

五臟受傷表現之色

（5）玉珍散方及用法（普通損傷服此方必效）

生白附子一兩　生南星一兩　生半夏一兩　川羌活一兩　廣三七一兩　生天麻一兩

生防風一兩　香白芷一兩　赤芍五錢

共爲細末磁瓶裝好待用。此藥專治鎗打刀箭諸傷，其用法與金花散同，惟藥力較爲和緩耳。

（止血用）玉珍散專治跌打損傷，外敷傷處，以鷄蛋清調塗亦可，內服每服五厘，陳酒沖服。

（6）吐血方（共十二味）

柴胡一錢　白當三錢　廣三七三錢　柳炭一錢半　荷葉一張　當歸二錢　梔子二錢　寸冬三錢

艾葉灰六錢　藕節二錢　甘草三錢　丹參三錢　草紙灰爲引水沖服

（7）內傷不見血方（共十二味）

當歸一錢　水花二錢　梔子五錢　柴胡二錢　白芍三錢　川芎一錢　乳香一錢　沒藥一錢

防風八錢　木瓜三錢　甘草一錢　白芷一錢　水煎服

（８）傷筋動骨輕傷方　共五味

鳳尾草一束　生葱根四五柱　花椒五錢　生薑一塊　陳蘿蔔種子二錢

醫法：（一）將藥備好，用水煮開洗之。（二）不便於洗，將藥切碎，用鍋炒半熱，一熱為度。分為兩包；一包不熱，再換一包，此包再炒，如此者七次後，此藥不用。病重者。每日兩次。輕者一次。

注意——不要用力洗擦，破皮切忌。

（９）手足破開方　用棱衣草白水漬之患處

（10）年久跌打藥酒方

紅血藤三錢　虎骨三錢　大獨活三錢　羌活三錢　加皮四錢　桑寄生三錢　白細辛一錢

川烏二錢　土別三錢　白芥子三錢　當歸二錢　三稜二錢　莪朮二錢　川牛膝二錢　桑枝二錢

松節三錢　乳香二錢　伸筋草三錢　粉甘草二錢　南星二錢　赤芍二錢　自然銅火煅二錢

山七四錢　西簽草一錢　用好燒酒五斤泡好，每日早午晚三次，每次服一小茶杯，不能飲者，可少飲之，完即急神效

（11）跌打骨腫洗方

荊芥　防風　透骨草　羌活　獨活　芥梗　新艾　川椒　赤芍　枝藍各二錢水煎洗一二日即愈破皮肉者忌之。

（12）接骨館使五風化骨丹

貴州雷公山五加皮四錢　小公雞一隻，去毛連骨肉，不用沾水，搗極爛，敷斷骨處，骨即發響，則骨已接好，即將藥刮去，免生多骨切記。

（13）山螃蟹接骨方

此方治手足折斷者爲妙，若無山蟹，即用大蟹，共取五個，焙脆，取燒成末，用黑糯米三個，用陳酒溫熱調飛，兩個和溫酒服之，和醉爲度，目骨合矣，忌口，勿食發物。

（14）金花內服治傷神妙散此方翻洗不可常服

生白附子三兩　生川烏一兩　山七一兩　生半夏四兩　生南星一兩　生大黃一兩　生羌活一兩

防風一兩　香白芷一兩　馬前子二兩　去皮火煅存性

兩後共研極細末，用小磁瓶裝好聽用。此藥專治跌打損傷，未破皮肉者，爲力最大。不可多服，成人可服一錢五分。老年小孩可服八分爲止。黃酒沖服，不能飲者，以溫開水服之，若服過多，則遍體脹腫難受，可服甘草水解之，服後漱口，以免滯澀。

（15）骨折筋斷久傷酸痛洗敷方

如意油渣四包　五加皮一兩　川烏八錢　製乳香八錢　草烏八錢　虎骨七錢

共六味以鍋盛蒸之，再將用布爲上，每日早晚蒸洗兩次，洗後，即同時敷下藥方。楊梅樹皮六兩曬乾成粉末，以好白燒酒調勻，以碗盛之，放鍋內蒸透，取起敷在傷處，每日蒸洗兩次後，即敷此藥兩次，三日即愈，切忌勞動。

（16）破傷血流不止即敷藥

狀石三錢　白芍三錢　共爲細末，黃酒送下。

（17）打傷方

地膽草一兩　黃柏五錢　五皮丰五錢　赤芍五錢　敷傷處

（18）內治接骨方

法半夏　大黄　栗子　黄土　五靈脂　狗脊頭　鳳仙花葉　續斷　秦歸　川芎　蟹肉　紅糖

煎湯用黄酒兌服

（19）刀斧損傷要藥方

茯苓　三七　虎杖　蒲黄　沒藥　丹皮　澤蘭　鹿角　研細末，黄酒冲服。

（20）外治接骨方

三七　牛膝　鬱金　紅花　秦歸　川芎　甘草　續斷　白芍　花蕊石　（右藥搗碎合酒炒，包傷處。

（21）打傷丸丹方

當歸二兩　川芎二錢　桂枝二錢　杜仲三錢　川膝二錢　丹參二錢　羌活三錢　青皮一錢

玄胡二錢　郁金二錢　香附二錢　天台一錢　碎補二錢　木瓜一錢　木香二錢　石乳三錢

桐皮二錢　靈仙二錢　升麻二錢　附片二錢　銀精一錢六分　加皮二錢　金精一錢六分

西香二錢　沉香二錢六分　丁香二錢六分　虎骨五錢　猴骨五錢　土鱉一對（雌雄各

大海馬一對　硃砂四錢　砷砂三錢　川浛二錢　沒藥二錢　小茴二錢　土田七五錢　青木香一錢
秦艽二錢　狀元二錢　上桂三錢　元寸三錢　廣皮二錢　紅花二錢　續斷二錢　桃仁二錢
然銅二錢　歸尾二錢　細辛一錢　大力二錢　甘草二錢　以上共五十味

（22）練鐵砂手藥方及練法

川烏　草烏　生南星　蛇床子　半夏　地骨皮　花椒　力蘆　百部草　狼毒　海浮石　柴胡
龍骨　龍爪（乃高粱之氣根）　木通　虎爪（乃扒山虎）　透骨草　紫苑　地丁　硫黃　以上各一兩
鷹爪一雙（有無俱可）　青鹽一兩　三斤米醋（頂好的）　水三斤煎完時，可將藥渣取出。
（若到藥房可按三次去取）

練法：：小瓷缸一口，鐵沙約百四五十斤，若練時將藥水在沙鍋內溫熱，將手洗過，多洗無礙，可將指甲剪去，雙手將鐵沙一抄一插，一抓一打毆一把，初練時每次七八把，以後四五日，可添一把。

（23）練鐵沙掌藥方及練法

透骨草四錢　乳香三錢　沒藥二錢　猴薑一錢半　川山甲二錢　皮硝一錢　青鹽四兩
熊掌五錢　鷹爪一錢　黃酒一斤半　老醋一斤半　將各藥同煎於沙鍋中，俟水剩五分之一即成，再將醋黃酒加入燒開，洗之，後每次洗時，僅須水熱即可。注意（水量五茶杯如日久可再加酒醋。）

（24）舉鼎神力方

蒺藜　全秦歸　懷牛膝　枸杞子　螃蟹黃　虎脛骨　煉蜜爲丸，黃酒沖下。（各藥等分）

（25）強壯藥方

野蒺藜　熱地黃　白芍藥　潞黨參　全秦歸　撫川芎等分　煉蜜爲丸

（26）大力丸方

補骨脂　魚膠　川續斷　虎骨　兔絲餅　牛膝等分　煉蜜爲丸，黃酒冲下，忌色慾。

（27）開弓大力丸

虎脛骨　肉蓯蓉　螃蟹黃　野蒺藜　全秦歸　甘枸杞　撫川芎　白塊苓　煉蜜爲丸（各藥等分）

（28）金瘡藥方

花乳石二分　苧麻葉用童便浸七日，陰乾，共研細末，合口生肌。

(29)治喉痛紅腫方

以竹截斷兩頭留節，留青皮，(切不可刮去)礬石投入童便中，時愈久愈好，用時將管取出，鑽一洞，內有汁流出，即金汁也，治喉紅腫作痛，極驗。

(30)治眼花方

用黑芝蔴九蒸九晒，隨時可食，至老眼不花。

(31)喉蛾仙方(即白喉)共六味

竹葉一錢　桔梗一錢　連翹一錢　金銀花一錢　烏元參一錢半　甘草一錢半　水煎服，病重者三付即愈。

(32)無名腫毒方(共五味)

柏樹枝葉　蟬皮草　白礬　生葱去葉留根　雞蛋青白

用法——合搗碎，粘患處，藥之多少，看患之大小輕重，酌量調製。

(33)牙疳方　共四樣

片松枝葉　雞蛋青白　白礬　葱根搗爛擦於布上貼之

（31）黃水瘡方

銅綠　宮粉　松香　枯礬　共四味用蔴油調和敷之

（35）胃痛，悶，漲，不消化方

牛角三錢　陳羅蔔種子四錢　陳石灰三錢　用瓦片烘焦研末，開黃酒冲服。

（36）寒熱病方

甘遂一錢　甘草一錢　研細末，少許放於肚臍眼，用膏藥貼之，先一時前用之。（取藥時分大
去取，否則不行。）

（37）黃病方

用車前子草泡茶吃，每月三次。（此方使身內濕熱從小便洩出）

（38）鼓脹方

豬小腿二只　紅棗一斤　冰糖六錢　生地半斤　茯苓四兩　煮爛吃下

（39）小便發熱方　淡竹葉泡茶吃

（40）生肌拔毒散

先研熟石膏一兩　後入冰片三分　後入麝香一分　先研珠沙五錢飛淨研末　先研蘆甘石三錢

先研牛丹八分　先研雄黃三錢飛淨研末　（共七味研成末粉，和合愼藏，不使受潮濕走氣等。）

（41）紅白痢疾方（共九味）

酒白芍二兩　當歸二兩　枳殼一錢　檳榔二錢　粉甘草三錢　滑石三錢　青木香三錢

來復子四錢　罌粟殼二錢炙　此方頭劑加大黃三錢，二劑取銷，三劑全愈，或服香連丸三次亦愈，每次一錢。

（42）八脚蝨方

即陰毛生蝨，西醫治之，極感困難，用百部一兩，合燒酒一兩，用碗蒸之，擦洗數次，蝨即腹裂自落。

（43）中瘴氣方

以無心菜（即豌菜）晒乾成粉，當五錢於稀粥中，約一大酒盃，吃後即將瘴氣打下，極驗，乃旅行窮貧等者，不可不備。

（44）脚氣痛方

蒼耳子　地骨皮各二兩　煎吃四五次即愈。

（45）瘋犬咬方

取盆栽之萬年青，連根葉搗融，絞汁灌之，腹內有血塊，自大便中出矣，亦可以搽洗患處并用杏仁泥敷之，神效。

（46）久年腹痛方

白芥子三粒成末，不可多，（恐皮痛）白胡椒粉三分生薑一塊（大指大）去皮共搗成小餅貼臍上，外用油紙貼之，每日早晚換兩次，三日即愈，老年亦可斷根。

（47）久年頭痛方

取黑牛陰陽蛋以陰陽瓦片焙乾研粉，再用三伏天晒熱之土研粉，泥和後，用溫黃酒調敷於頭上，兩三次斷根。

（48）羊角瘋方

用梟鳥一頭，（即貓頭鷹）白水煮爛，不置油鹽等物，連肉帶湯食之，兩次即愈。

（49）破傷風方

魚膘五錢　黄蠟五錢　荆芥五錢　艾葉三片　黄酒煎服，見汗可愈。

（50）小腹扁墜方

小茴香　廣木香　全蝎　當歸各三錢　共爲細末，分早中晚三次温黄酒冲服。

（51）治疥方

硫黄　銅青　利茶　三仙丹　大黄子　明礬各等分　研粉裹以新白布浸茶油中，加熱，俟油成黑色，然後取出以此藥包，搽擦疥口，三數日即愈，但内服清腸劑，用猪大腸（要近肛門一段）長六七寸或一尺灌以綠荳（不可滿）煮食之。

（52）治痢疾方

用犀牛皮三寸方，切成薄片和瘦肉煮食之即愈。

（53）脚痔病方

用浮水石研粉，脚癢時擦之即愈。

（54）治多年惡毒瘡方

用尿口銀（似牛糞患）用角牛磨碎貼患處，用多少看患處大小敷之。

（55）治黄胆方

虎脚草 合白糖搗碎貼左手腕脈訣處，外用小盅扣之，以繩縛住，見有黃水泡，即將藥取下上將水泡挑破，七日卽愈。

（56）治脾寒方

邦毛虫礎碎用膏藥貼肚臍中二小時後去之。

附言：上列各症藥方係就一般普通身體者言之，若患者如有宿疾，或體性不同，如熱體涼體之分，須醫師增減之。

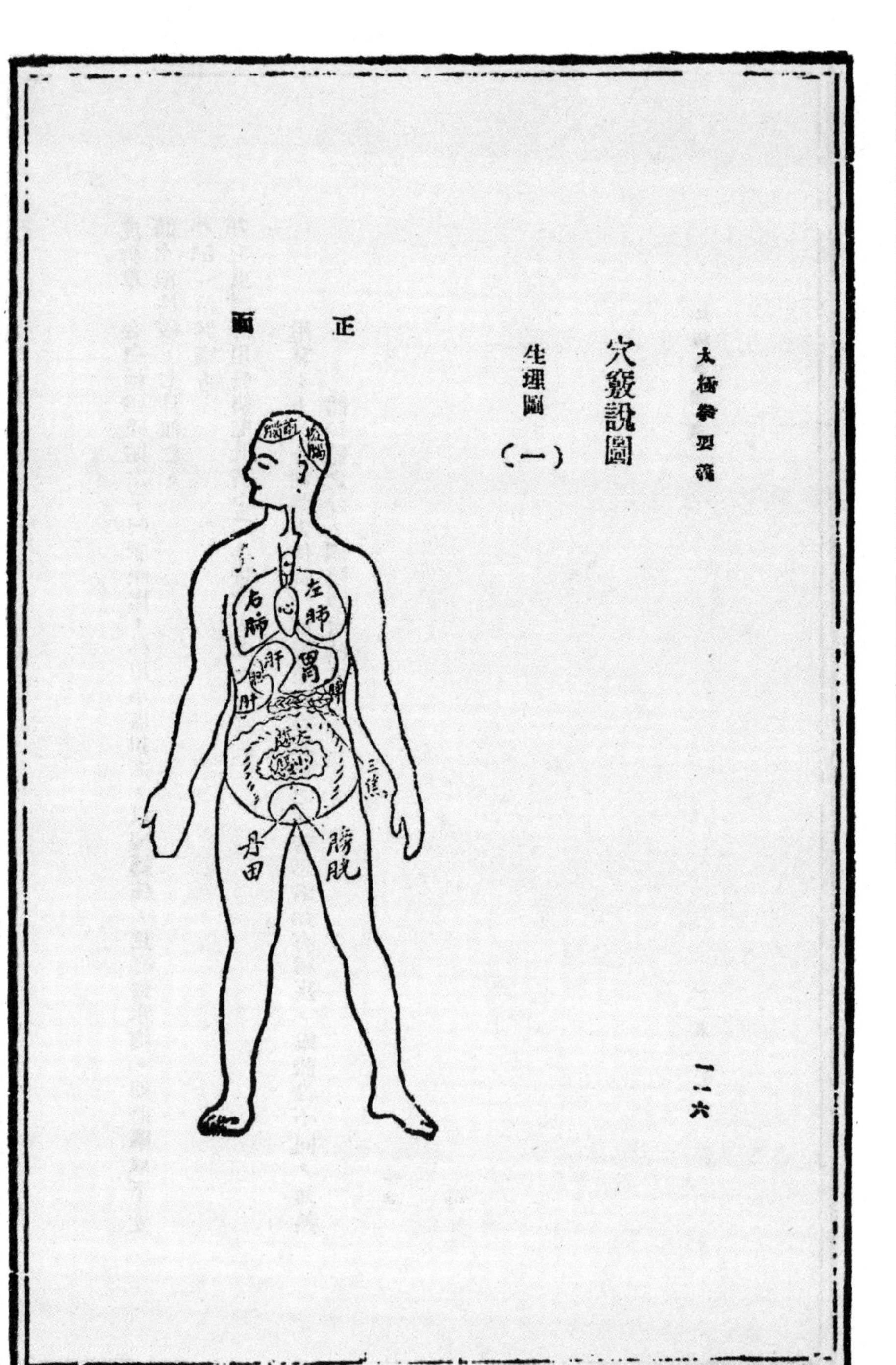

穴竅說圖

生理圖（一）

正面

生理圖（二）

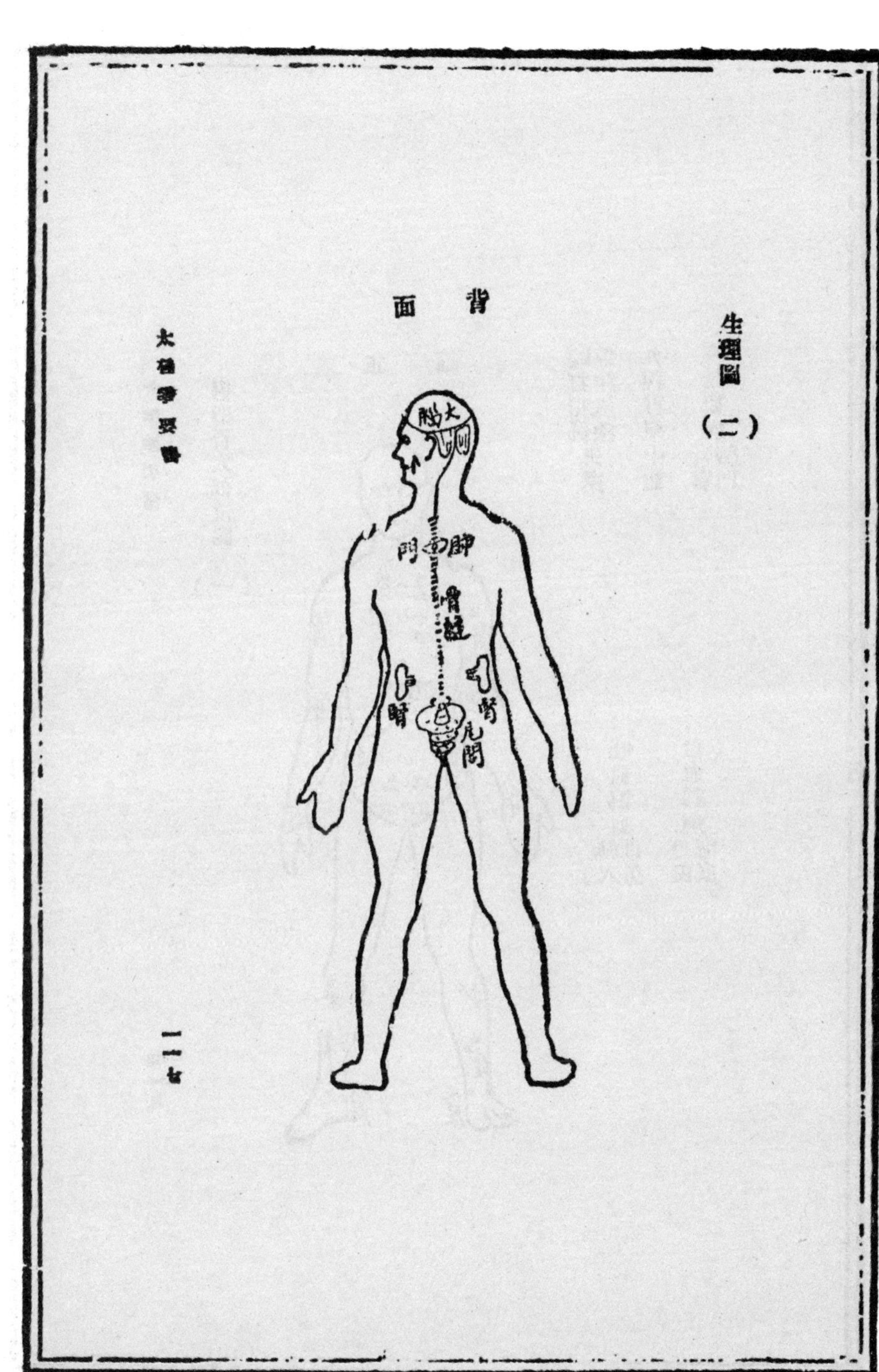

醫藥百穴部位圖（一）

正面

跌打損傷患處
延年風象

九種胃氣中能

三陰指疾
臍門
賁門

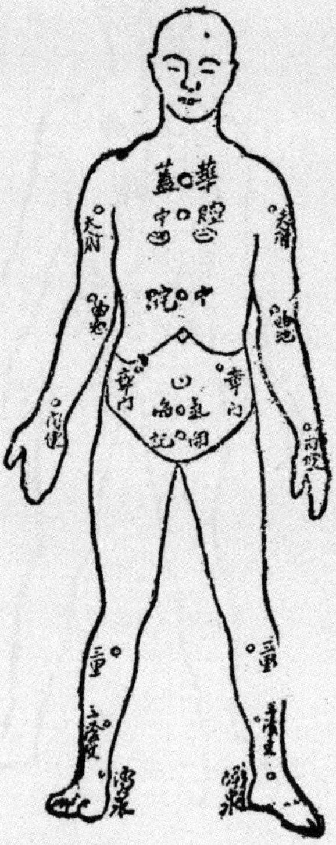

吐血瀉血
肺穴
百勞

白血利痰
丹田
海底

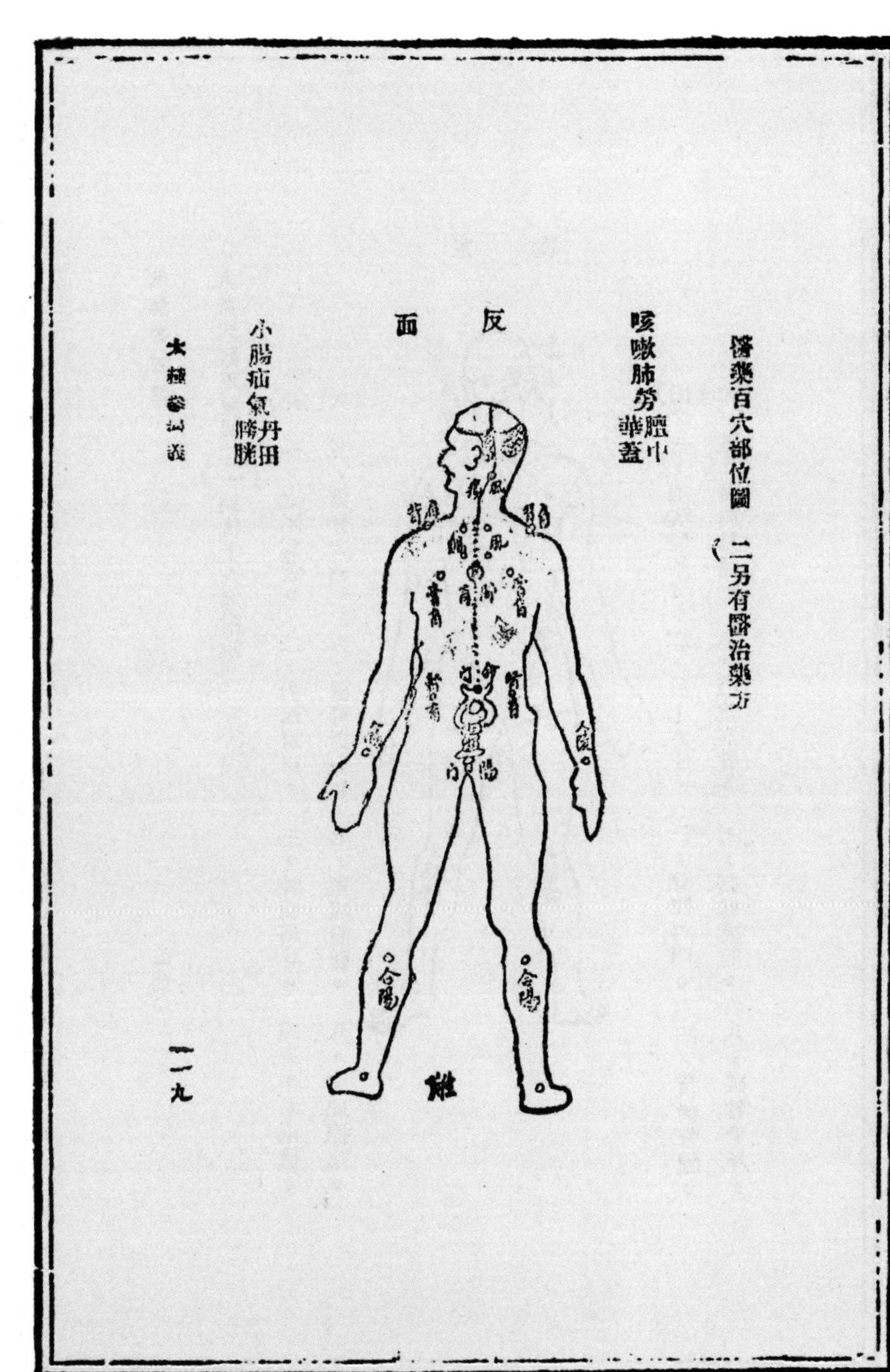
醫藥百穴部位圖（二另有醫治藥方
咳嗽肺勞
膻中
華蓋
反面
小腸疝氣
丹田
膀胱
合陽
合陽
附

人身穴竅正面圖（一）前後十六穴附說

（死亡穴）

一，太陽爲首。　二，對面鎖口。　三，雙風扇耳。　四，中心兩壁。

五，兩脅太極。　六，兩臂對心。　七，尾閭封臍。　八，海底撩陰。

正面

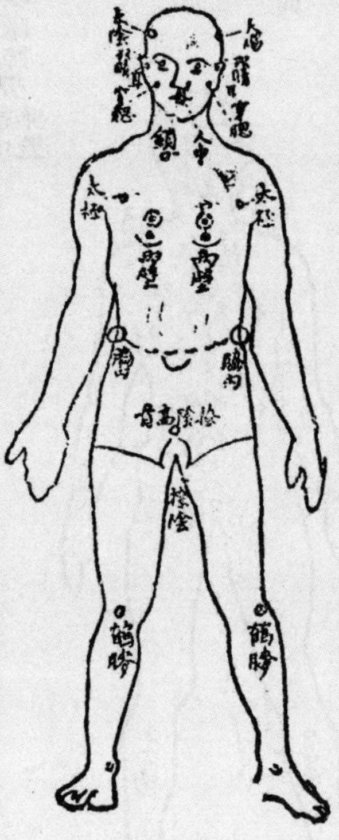

（俗迷穴）

一，眉尖雙睛。　二，唇上人中。　三，穿腮耳門。　四，背後骨縫。

五，脅內肺腑。　六，撩陰高骨。　七，鶴膝虎脛。　八，破骨千斤。

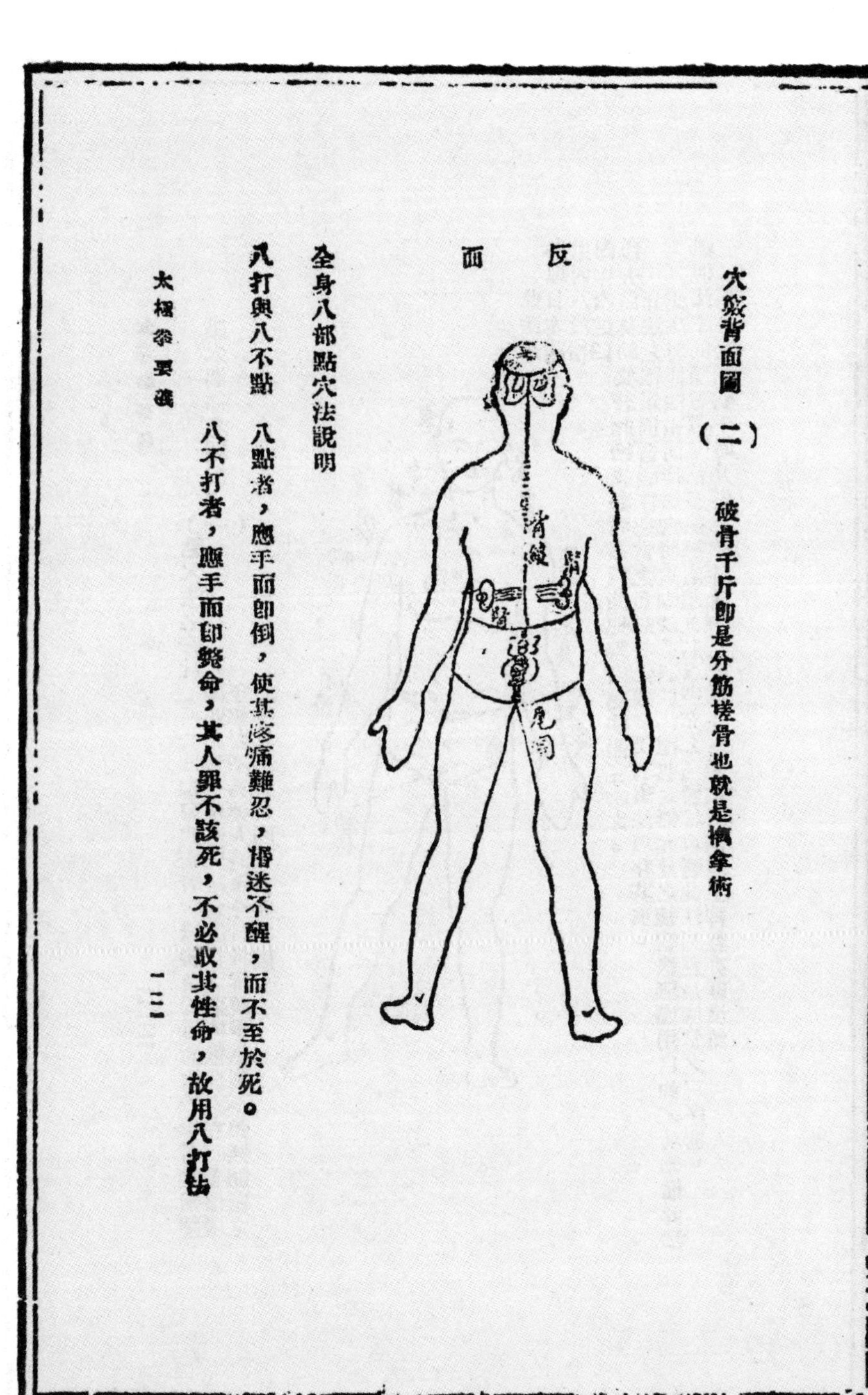

穴竅背面圖（二）　破骨千斤卽是分筋挫骨也就是擒拿術

反面

全身八部點穴法說明

八打與八不點　八點者，應手而卽倒，使其疼痛難忍，昏迷不醒，而不至於死。

八不打者，應手而卽斃命，其人罪不該死，不必取其性命，故用八打法

點穴關節名稱圖

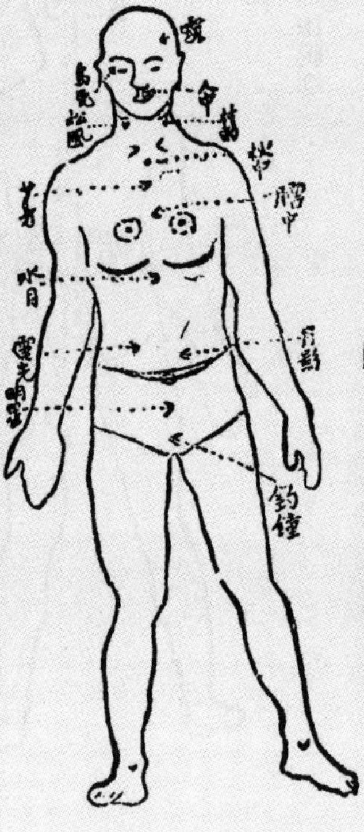

(一)點穴法之修行

昔日練習武術者皆以勝負爲目的故除學習武術種種外並習一種點穴法爲護身之要術惟吾國古時多係嚴守秘密不易傳人時至今日世界競爭劇烈不但無秘密之必要且須廣傳國人自衛衛國。

此法總靜以日本講道館八段橫山作次郎四段大島英助共著此術並參考多種其他拳術秘法而完成之。

此法之術語因吾國無適當之名詞替代故仍其舊法以存其真。

此法與他法相同徒知穴所與點法對於踢擋打無充分之練習決無應用自如之功效惟此法與他法不同練習急需諸藝多研學者須先將拳術充分練習後再習此法方爲最適當之程序也。平日時練對手時用拳足腕膝等在上縱變上加習之於進步上裨益亦匪淺鮮

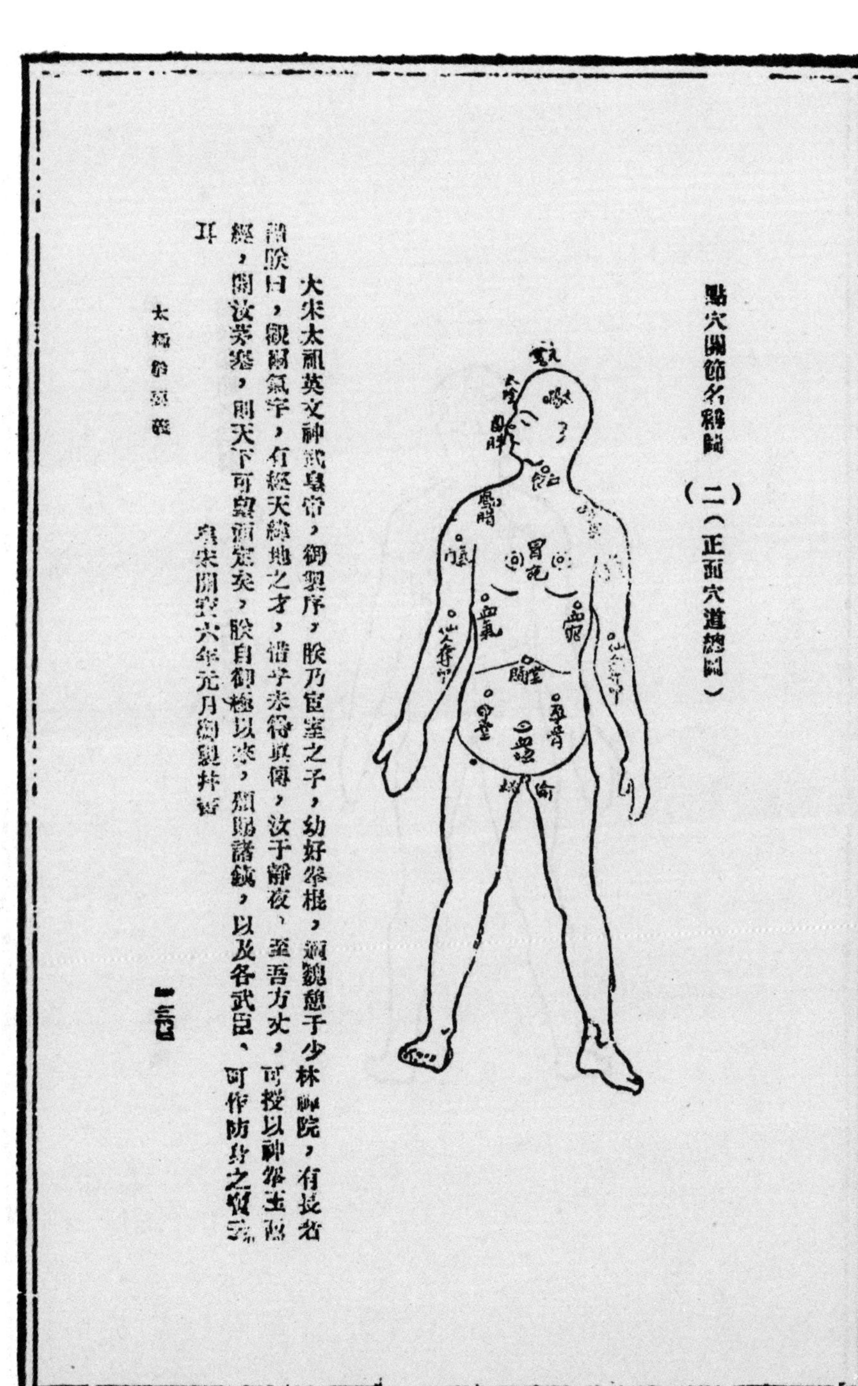

點穴關節名稱圖（二）（正面穴道總圖）

大宋太祖英文神武皇帝，御製序，朕乃宦室之子，幼好拳棍，潜蹤憩于少林禪院，有長者謂朕曰，觀爾氣宇，有經天緯地之才，惜乎未得真傳，汝于靜夜、至吾方丈，可授以神拳玉匣經，開汝茅塞，則天下可與爾定矣，朕自御極以來，頒賜諸鎮，以及各武臣、可作防身之實濟耳

皇宋開寶六年元月御製并書

點穴關節名稱圖（三）（反面穴道總圖）

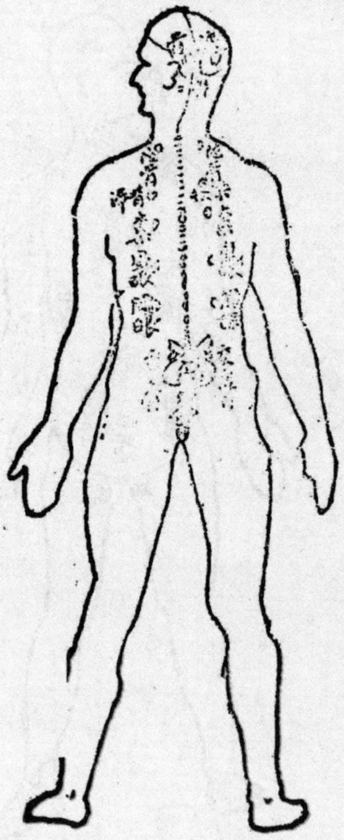

第十二圖

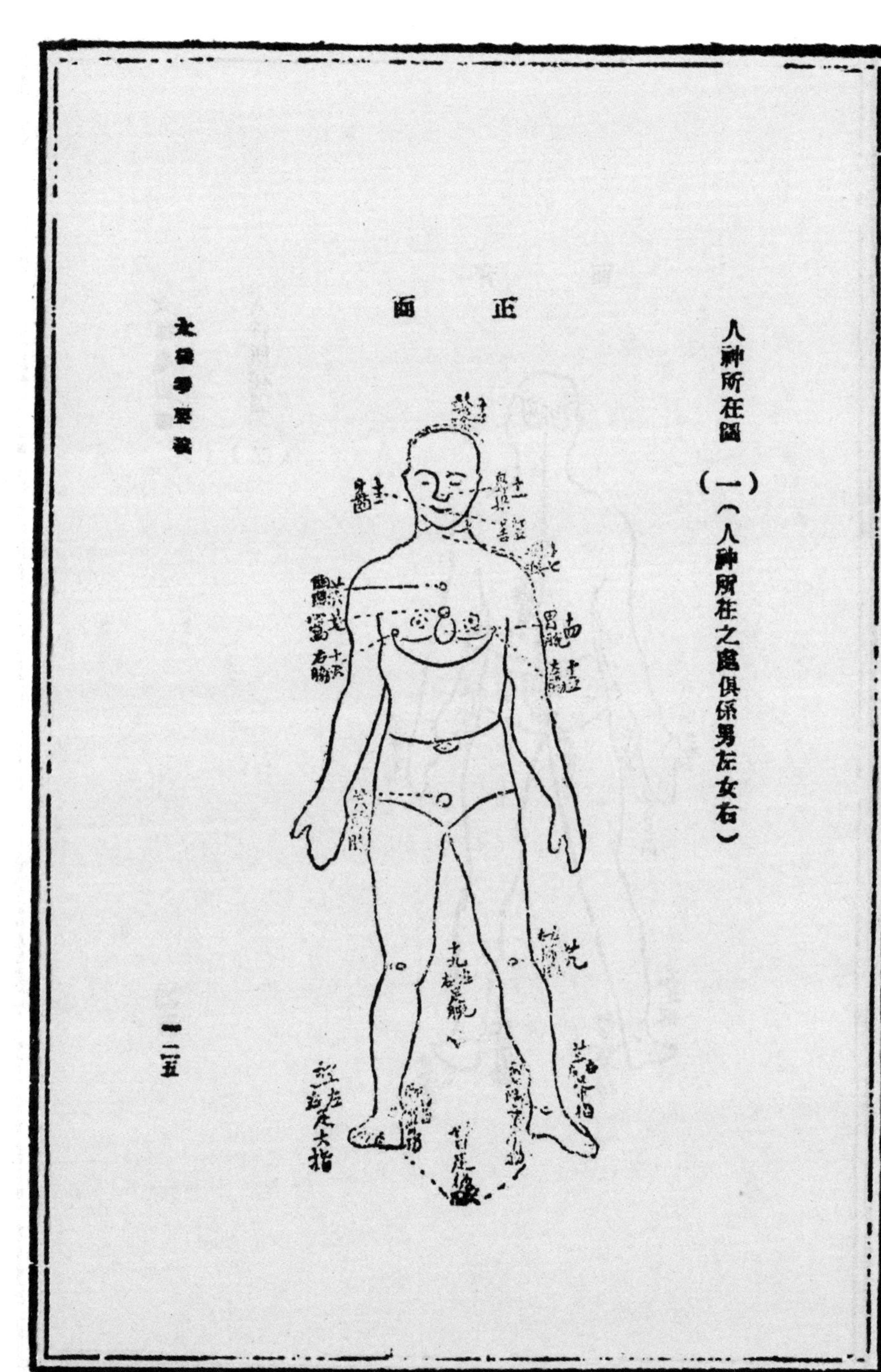
人神所在圖（一）（人神所在之處俱係男左女右）
正面

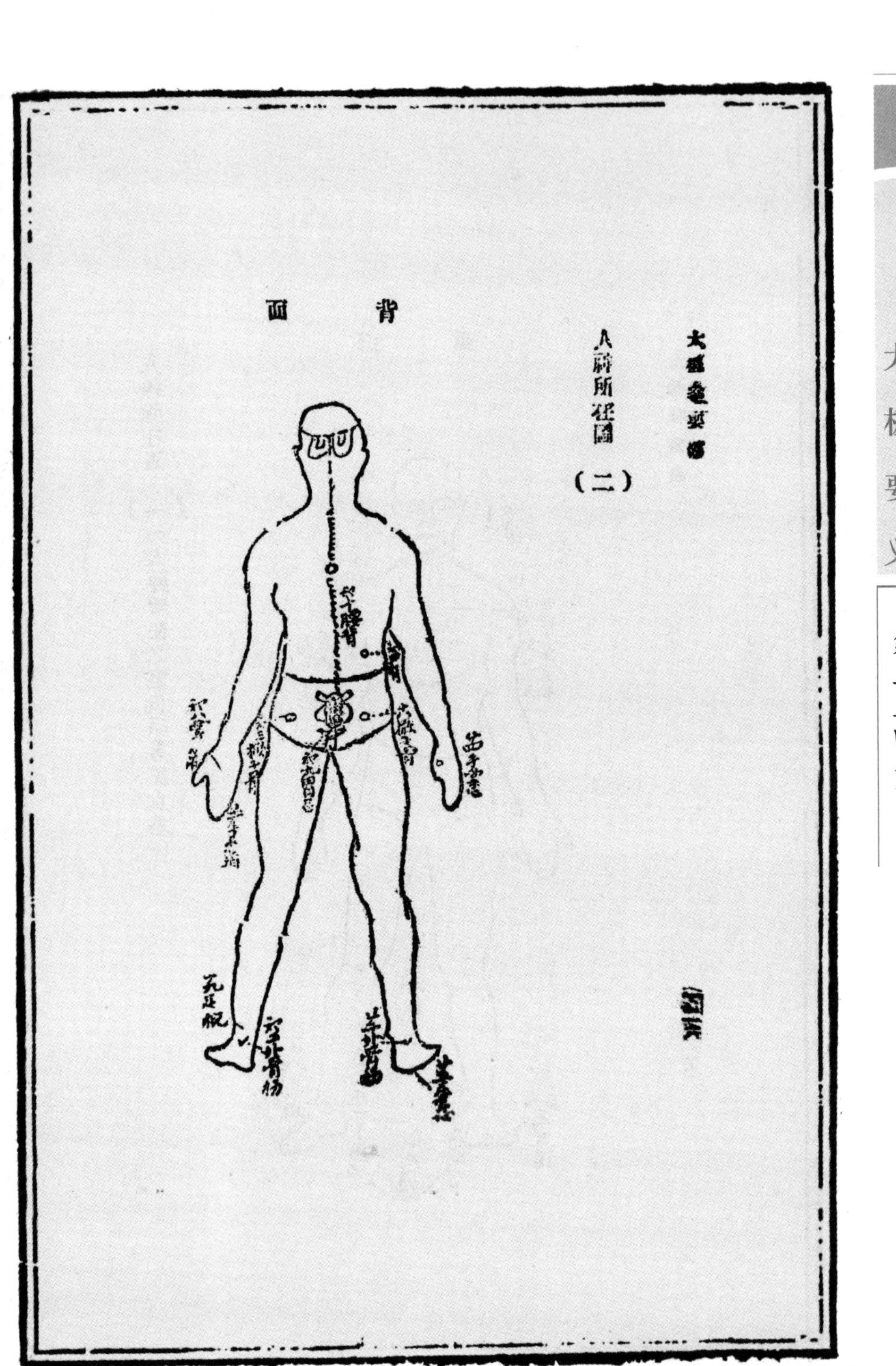
太極要義
人身所在圖
（二）
背面

點穴十二部位圖（一）

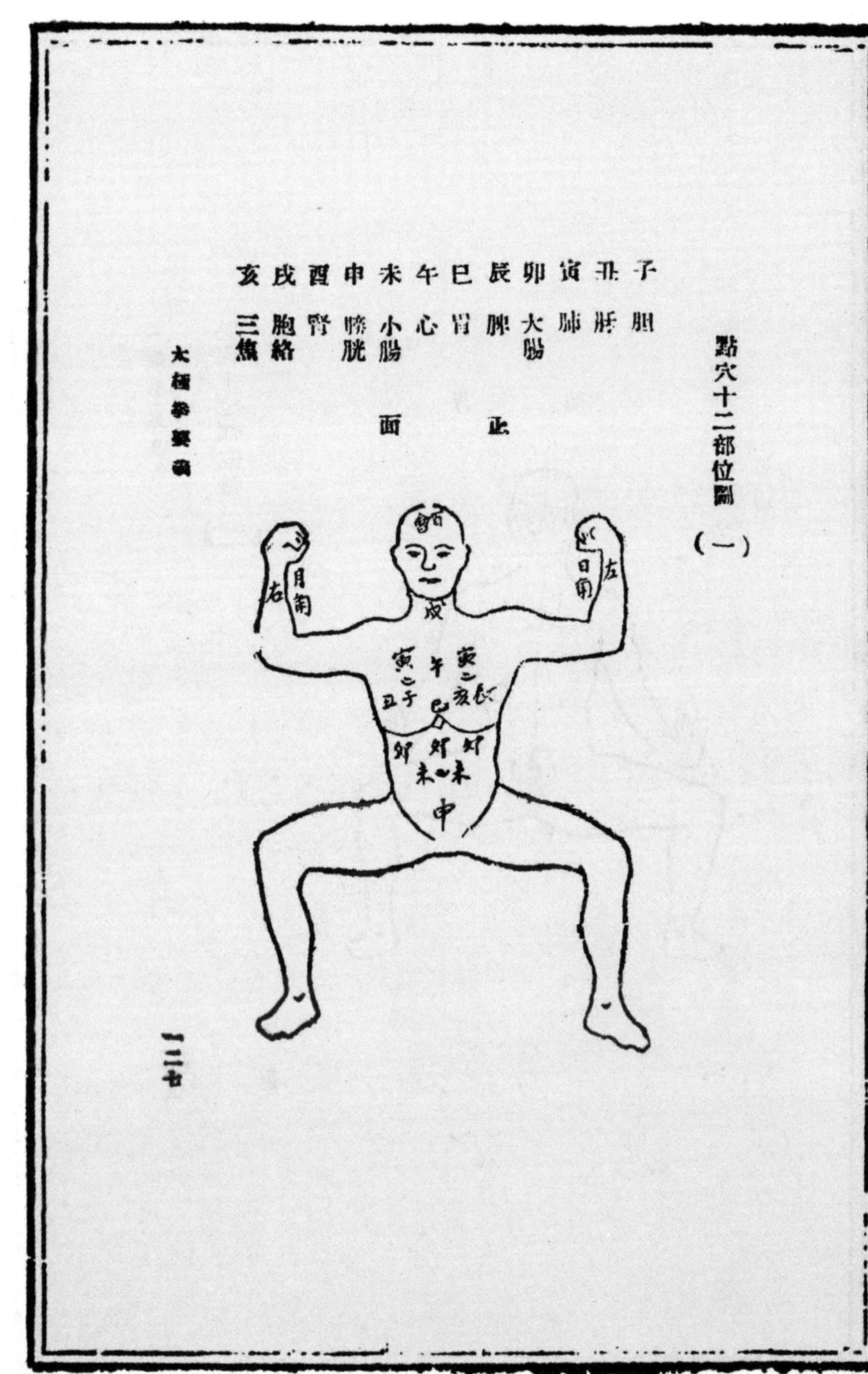

點穴十二部位圖（二）

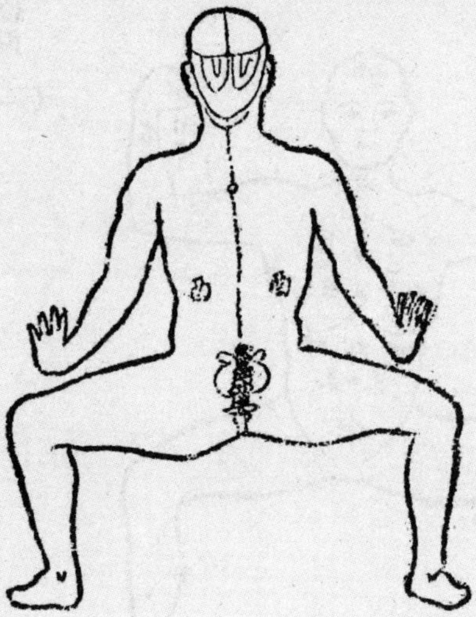

背面

乾坤三十六宮圖（一）

☰☷鬼井　遯二陰生

☰☷觜參　否三陰生

☰☷畢昴胃　觀四陰生

☰☷婁奎　剝五陰生

☰☷壁室　坤六陰生

分金點時

天根月窟三十六宮之圖

正面

乾六陽生　☰☷翼軫

夬五陽生　☰☷角亢

壯四陽生　☰☷氐房心

泰三陽生　☰☷尾箕

臨二陽生　☰☷斗牛

女

識脈氣綸

乾坤三十六宮圖（二）

春 二陰生在未 三陰生在申 四陰生在酉 五陰生在戌 六陰生在亥

乾天坤地
分子午泥
九當中明 反
天谷陰陽
交會前後 面
悖天腰玉
枕簷風府

六陽生在巳 五陽生在辰 四陽生在卯 三陽生在寅 二陽生在丑

反陽術說明及圖解

此術乃少林之秘訣，久經祕而不傳，幾至湮沒無聞，今特提出公開研究，貢獻於各同志，實空前之珍本。

凡施回生反陽術時，第一要靜心，當與練習技術時有同樣之態度。凡拿死、吊死、絞死、水淹死、點打死、摔死、壓死，或由高處落下，及馬踢、觸電、氣閉等，跌倒人事不知，及生產前後，血虧而氣絕死者，皆可以此術救之。凡施術之前，觀形察色，運動三機，皆當注意。呼吸、血輪、體溫等，速加精密檢查，然後施術。氣絕者雖全身冰冷，茍脅下少有溫度，必能復活。人體有稱八結者。即八個穴竅也。謂兩眼、兩耳、鼻、口、肛門。今以反陽術，詳細說明之。此術凡醫家、武術家、軍醫等，皆宜知之。醫生未來之先，不可延遲，當先以此術，使其復活。凡死者，身體冷却，則全身必堅硬。故使術者，宜以兩手摩擦其胸部，使其全身之骨，次第柔軟。以甲乙二人，乙至其背後，執其兩手向上，以死者之頭，置我兩股之間。如圖。甲令死者朝天仰臥，摩擦其全身，能速使身體柔軟為第一。急死者，骨必堅硬，故施術時，勿折其關節筋骨，勿跨於死者兩股處，甲乙皆跪下，二人各交替呼喊而行之。即甲口呼，兩手自兩乳下向下，摩至臍下。乙候甲摩擦之手曲縮時，亦噓氣繼續行之。如此數回後，必有復活之象。如圖。

乙者縮手之狀

甲者自其臍下向上摩之兩乳下以塞中。點處擦之

（圖一）

甲

乙

乙者伸其臂

甲者自兩胸下向下摩之臍下

（圖二）

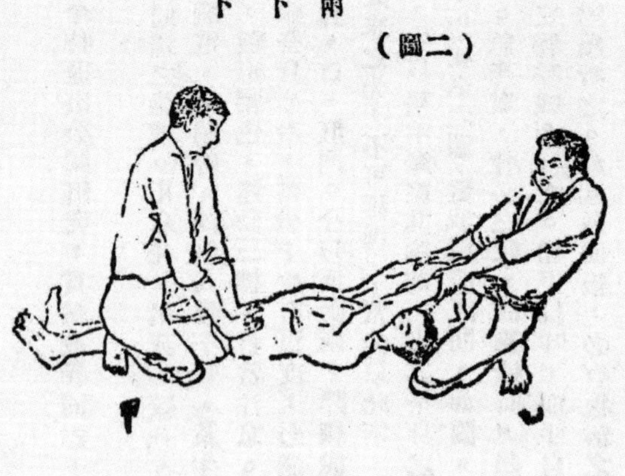

其時或用冰水，或用其他提神藥，入其口，再將冰水噴於顏面，醒時令其靜臥，其時必發舒暢，爲長時間睡眠。練習技術中氣絕者，約五六分至十分之短少時間，以常點其反陽穴，再

用兩手推兩肩，搖動數下，即反陽回生矣。

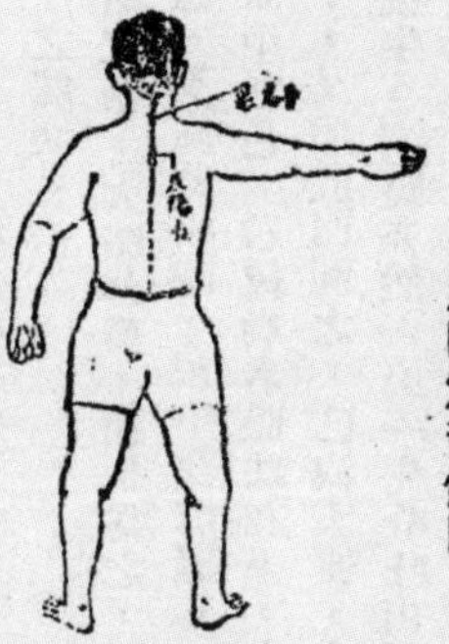

反陽穴部位圖

（圖三）

反陽穴，在背脊骨由最高，節骨。數至第六節以下，七節之上。兩節間。名爲肺門。即是反陽穴。如圖。

凡經過二十分鐘左右。施反陽術時，亦如前述，能作二十四小時間之熟睡。惟睡至一二時間，可呼其名而起之。食物用熱牛乳，否則薄粥亦可。施術者，必以精神集中於死者之身體，熱心從事，如圖一、二、三、四。

以反陽術令其復活，輕者固如前述之容易。但稍重之絞死等，施術者先伸死者之指，以甲乙二人，執其兩手足，雙方呼喊。第一聲時，兩手足曲縮，二聲時引伸之。或交互伸曲其手足，如甲伸其手，乙曲其足，如拉鋸勢行之。此時視患者顏面而行回數之多寡。在其頭後者，以患者之頭置兩股間，勿觸其耳緊緊挾之，兩膝跪下，全身鼓氣，用力施行。又乙在患者足處，亦對甲同一注意行之。縱死者病輕苟不鼓氣用力，即施術多次，亦難見效。具絞勒死者，及其他怪死者，不可驚駭。當施術之時，不可周章。此時可飲涼水以鎮其心。然後施術。蓋可以救活之人，因術之不注意，而致難以復活者，亦往往有之。反陽術十有八九必可救活。當盡力注意施行。但久病之人，及病中被絞及其他事變而死者。即用此術亦難有望。

術中之秘訣

救濟之術，大略如前，循是爲之，具效者實居多數。又施此術時，須手法敏捷。(一)觀死者眼中之色，被絞勒者眼珠在上，自縊者眼珠在下，又將肛門觀之，已洩大便，十中八九不能復生。溺斃亦然，第一先令吐出所吞之水，然後施術。死者時間之久暫，與施救之難易，與前相同。

乙者曲縮兩足　甲者曲縮兩手

(圖四)

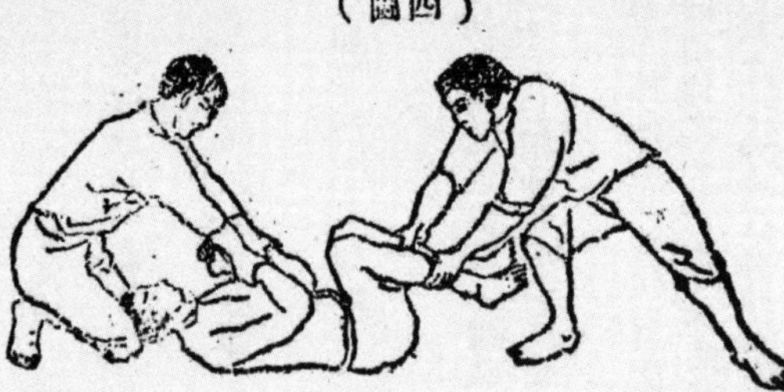

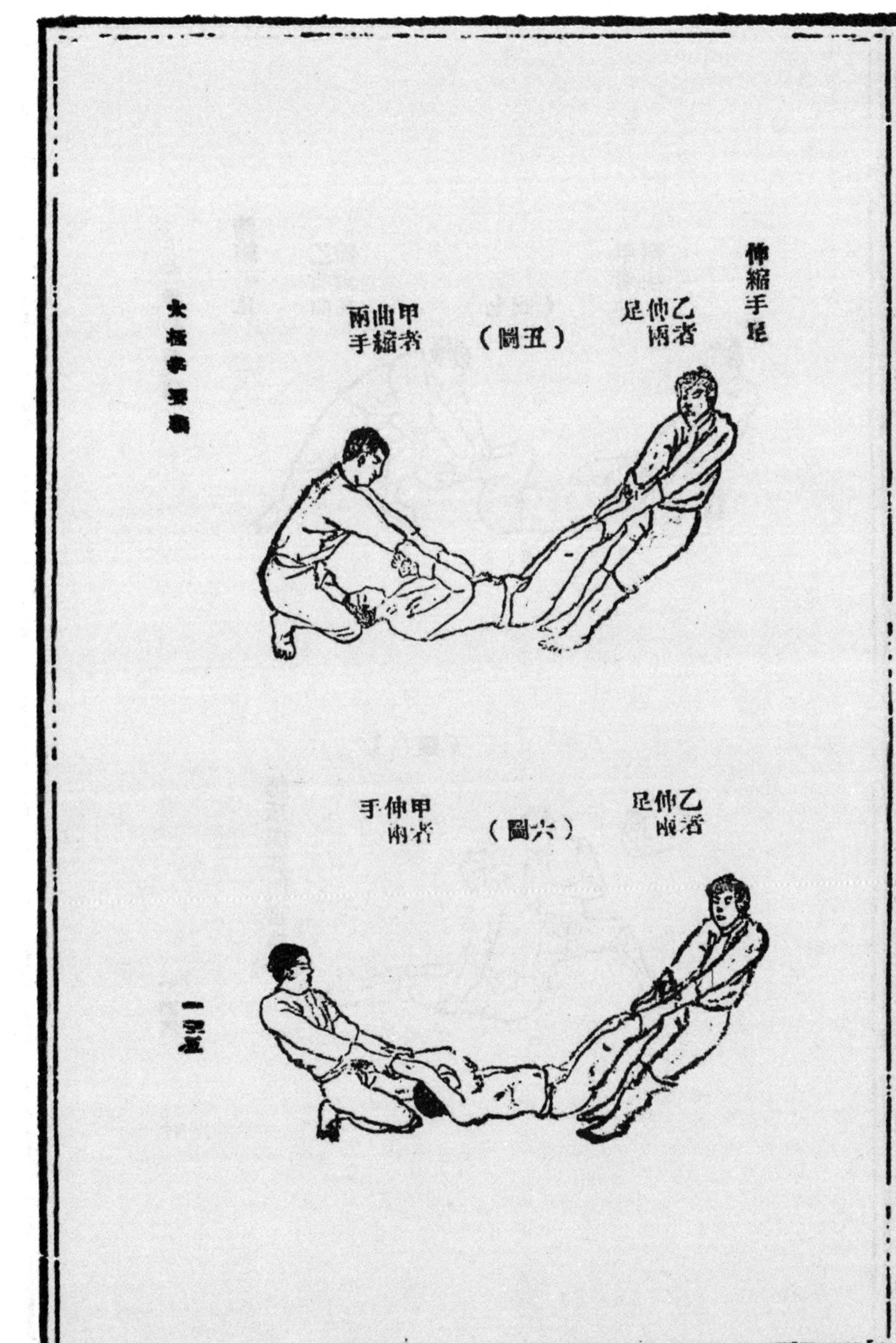

伸縮手足
乙者伸兩足
（圖五）
甲者曲縮兩手
乙者伸兩足
（圖六）
甲者伸兩手

伸縮手足

乙者曲縮兩足

（七圖）

甲者伸兩手

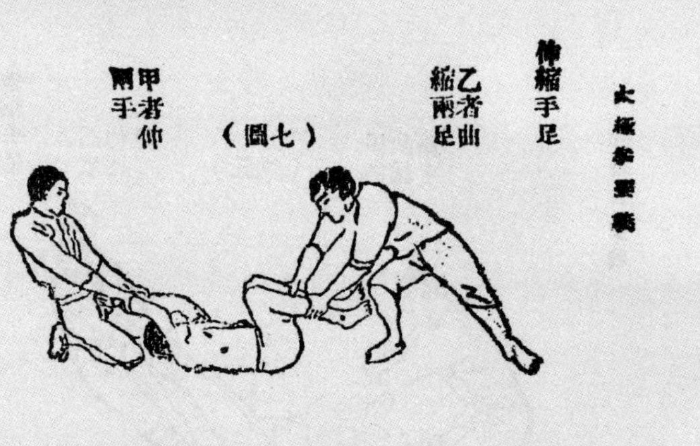

（八圖）

誘活開肺門實施（一）

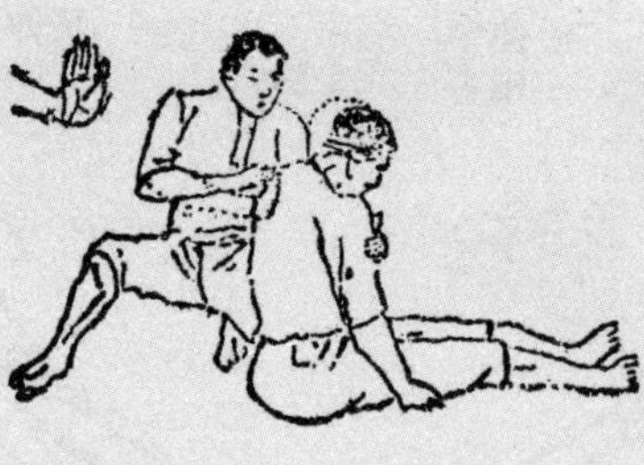

一　誘活法圖解（一）

凡誘活法云者，各種氣絕，皆可使用。先令死者仰臥，施術者跨其身上，勿使觸及死者，抱其腰部，齊其四肢，徐徐抱起。以中指抵第一節高骨；以掌強按其六七節骨之左間。即反陷穴。其時可放中指。施術者全身運氣。猶如以我之活氣。移於患者之身。下腹盡力運氣。口中呼喊。同時施術。其效如神。

（九圖）

（二）以兩掌於胸乳下先摩擦而後引起也

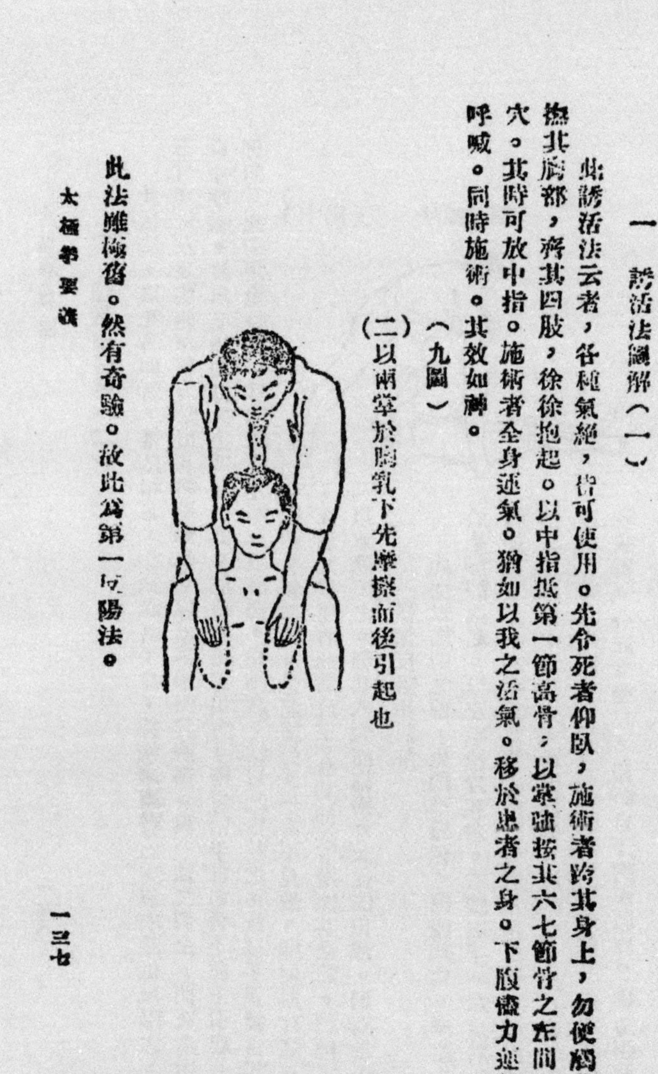

此法雖極舊。然有奇驗。故此為第一返陽法。

二　誘活法圖解（二）

此活法，以死者仰臥，兩足相並，徐徐起其平身，施術者至背後，以右膝抵反陽穴，（二三寸下）左足尖向左斜方踏出。準備如圖。以兩掌摩擦其胸部。與一法二圖仝。使死者稍侍。口中呼喊。並以右膝用力向上抵肺門處。同時右足尖用力。術者兩手自兩脅下向上引起。稍使仰向。此術用途最多。當施術時先觀死者肛門。縮縮者，當以此術救之。或以手及鐵當其口。發稍有氣息時。急速施行。一次不見效。則屢屢行之。凡縊死者。當速將死者放下。令其仰臥。摩擦其全體。縛繩之處。以水摩擦之。觀其八穴而施術。大便旣出洩。則施救無效。

（圖十）呼喊法圖

襟活反陽法圖解

此法未施術之前，先觀形察色。檢閱八穴。摩擦全身。於是靜靜抱起。以左手扶持死者。右膝跪下。左足於死者橫後屈膝立之。右手（中指與食指重疊）小指與無名指折轉。拇指與他二指十分用力。準備如圖。施術者，全身運氣閉口。以右手當丹田處。以我之生氣移於死者然。左手在前。先發喊聲。令死者坐起。用時自下突至臍處。儘力張臂。自下向覷死者而施術。上列誘活法，與此活法，可並用施救之。

睪丸反陽法

睪丸活法者，此法救自高處落下，睪丸縮入腹內，又練習時，亦有誤蹴入者。施救之時，以死者抱起準備，施術者至死者之背後；下腹用力，將其位如第二式略斜於死者兩脅下，將兩手插入，抱起落下，行六七回後，舉起死者之一手，（如圖）以右足之踵處，輕蹴其後臂股，然後抱起如初，落下後施襟活法，則睪丸必能復出。於是乘機施活法。此術非常穩妥，然施之甚難，故當平日牢記其理。「又搏鬥之時，睪丸往往易致潰、碎，故武術家雖平時步行，亦常加將護」如一二圖，數回施術後，使死者靜靜而臥，如圖我乃跨於其兩股處，兩手指相組合，以兩肘抵死者胸部兩脅，右膝跪下，左足屈膝直立，下腹運氣，口發喊聲。而同時以死者之頭向前抬起，施此活法，或施以襟活皆可。既施救數回，若無效驗，則檢閱死者之狀。此固施術前後應有之手續。然匆促間，往往先施術，而後及此。觀患者狀態之

（圖十一）此乃襟活法時以右手指當丹田之兩脅

（十二圖）

抱如此六七次跌落之如圖

（十三圖）

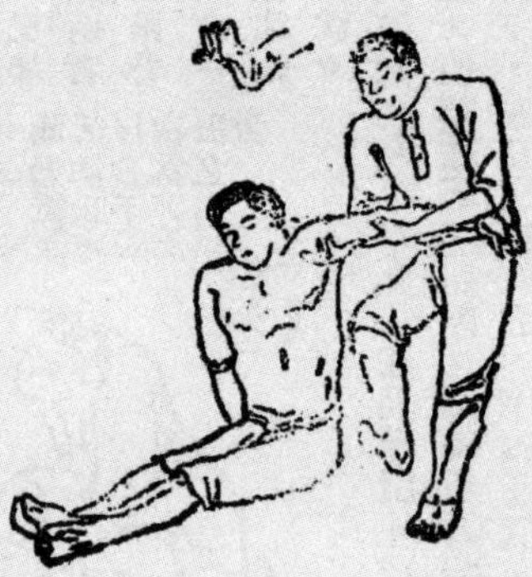

準備足式

（二）蹴後之臀股足·點當注意

盆。第一開眼瞼，觀眼中之瞳，如已變白色，則爲絕證。反開眸翻之，倘不能閉合如常，亦無施救之法矣。

（圖十四）

胸部之兩旁以兩肘抵之指頭向前引起指尖交組

背部反陽法圖解

施此術時，患者伏臥，術者跨於患者之兩膝邊。左膝跪下，屈右膝，勿觸死者。全身用力運氣。兩掌相齊。在患者背部上下，及肺背部與腹部摩擦之。從兩乳之後背部，第六脊椎左右處，自下向上突起，開其肺門。即八節骨之關活動其肺肝，使發生呼吸運動，以蘇醒之。如圖。

太祖反陽法圖解

此法宋太祖所傳，係用一手行反陽之法也。著者雖未嘗實驗，然其法自可得救。以左手抱患者，左手五指相並，當胃脘之下。右足之小指抵膝蓋，左掌擊肺門。三者同時施行。並發喊

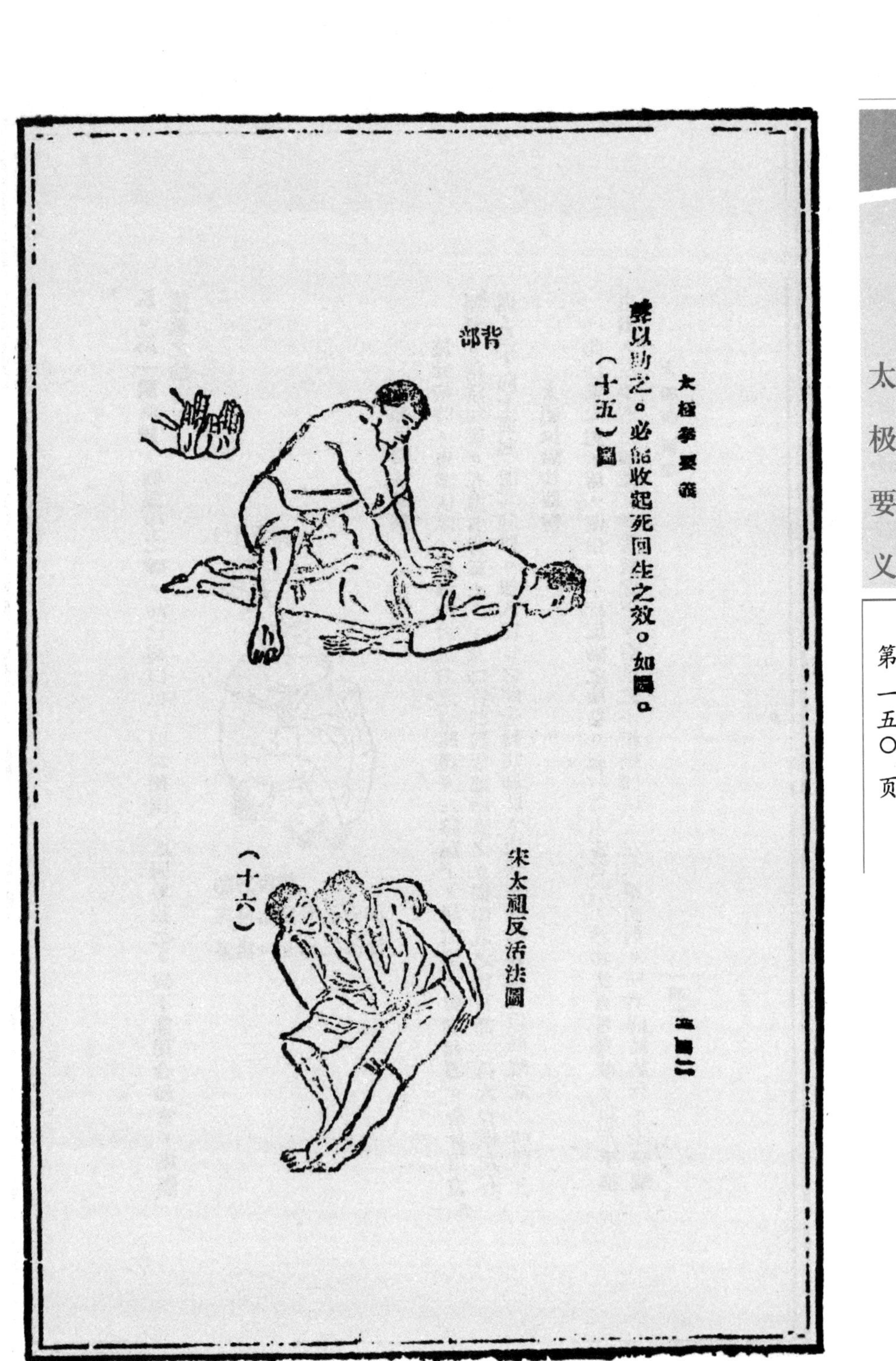

藥以助之。必能收起死回生之效。如圖。

（十五）圖

宋太祖反活法圖

（十六）

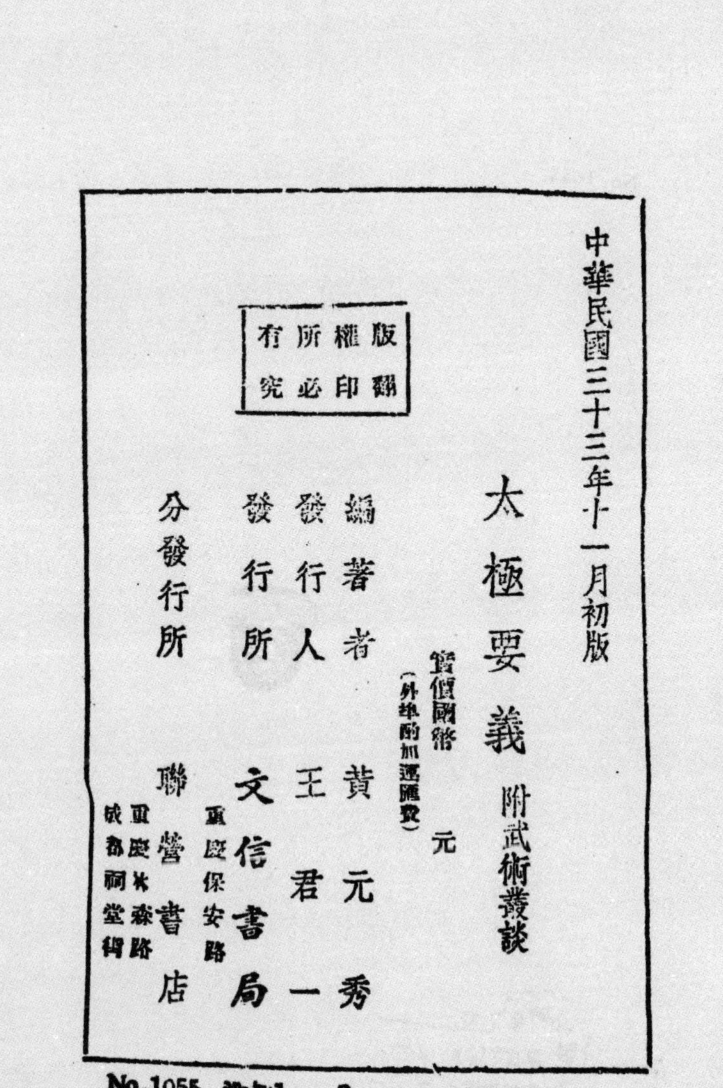

中華民國三十三年十一月初版

太極要義 附武術叢談

實價國幣　元（外埠酌加運匯費）

版權所有 翻印必究

編著者　黃元秀

發行人　王君一

發行所　文信書局　重慶保安路

分發行所　聯營書店　重慶米亭子路　成都祠堂街

No.1055　渝初1——2

No. 1055

（封面）太极要义附武术偶谈

梦樵志（题）

黄元秀编著

太极要义附武术偶谈

文信书局印行

目 录

谭序（一）

民国二十三年春三月，余至南昌，谒委员长，遇行营黄处长文叔先生，出其《太极拳要义》一书，嘱余题句，余因之有言矣。余闻诸杨梦祥先生曰，研究太极拳之要诀有三：

一、盘架子

初学者，宜匀、宜缓、宜正、宜展。所谓匀者，划圈宜圆，两圆须成切线。两圆相交，须通过圆心，盖求其整齐也。所谓缓者，使所储之内劲，渐渐达于指梢，盖求其血气舒畅也。所谓正者，全身中正安舒，重心无倾斜之弊，盖求其姿势之优美也。所谓展者，使筋肉骨节自然展开，盖求合符生理上之运动也。

二、推手

架子盘熟，工夫稍进，则学推手，或曰搭手，又曰靠手。推手者，敌我二人，以一手或两手靠搭，用粘、连、黏、随四字工夫，划阴阳两圈。其法有二：

1. 甲划圆圈，乙随而走；或乙划圆圈，甲随之而走。

2. 甲乙两人，各划半圆圈，合成一整圆圈。

然无论一整圆圈，或两半圆圈，均于此圆圈上，研究掤、捋、挤、按四字要诀。惟应注意者，甲乙两人，各有一重心，甲乙两人靠手时，又于靠手之交叉点，自成一重心。此三重心点，由甲乙两人互相争夺，得重心者胜，失重心者败，此一定之理也。

三、发劲与化劲

推手练习纯熟，然后练习发劲与化劲。初学者，可练手上发劲，所谓合掌，或曰补手是也。工夫较深者，练习腰劲或足跟之发劲，所谓发于足跟、形于手指是也。发劲宜直，化劲宜圆，化之不尽，发之不远。初学化劲者，方向宜斜，上乘工夫，则向自身化之，所谓引进落空是也。或曰：以夫子之道，反制夫子。即借敌人之力，以打敌人；借敌人之劲，以制敌人也。

然发劲化劲，必须粘、连、黏、随、掤、捋、挤、按、採、挒、肘、靠，合而运用，否则不克生效也。

余对于太极拳，好学而未专研，兹承黄先生嘱，不敢推诿，谨录师语，以留纪念，并非臆造也。

永新　谭梦贤

于南昌识

谭序（二）

余友黄君元秀，字文叔，军界之宿将也。性恬淡，广交游，公余之暇，辄喜击技之术。昔日曾与李芳宸、杨澄甫、杜心五诸先进游，潜心研习，历有年矣。著有《太极拳要义》一书，寻将付梓，供诸同好，问序于余，余因之有言矣。

夫古代拳术，不知创自何人，史册难稽。近代拳术，其流派虽演为武当、少林两宗，然其锻炼之结果，其成功则一也。夷考少林拳术，有龙拳练神，虎拳练骨，豹拳练力，鹤拳练精，蛇拳练气之分。五拳锻炼纯熟，则体魄雄厚，胆气充足，手足灵活，眼光锐利。基础既立，然后研求对敌致用之方，于是少林之拳法备矣。武当拳术，创始于张三丰先师。此拳不重表面筋皮骨之形态，而重内体精气神之充实。其致用之法，主张以静制动，以柔克刚，以短胜长，以慢击快，以无力打有力，即兵法所谓动于九天之上，藏于九地之下是也。初习三丰艺术者，先练十三式架子。盘此架子之期间，最短百日，最长三年。姿势锻炼正确，手眼身腰步已趋一致，而动作、呼吸、用意三者，均能协调，然后再练着法。由着熟而练习懂劲，由懂劲而阶及神明，一旦临敌，则着劲合一，身意协调，吾人一举手、一抬足之间，无不得机得势，所向无敌矣。练武当拳如是，练少林拳想亦大同而小异也。今之习技击者，应以黄君之要义为法，幸勿存内外二家之谬见，而生分别之心，则习拳之要旨得矣。质诸文叔兄，未卜以余言为河汉否耳，是为序。

民国三十一年冬

谭梦贤

又序于桂林习是斋

姚序

黄君文叔，博学多能，崇尚武侠。少居乡里，好与突鬓垂冠者纵谈技击，未尝不心领神会。其时风气未开，辄为父老所阻。长而奔走国事，职务鞅掌，无暇及此。中年以后，始与田绍先、杨澄甫诸国术名家先后相识，乃从学太极拳，暨各种武艺。旋又游李芳宸将军之门，习武当剑法。由是十余年来声应气求，交游益广，学业亦日益精进。近出所著《太极拳要义》见示，都凡一万四千余言，详论拳术功夫，并学者用功方法，而于调节体力，修养身心诸端，言之尤详。至若师门派别，拳家惯例，亦略举大概，足供参考。夫拳术诸书，不乏善本。惟斯编乃不仅拳法论理，并能切实指示学者以用功要旨。盖本其经验所得，加以悉心体会，故着眼有独到之处，语似寻常，而体用赅备，愿读者勿以其近而忽之，斯可已。

民国纪元二十有三年甲戌仲春

弟姚忆华谨跋

蒋　序

击技总别为武当，为少林。少林宗达摩，武当宗张三丰。考武当之击技，亦不一其途。就余所知者，如太极拳、八卦游身连环掌、武当剑术，皆三丰祖师所传留。

太极拳之登峰造极者，在唐代有许宣平夫子李，在元代有张三丰，在明代有张松溪。松溪乃三丰之高足，于浙之鄞县传授门徒，厥后名家辈出，要皆松溪一派。八卦游身连环掌，则董海川太老师，在江南谢花山，受之道人避灯侠。武当剑术，则先师宋唯一，在医巫闾山，受之道人避月侠，乃避灯侠之师兄也。二者之术，似同而不同，不同而同，其左旋右转，右旋左转，拧麻花则不同而同者也。其换势一则自下，一则自上。自下者，乾用九，进阳火。其旋转则如盘中滚珠，其变化则身如风中之柳，手如织布之梭。自上者，坤用六，退阴符。如滚圆石于万仞之山，其法主于诱，即所谓善战者不斗，善争者不怒，此同而不同者也。尤宜辨者，武当丹字派剑术，则张松溪在浙江鄞县之四明山，受于张三丰，故又称曰四明剑术。松溪本少林名家，遍历南北无敌手，在四明为张三丰所折服，遂尽弃少林所学，而归于武当。所存者仅少林之五行阴手棍，又名达摩过江棍。故凡松溪一派之剑客，均熟于少林阴手棍法。

甲子秋，余从先师宋唯一受教时，谈及太极拳之意义，则不知有太极拳之名，质之演练太极拳者，则不知有武当剑术之名。太极拳之要义，为粘、连、黏、随；武当丹字派剑术之要义，为背孤击虚，完全用离，所谓往来无踪影者也。以其时代地点考之，均松溪所传留，固无疑意。

余友虎林黄文叔先生，既著《太极拳要义（附武术偶谈）》，征叙于余。余不敏，不能文，则就武当各派之源流，略述梗概。后之学者，攻击之风，于以泯灭，斯则余之厚望焉。

甲戌秋

河北 蒋馨山

叙于天津净业庵国技研究社

鲍 序

虎林黄文叔先生，学识通明，亦儒亦侠，而胸怀坦挚，肝胆照人。少即有志于技击，顾其时斯道尚未大彰，武术名家亦不为当世所引重，先生方有志焉而未之逮。寻且投笔从戎，以军界先进人物尽瘁国事，倥偬不遑者，弥历年岁。而先生志愿所结，卒以全国国术大会之机缘，与太级泰斗杨澄甫先生亲炙，得精究噪传一世之杨无敌露禅先生拳术遗传，因以广交海内国术名家，不一其人，更从李芳宸将军研习武当剑法，以与太极拳术相辅，由斯应求会合，广益集思，益谙斯道之奥妙。迩者退食自公之暇，著《太极拳要义》一书，而附以经验所得之《武术偶谈》。其于拳术之宗法规约，与夫致力之方，称名之义，体力之调节，身心之修养，均盹切致意，有志斯道者，洵堪奉为典要。回忆去夏，行营成立，先生奉召来赣，佛田亦附骥奔走于斯，旅社倾襟，备觉欢洽。自是公余盍簪，观摩渐渍，益承先生不弃，忘形尔我，始知先生固深娴武术。佛田愧于斯道，素少研究，方思学步，而苦于靡所问津。今对先生之逸兴遄飞，趋向之意，弥形坚决，顾以公务忙迫，人事拘牵，卒卒未果。直至今岁元月，始得偿半载以来之结念，由是每夕追陪，于练拳练剑之余，时饫闻先生名论。凡古今来端人贤哲之嘉懿言行，堪垂法鉴，与夫一切涉世应务之方，植品谨身之道，莫不勤勤恳恳，垂为雅言。其对于青年后进，允力勉其借练身体因履种种做人要义，更孜孜于皈依念佛，放生济贫之事。盖先生禔躬制订，不仅以练习拳术强壮身体要其终，惟以练拳术强壮身体端其始。实以武术家而兼道德家、慈善家之所长，合涵冰品性，保持健康，利济群生。诸要义，一以实之，此佛田从游年余，获窥见先生蕴藏于万一。且即以喻于心著于编，冀与读是书者，共喻焉尔。

中华民国二十三年十月

京山　鲍佛图

序于南昌行营

林　序

余习太极拳于田师绍先，得识黄文叔先生。其为人深沉果毅，勇往直前，每习一艺必至精熟而后已，故其进境之速，造诣之深，非余所能揣测也。本年春，黄先生于效劳党国之余暇，出其多年苦心所得之经验，笔之于书，汇为《太极拳要义》及《武术偶谈》欲示初学者，以实练入手之法，其有益于世，询非浅鲜。书成以余稍习医学，命将拳术于生理上之益处，简括言之，重违其请，谨为条例如下：

（1）太极拳之为术也，一动无有不动，一静无有不静，其动其静，莫不身心兼顾，内外并修，绝无偏重之弊。且其练习顺序，由浅入深，按步以进，尚柔和不尚拙力，以努气为大忌，绝无过劳之弊，故能发达全身脏器，使其肥大，则身体日益坚强矣。

（2）太极拳之实练也，聚精领神，以发号施令，一举一动，皆有意志，为其主宰，非漫无统率者可比，故能意志集中，精神日以巩固。

（3）呼吸为吾人生命所赖以维持，其为重要，不言可知。然在实际上，每被忽视。常见有摒其气息，以求最大努力，致面色紫胀，脉络怒张；或竟灰败苦闷而倒地。此皆不知注意呼吸，无以应体内氧气之需求故也。太极拳则不然，集中心意，以行呼吸，一呼一吸，皆应身体之动作，虚实转换之间，皆以呼吸贯运之。即所请以心行气，以气运身，身心之间，介以呼吸，故能身体灵活，呼吸顺遂，而肺活量日以增大矣。

凡上三端，仅其大概，聊举以塞责，固不足以尽拳术于生理上之益也。

民国二十三年一月

南昌行营第八临时医院院长

林镜平谨识

自 序

余自幼喜弄拳棒，好闻古侠士行。从乡人学，数年未成，壮求科学，旋即从军，无暇及此。

民国八年，同学斯参谋镜吾，聘北平田兆麟先生来浙，邀余加入。学才数月，江浙军兴，奔走劳瘁，遂至中辍。

民十八，张静江先生主浙，开全国国术大会，国术名家，联袂莅址。迩时见猎心喜，乃从广平杨澄甫先生重习太极拳，并从老友孙禄堂、张兆东，如兄杜心五、刘百川研究各技，复承李芳宸先生传授武当剑术。由来六易寒暑，愧无所得，而向慕之私，爱好之念，实未尝一日去怀。

上年孟春，日寇关东，为友人邀往第八军参赞戎幕，入夏南来，委座嘱在行营工作。公余之暇，拳剑自娱，同营中不乏同好。爰重录此谱，以饷诸友，又有余习拳经验谈数则，当另附焉。

民国二十三年元月中澣

黄元秀　识于南昌百花洲行营

张三丰传 （录北平太极拳研究社许先生序）

张三丰名通，字君宝，辽阳人，元季儒者。善书画，工诗词。中统元年，曾举茂才异等，任中山博陵令。慕葛稚川之为人，遂绝意仕进。游宝鸡山中，有三山峰，挺秀苍润可喜，因号三丰子。世之传三丰先生者，不下十数，均未言其善拳术。洪武初，召之入朝，路阻武当，夜梦玄武大帝授以拳法，旦以破贼，故名其拳曰武当派，或曰内家拳。内家者，儒家之意，所以别于方外也。又因八门五步，为此拳中之要诀，故名十三式，言十三法也。后世误解以为姿势之势，则谬矣。传张松溪、张翠山。先是宋远桥，与俞莲舟、俞岱岩、张松溪、张翠山、殷利亨、莫谷声等七人为友，往来金陵之地，寻同往武当山，访夫子李先生不遇，适经玉虚宫，唔三丰先生，七人共拜之，耳提面命者，月余而归，自后不绝往拜。由是而观，七人均曾师事三丰，惟张松溪、张翠山，传者名十三式耳。或曰：三丰系宋徽宗时人，值金人入寇，彼以一人杀金兵五百余，山陕人民慕其勇，从学者数十百人，因传技于陕西。元世祖时，有西安人王宗岳者，得其真传，名闻海内，著有《太极拳论》《太极拳解》《行功心解》《搭手歌》《总势歌》等。温州陈同曾多从之学，由是由山陕而传于浙东。又百余年，有海盐张松溪者，在派中最为著名。见《宁波府志》后传其技于宁波叶继美近泉。近泉传王征南来咸，清顺治中人。征南为人勇而有义，在明季可称独步。黄宗羲最重征南，其事迹见《游侠佚闻录》。征南死时，曾为墓志铭。黄百家主一，为传内家拳法，有六路长拳、十段锦等歌诀。征南之后，又百年，始有甘凤池，此皆为南派人士。其北派所传者，由王宗岳传河南蒋发，蒋发传河南怀庆府陈家沟陈长兴，其人立身常中正不倚，形若木鸡，人因称之为牌位先生；子二人，曰耿信，曰纪信。时有杨露蝉先生福魁者，直隶广平永年县人，闻其名，因与同里李伯魁共往师焉。初至时，同学者，除二人外，皆陈姓，颇异视之，二人因互相结纳，尽心研究，常彻夜不眠。牌位先生见杨之勤学，遂尽传其秘。杨归传其术遍乡里，俗称为软拳，或曰化拳，因其能避制强硬之力也。嗣杨游京师，客诸府邸，清亲贵王公贝勒多从受业焉，旋为旗官武术教师。有三子，长名锜，早亡；次名钰，字班侯；三名鉴，字健侯，亦曰镜湖，皆获盛名。余从镜湖先生游有年，谂其家世，有子三人，长曰兆熊，字梦祥；仲名兆元，早亡；叔名兆清，字澄甫。班侯子一，名兆鹏，务农于乡里。当露蝉先生充旗营教师时，得其传者盖三人，万春、凌山、全佑是也。一劲刚，一善发人，一善柔化。或谓三人各得先生之一体，有筋骨皮之分。旋从先生命，均拜班侯先生之门，称弟子云。有宋书铭者，自云宋远桥后，久客项城幕，精易理，善太极拳术，颇有发明。与余素善，日夕过从，获益匪鲜。本社教员纪子修、吴鉴泉、刘恩绶、刘采臣、姜殿臣等，多受业焉。

太极拳要义

太极拳理详解（富春陈智侯、杭州黄元秀述注）

太极拳术十要

（此十要，从拳谱拳论中，择其要旨，分别详释之谓）。

一、虚灵顶劲

顶劲者，头容正真，神贯于顶也。不可用力，用力则项强，气血不能通流，须有虚灵自然之意。非有虚灵顶劲，则精神不能提起也。

二、含胸拔背

含胸者，胸量内涵，使气沉于丹田也。胸忌挺出，挺出则气拥胸际，上重下轻，脚跟易于浮起。拔背者，气贴于背也。能含胸，则自能拔背；能拔背，则能力由脊发，所向无敌也。含胸，非弯胸曲背，仅含而已。

三、松腰

腰为一身主宰。能松腰然后两足有力，下盘稳固。虚实变化，皆由腰转动。故曰："命意源头在腰际"。有不得力处必于腰腿求之也。

腰固要松，而肩肘腿手皆要松。否则不能灵活不能沉，发劲不长。

四、分虚实

太极拳术以分虚实为第一义。如全身皆坐右腿，则右腿为实，左腿为虚。全身坐在左腿，则左腿为实，右腿为虚。虚实能分，而后转动轻灵，毫不费力。如不能分，则迈步重滞，自立不稳，而易为人所牵动。

此节仅以足为例，如手之出动，亦有虚实，或一手中亦分虚实，腰中亦有虚实，此理非有纯熟工夫，不能领悟。

五、沉肩坠肘

沉肩者，肩松开下垂也。若不能松垂，两肩端起，则气亦随之而上，全身皆不得力矣。坠肘者，肘往下松坠之意。肘若悬起，则肩不能沉，放人不远，近于外家之断劲矣。

两背沉下，两肘亦向沉下，但不可僵硬，仍须松活兼备。

六、用意不用力

太极论云：此全身用意不用力。练太极拳，全身松开，不使有分毫之拙劲，以留滞于筋骨血脉之间，以自束缚。然后能轻灵变化，回转自如。或疑不用力，何以能长力？盖人身之有经络，如地之有沟洫，沟洫不塞而水行，经络不闭而气通。如浑身僵劲，充满经络，气血停滞，转动不灵，牵一发而全身动矣。若不用力而用意，意之所至，气即至焉，如是，气血流注，日日贯输，周流全身，无时停滞，久久练习，则得其正。内劲，即太极中所云："极柔软然后能极坚刚也。"太极功夫纯熟之人，臂膊如棉裹铁，分量极沉。练外家拳者，用力则显有力，不用力时，则甚轻浮。可见其力乃外劲浮而之劲也。外家之力最易行动，故不尚也。

内家拳，不重外表之僵劲，而重内部之心意。意之所到，即精气神所到之处，如是血脉方能运行。如法修炼，日久自得无穷妙用。谱中所谓"行气如九曲珠，无微不到"，其行气之法，全在意也。

七、上下相随

上下相随者，即太极论中所云："其根在脚，发于腿，主宰于腰，形于手指。由脚而腿而腰，总须完整一气也。"手动，腰动，足动，眼神亦随之动。如是方可谓之"上下相随"。有一不动，即散乱矣。

上下不相随，即不能完整一气。术语云：手到脚不到，必定瞎胡闹。

八、内外相合

太极所练在神。故云：神为主帅，身为驱使，精神能提得起，自然举动轻灵。架子不外虚实开合。所谓开者，不但手足开，心意亦与之俱开。所谓合者，不但手足合，心意亦与之俱合。能外内合为一气，则浑然无间矣。

九、相连不断

外家拳术，其劲乃后天之拙劲。故有起有止，有续有断。旧力已尽，新力未生，此时最易为人所乘。太极用意不用力，自始至终，绵绵不断，周而复始，循环无穷。原论所谓“如长江大河，滔滔不绝。”又曰“运劲如抽丝”，皆言其贯串一气也。

太极拳，自第一动起，至结束，相运不断。如一圆环无间断处，无凹凸处。

十、动中求静

外家拳术，以跳踯为能，用尽气力。故练习之后，无不喘气者。太极以静御动，虽动犹静，故练架子愈慢愈好。慢则呼吸深长，气沉丹田，自无血脉偾张之弊。学者细心体会，庶可得其意焉。

练此拳时，外面虽动，而内部沉静。此静字，心意中有冷静之意。

太极拳论（张三丰祖师著）

未有天地以前，太空无穷之中，浑然一气，乃为无极。无极之虚气，即为太极之理气。太极之理气，即为天地之根荄。化生人物，始初皆属化生。一生之后，化生者少，形生者多。譬如木中生虫、人之生虫，皆是化生。若无身上的汗气，木无朽气，哪里得这根荄。可见太极的理气，就是天地根荄之领袖也。(此处疑有遗漏)

一举动，周身俱要轻灵。

不用后天拙力，则周身自然轻灵。

尤须贯串。

贯串者，绵绵不断之谓也。不贯串则断，断则人乘虚而入。此指气血脉络贯串全身。

气宜鼓荡，神宜内敛。

气鼓荡则无间，神内敛则不乱。

神宜内敛，即恬静之谓，静者令也。

无使有凸凹处，无使有断续处。

有凹处有凸处，有断时有续时，此皆未能圆满也。凹凸之处，易为人所掣。断续之时，易为人所乘。皆致败之由也。

其根在脚，发于腿，主宰于腰，形于手指。由脚而腿而腰，总须完整一气。向前退后，乃得机得势。

庄子曰："至人之息以踵。"太极拳术，呼吸深长，上可至顶，下可至踵。故变动，其根在脚。由脚而上至腿，由腿而上至腰，由腰而上至手指，完整一气。故太极以手指放人而跌出者，并非尽手指之力，其力乃发于足跟，而人不知也。上手下足中腰，无处不相应，自然能得机得势。

所云得机得势，有二人接触之机，相交之势；有个人内外相合之机，前后转动之势。

有不得机得势处，身便散乱，其病必于腰腿求之。

不得机不得势，必是手动而腰腿不动。腰腿不动，手愈有力，而身愈散乱。故有不得力处，必留心动腰腿也。

上下前后左右皆然，凡此皆是意，不在外面。有上即有下，有前即有后，有左即有右。

欲上欲下，欲前欲后，欲左欲右，皆须动腰腿，然后能如意。虽动腰腿，而内中有知己知彼，随机应变之意在。若无意，虽动腰腿，亦乱动而已。

如意要向上即寓下，意若将物掀起，而加以挫之之意。斯其根自断，乃坏之速而无疑。

此言与人交手时之随机应变，反复无端，令人不测，使彼顾此而不能顾彼，自然散乱。散乱则吾可以发劲矣。

虚实宜分清楚。一处有一处虚实，处处总此一虚实。周身节节贯串，无令丝毫间断耳。

练架子要分清虚实。与人交手，亦须分清虚实。此虚实虽要分清，然全视来者之意而定。彼实我虚，彼虚我实。实者忽变而为虚，虚者忽变而为实。彼不知我，我能知彼，则无不胜矣。周身节节贯串。节节二字，以言其能虚空粉碎，不相牵连，故彼不能使我牵动，而我稳如泰山矣。虽虚空粉碎，不能相连，而运用之时，又能节节贯串，非不相顾。如常山之蛇，击首则尾应，击尾则首应，击其背而首尾俱应，夫然后可谓之轻灵矣。譬如以千斤之铁棍，非不重也，然有巨力者可持之而起。以百斤之铁链，虽有巨力者不能持之而起，以其分为若干节也。虽分为若干节，而仍是贯串，练太极拳亦犹此意耳。

虚者非无也，仅虚而已矣。实者非僵与硬也，实在而已。

以上系武当山张三丰祖师所著，愿天下豪杰，延年益寿，不徒作技术之末也。

王宗岳先师拳论

太极者，无极而生，阴阳之母也。

阴阳生于太极，太极本无极。太极拳处处分虚实阴阳，故名曰太极也。

此论王宗岳先师所造。

动之则分，静之则合。

我身不动，浑然一太极；如稍动，则阴阳分焉。

无过不及，随屈就伸。

此言与人相接相粘之时，随彼之动而动。彼屈则我伸，彼伸则我屈。与之密合，不丢不顶，不使有稍过及不及之弊。

彼刚我柔谓之走，我顺人背谓之粘。

人刚我刚，则两相抵抗。人刚我柔，则不相妨碍。不妨碍则走化矣。既走化，彼之力失其中则背矣，我之势得其中则顺矣。以顺粘背，则彼虽有力而不得力矣。

刚与僵不同，柔与软不同，粘与滞不同，松与散不同。

动急则急应，动缓则缓随。虽变化万端，而理性一贯。

我之缓急随彼之缓急，不自为缓急，则自然能粘连不断。然非两臂松净，不使有丝毫之拙力，不能相随之如是巧合。若两臂有力，则善自作主张，不能舍己从人矣。动之方向缓急不同，故曰：变化万端虽不同，而令之粘随，其理则一也。

由着熟而渐悟懂劲，由懂劲而阶及神明。然非用力之久，不能豁然贯通焉。

着熟者，习拳以练体，推手以应用。用力既久，自然懂劲而神明矣。

学者须注意“阶及”二字，其工夫如升阶然，须一级一阶而升堂入室，久练功到自然成。

虚灵顶劲，气沉丹田。不偏不倚，忽隐忽现。

无论练架子及推手，皆须有虚灵顶劲、气沉丹田之意。不偏不倚者，立身中正，不偏不倚也。忽隐忽现者，虚实无形，变化不测也。

此节所云之顶劲，其顶中寓虚灵，非硬提也；若硬提则僵直矣。其沉，非硬压丹田也；若硬压，日久成病，切忌切忌。

左重则左虚，右重则右杳。

此两句即解释忽隐忽现之意。与彼粘手，觉左边重则吾之左边与彼相粘处即变为虚。右边亦然。杳者，不可捉摸之意。与彼相粘，随其意而化之，不可稍有抵抗使之处处落空，而无可如何。

此节工夫，须与人推手时练习之。

仰之则弥高，俯之则弥深；进之则愈长，退之则愈促。

彼仰则觉我弥高，如扪天而难攀。彼俯则觉我弥深，如临渊而恐陷。彼进则觉我愈长而不可及，彼退则觉我愈逼而不可逃，皆言我之能粘随不丢，使彼不得力也。

一羽不能加，蝇虫不能落。人不知我，我独知人。英雄所向无敌，盖由此而及也。

羽不能加，蝇不能落，形容不顶之意。技之精者，方能如此。盖其感觉灵敏，已到极处，稍触即知。能工夫至此，举动轻灵，自然人不知我，我独知人。

此节完全是听劲工夫，与人交手粘连不离，非熟练听劲不可，否则易为人制。习听劲，先从推手起。

斯技旁门甚多，虽势有区别，概不外壮欺弱、慢让快耳。有力打无力，手慢让手快，是皆先天自然之能，非关学力而有为也。

以上言外家拳术，派别甚多，不外以力、快胜人。以力以快胜人，若更遇力过我者，则败矣。是皆充其自然之能，非有巧妙如太极拳术之不恃力不恃快而能胜人也。

此节所提旁门，常有以太极之名，而无太极拳阴阳虚实之分，徒取外表之形式，而无内部意气脉络之修炼，故视为旁门外道。

察四两拨千斤之句，显非力胜。观耄耋能御众之形，快何能焉。

太极之巧妙，在以四两拨千斤。彼虽有千斤之力，而我顺彼背，则千斤亦无用矣。彼之快，乃自动也，若遇精于太极拳术者，以手粘之，彼欲动且不能，何能快乎。

能练到四两拨千斤耄耋能御众之形，始得太极拳真功夫。

立如平准，活似车轮。

立能如平准者，有虚灵顶劲也。活似车轮者，以腰为主宰，无处不随腰运动圆转也。

立如平准，并非硬直僵立。活如车轮，并非乱动。

偏沉则随，双重则滞。

何谓偏沉则随，双重则滞？臂两处与彼相粘，其力平均，彼此之力相遇，则相抵抗，是谓双重。双重则二人相持不下，仍力大者胜焉。两处之力平均，若松一处，是为偏沉。我若能偏沉，则彼虽有力者亦不得力，而我可以走化矣。

有彼我之双重，有本身之双重。彼我之双重，必至于顶。本身之双重，必至于笨滞。

每见数年纯功，不能运化者，率自为人制，双重之病未悟耳。

有数年之纯功，若尚有双重之病，则不免有时为人所制，不能立时运化。

试验双重，须在推手中求之。

若欲避此病，须知阴阳，粘即是走，走即是粘。阴不离阳，阳不离阴，阴阳相济，方为懂劲。

若欲避双重之病，须知阴阳，阴阳即虚实也。稍觉双重，即速偏沉，虚处为阴，实处为阳，虽分阴阳，而仍粘连不脱，故能粘能走。阴不离阳，阳不离阴者，彼实我虚，彼虚我又变为实，故阴变为阳，阳变为阴。阴阳相济，本无定形，皆视彼方之意而变耳。如能阅彼之意，而虚实应付，毫厘不爽，是真可懂劲矣。

此论中有称阴阳，有称虚实，足见阴阳与虚实有别。

懂劲后愈练愈精，默识揣摩，渐至从心所欲。

懂劲之后，可谓入门矣。然不可间断，必须日日练习，处处揣摩，如有所悟，默识于心，心动则身随，无不如意，技日精矣。

懂劲者明白对方之劲如何与自己之劲如何入门而已。由此而升堂入室，渐至从心所欲。

本是舍己从人，多误舍近就远。

太极拳不自作主张，处处从人。彼之动作，必有一方向，则吾随其方向而去，不稍抵抗，故彼落空或跌出，皆彼用力太过也。如有一定手法，不知随彼，是谓舍近而就远矣。

斯谓差之毫厘，谬以千里，学者不可不详辨焉。

太极拳与人粘连，即在粘连密切之处而应付之，所谓不差毫厘也。稍离则远，失其机矣。长拳者，如长江大海，滔滔不绝也。

太极拳亦名长拳。杨氏所传，有太极拳，更有长拳，名目稍异，其意相同。

十三势者，掤捋挤按採挒肘靠，此八卦也；进步、退步、右顾、左盼、中定，此五行也。掤捋挤按，即坎离震兑，四正方也。採挒肘靠，即乾坤艮巽，四斜角也。进退顾盼定，即金木水火土也。

此论句句切要，并无一字敷衍陪衬。非有夙慧，不能悟也。先师不肯妄传，非独择人，亦恐枉费工夫耳。

太极拳之精微奥妙，皆不出此论。非有夙慧之人，不能领悟，可见此术不可以技艺视之也。

十三势歌（王宗岳先师作）

十三总势莫轻视，命意源头在腰际。
变转虚灵须留意，气遍身躯不可滞。
静中触动动犹静，因敌变化示神奇。
势势揆心须用意，得来不觉费工夫。
刻刻留心在腰间，腹内松净气腾然。
尾闾中正神贯顶，满身轻利顶头悬。
仔细留心向推求，屈伸开合听自由。
入门引路须口授，工夫无息法自修。
若言体用何为准，意气君来骨肉臣。
想推用意终何在，益寿延年不老春。
歌兮歌兮百四十，字字真切义无遗。
若不向此推求去，枉费工夫贻叹息。

十三势歌之意义，前已申述，故不复注解。

十三势行功心解

以心行气，务令沉着，乃能收敛入骨。以气运身，务令顺遂，乃能便利从心。

以心行气者，所谓意到气亦到；意要沉着，则气可收敛入骨，并非格外运气也。气收敛入骨，工夫既久，则骨日沉重，内劲长矣。以气运身者，所谓气动身亦动，气要顺遂，则身能便利从心。故变动往来，无不从心所欲，毫无阻滞之处矣。

行功心解四字，即道家炼气修心之法。行功是外，心解是内，即内外兼修，即是动静双修，便是性命双修。前人称为太极手法，今人改称太极拳。

精神能提得起，则无迟重之虞，所谓顶头悬也。

有虚灵顶劲，则精神自然提得起。精神提起，则身体自然轻灵。观此，可知舍精神而用拙力者，身体必为力所驱使，不能转动如意矣。

意气须得灵，乃有圆活之妙，所谓变转虚实也。

与敌相粘，须随机换意。仍不外虚实分得清楚，则自然有圆活之妙。

发劲须沉着松净，专注一方。

发劲之时，必须全身松净，不松净则不能沉着。沉着松净，自然能放得远。专注一方者，随彼动之方向，而直去也。随敌之势，如欲打高，眼神上望。如欲打低，眼神下望。如欲打远，眼神远望。神至则气到，全不在用力也。

立身须中正安舒，撑支八面。

顶头悬则自然中正。松净则自然安舒。稳如泰山则自然能撑支八面。

行气如九曲珠，无微不到。

九曲珠，言其圆活也。四肢百体，无处不有圆活珠，无处不是太极圈子，故力未有不能化也。

运动如百炼钢，无坚不摧。

太极虽不用力，而其增长内劲，可无穷尽。其劲如百炼之钢，无坚不摧。

形如搏鸟之鹗，神如捕鼠之猫。

搏鸟之鹗，盘旋不定。捕鼠之猫，待机而动。

静如山岳，动若江河。

静如山岳，言其沉重不浮。动若江河，言其周流不息。

蓄劲如张弓，发劲如放箭。

蓄劲如张弓，以言其满。发劲如放箭，以言其速。

曲中求直，蓄而后发。

曲是化人之劲。劲已化去，必向彼身求一直线，劲可发矣。

力由脊发，步随身换。

含胸拔背，以蓄其势。发劲之时，力由背脊而出，非徒两手之劲也。身动步随，转换无定。

收即是放，放即是收，断而复连。

粘化打虽是三意，而不能分开。收即粘，化放是打。放人之时，劲似稍断，而意仍不断。

往复须有折叠，进退须有转换。

折叠者，亦变虚实也。其所变之虚实，最为细微。太极截劲，往往用折叠。外面看似未动，而其内已有折叠。进退必变换步法，虽退仍是进也。

极柔软然后极坚刚，能呼吸然后能灵活。

老子曰："天下之至柔，驰骋天下之至坚。"其至柔者，乃至刚也。吸为提为收，呼为沉为放。此呼吸乃先天之呼吸与后天之呼吸相反，故能提得人起，放得人出。

气以直养而无害。劲以曲蓄而有余。

孟子曰："吾善养吾浩然之气。至大至刚。以直养而无害。则塞乎天地之间。"太极拳盖养先天之气，非运后天之气也。运气之功，流弊甚大，养气则顺乎自然，日习之养而不觉。

数十年后积虚成实，至大至刚。致用之时，则曲蓄其劲以待发，既发则沛然莫能御也。

心为令，气为旗，腰为纛。

心为主帅以发令，气则为表示其令之旗。以腰为纛则旗中正不偏，无致败之道也。

先求开展，后求紧凑，乃可臻于缜密矣。

无论练架子及推手，皆须先求开展。开展则腰腿皆动，无微不到。至功夫纯熟，再求紧凑。由大圈而归于小圈，由小圈而归于无圈。所谓“放之则弥六合，养之则退藏于密”也。

又曰：先在心，后在身，腹松净。气敛入骨，神舒体静，刻刻在心。

太极以心为本，身体为末，所谓“意气君来骨肉臣”也。腹松净，不在丝毫后天之拙力，则气自敛入骨。气敛入骨，其刚可知，神要安舒，体要静逸。能安舒静逸，则应变整暇，决不慌乱。

切记：一动无有不动。一静无有不静。

内外相合，上下相连，故能如此。

练到节节贯串，上下相随，即有此工夫。

牵动往来，气贴于背，敛入脊骨。内固精神，外示安逸。

此人与人比手之时，牵动往来，须涵胸拔背，使气贴之于背，敛于脊骨，以待机会至则发。能气贴于背，敛于脊骨，则能力由脊发，不然仍手足之劲耳。神固体逸，则不散乱。外示安逸，便是冷静态度。

迈步如猫行，运动如抽丝。

此仍形容绵绵不断，待机而发之意。

步履，如猫行之轻灵、沉着、稳固。

全身意在精神，不在气，在气则滞。有气者无力，无气者纯刚。

太极纯以神行，不尚气力。此气，言后天之气也。盖养气之气，乃先天之气。运气之气，为后天之气。后天之气有尽，先天之气无穷。

气如车轮，腰似车轴。

气为旗，腰为纛，此言其静也。气如车轮，腰似车轴，此言其动也。腰为一身之枢纽，动则先天之气如车轮之旋转，所谓气遍身躯，不滞也。

推手歌（按推手即打手，又称搭手，又有称柔手者）

掤捋挤按须认真，上下相随人难进。
任他巨力来打我，牵动四两拨千斤。
引进落空合即出，拈连粘随不丢顶。

认真者，掤捋挤按四字，皆须照师传规矩，丝毫不错。日日打手，功夫自然能上下相随。一动无有不动，虽巨力来打，稍稍牵动，则我之四两可拨彼之千斤。彼力既巨，力必长而直，当其用力之时，不能变动方向，我随彼之方向而引进，则彼落空矣。然必须拈连粘随，不丢不顶，方能引进落空，四两拨千斤也。

平常通称推手，如原地推手、活步推手。

又曰：彼不动己不动，彼微动己先动。似松非松，将展未展，劲断意不断。

打手之时，彼不动则我亦不动，以静待之。彼若微动，其动必有一方向，我意在彼之先，随调方向而先动，则彼必跌出矣。似松非松，将展未展，皆言听彼之劲，蓄势待机。机到则放，放时劲似断而意仍不断也。

练拳架时，自始至终，其动作式式不同；似有断续之处，而其内部之意与气，实一贯不断，此所谓劲断意连也。

推手法之原理说明（谭孟贤著）

十三势根据五行八卦之理而成，由练架子之十三势，而发生推手之十三势。所谓五行，又分为“内”“外”二种。

1. 形于外者为进、退、顾、盼、定。

2. 发于内者为拈、连、粘、随，不丢顶。

至于八卦亦分“内”“外”二种。

1. 形于“外”者为四正、四隅，即东南西北四正方及四隅角是也。

2. 蕴于“内”者为掤、捋、挤、按、採、挒、肘、靠。

但形于“外”者为“势”，蕴于“内”者为“劲”，用劲之时其根在脚，发于腿，主宰于腰，而形于手指。故太极拳练架子时，盖所以练“劲”；练推手时，盖所以求懂“劲”也。

“拈”，如两物互交，拈之使起。在太极拳术语，谓之拈劲，然非直接拈起之谓，实间接拈起之谓，而含有“劲”“意”双兼之两义。譬如敌我两人推手或交手时，敌人体质强壮，气力充实，马步稳固，则势难向敌人掀动，或移其重心，则用“拈”劲，即能使敌人自动失其重心。其法先用“意”探之，使敌人气腾，精神向上注，则敌体上重而脚轻，其根自断。此即敌人之自动力所致，我则顺其势撤手以不乏顶之“劲”，引敌悬空，是谓拈“劲”。

“连”，贯串之谓。手法毋中断毋脱离，接续绵绵，无停无止，无休无息，是谓连劲。

“粘”，即粘贴之谓。彼进我退，彼退我进；彼浮我随，彼沉我松，丢之不开，投之不脱，如粘似贴，是谓粘劲。

“随”，随者从也。缓急相随，进退相依，不即不离，不后不先，舍己从人，量敌而进，是谓随劲。

“不丢顶”，丢者离开也，顶者抵抗也。即不脱离、不攘先、不落后之谓也。

掤劲义何解，如水负舟行。先实丹田气，次紧顶头悬。周身弹簧力，开合一定间。任尔千斤力，飘浮亦不难。

捋劲义何解，引道使之前。顺其来势力，引之使长延。轻灵不丢顶，力尽自然空。重心自维持，莫被他人乘。

挤劲义何解，用时有两方。直接单纯意，迎合一动中。间接反应力，如球撞壁还。又如钱投鼓，跃跃声铿然。

按劲义何解，运用如水行。柔中已寓刚，急流势难当。遇高则澎满，逢洼向下潜。波浪有起伏，有孔必窜入。

採劲义何解，如权之引衡。任尔力巨细，权后知重轻。转移只四两，千斤亦可秤。若问理何在，棍杆作用存。

挒劲义何解，旋转如飞轮。投物于其上，脱然掷寻丈。急流成漩涡，卷浪若螺纹。落叶坠其上，倏尔便沉沦。

肘劲义何解，方法计五行。阴阳分上下，虚实宜辨清。连环势莫当，开花捶更凶。六劲融通后，用途始无穷。

靠劲义何解，其法分肩背。斜飞势用肩，肩中还有背。一旦机可乘，轰然如倒碓。仔细维重心，失中徒无功。

大捋约言　杨镜湖先生约言

大捋约言

我捋他肘，他上步挤。我单手扇，他转身捋。

我上步挤，他逃体。我一捋，他上步挤。

杨镜湖先生约言

曰：轻则灵，灵则动，动则变，变则化。

太极拳表解

- 太极拳要义
  - 原则
    - 心法
      - 以心行气—行气如九曲珠无微不到
      - 以气运身—务使顺遂则能便利从心
      - 气要鼓荡—不可凝集一处硬压丹田
      - 心为令—气为旗—腰为纛—表示如令使旗如纛挥舞
      - 神宜内领—内固精神外示安逸
      - 意气君来骨肉臣—先在心后在身
      - 气如车轮腰如车轴
      - 气以直实而无害—此系先天正气无有穷尽
      - 以心行气，以气运身，自能从心所欲，毫无阻滞，俟从天之僵劲化尽，先天之内劲自然增长，由习惯而成自然，同一切意思力，自然支配生理作用。故曰：“势势存心揆用意，得来全不费工夫。”又云：“默识揣摩渐至从心所欲。”初学练架子宜慢，方能时时皆用意识导动作以俱进，且慢弱呼吸☐长，气沉丹田，方不致有气脉偾张之弊。心为主帅，心开则手足与之俱开，心合则手足俱合，内外一气，其动犹静，灵妙自然。腰为枢纽，腰☐则全身旋转，其气自能挥发元满。
    - 动作
      - 总
        - 根于脚发于腿主宰于腰行于手指
        - 由脚而腿而腰完整一气
        - 周身宜轻灵
        - 无使有缺陷处，无使有断续处，有一不合，则必至散乱，如手动而腰不连贯，则不得机不得势必致散乱，盖虚实变化，皆由腰转动而起，故曰：“命意源头在腰胯，”初学者，先求开展，使腰腿皆动，无微不至，然皆先意，所谓：“内外相合，上下相连”又谓：“一动无有不动，一静无有不静”，如是则于肢体，任何部分，皆无偏重之处。须知奋力已尽，新力未生之际，易为人乘，攻人之道亦在此际，防御之道，是在绵绵不断，完整一气。
      - 别
        - 步法
          - 含折叠—即往复所变之虚实外看虽似未动其中已有折叠
          - 虚步—非空也无也虚而已矣含有可实之意能随意起落为度
          - 实步—虽实不呆滞含有可虚之意即腿变曲而能随意起落为度
            - 如全身皆坐在右腿则右腿为实左腿为虚坐左亦然如是方能转换轻灵毫不费力否则进步重滞自立不稳又须作川字步即当两足前后立时足尖俱宜向前
          - 有转换—屈伸开合听自由进退必须换变步法故虽退仍是进
        - 姿态
          - 含胸—胸略内涵使气沉丹田否则气拥胸际上重下轻脚跟易浮
          - 拔背—腹内松静腾然—神舒体静刻刻在心使气贴于背有蓄机待势之功
          - 虚灵顶功—头容正直神贯于顶谓之顶功须有虚灵自然之意不可用力一名“顶头悬”谓顶处如悬空中同时宜闭口舌抵上腭牙宜咬不可努齿
          - 尾闾中正—尾闾宜中正否则脊柱先受影响精神亦虽于上达但不可板滞硬挺
          - 进步如猫行运动如抽丝
          - 形如搏鸟之鹗
          - 神如捕鼠之猫
    - 身法
      - 立身
        - 中正—由于中枢姿势之正确
        - 安舒—由于周身悬静（祥前）
        - 静如山岳
      - 两臂
        - 沉肩—使两肩松开下垂以为沉气之助否则两肩端起气必上升全身皆不得力
        - 坠肘—使两肘有往下松之意否则肩不能沉近于外家之断劲手指亦宜舒展握拳须松空符全身悉任自然之旨手与掌表示前推时手心微有突意为引伸内劲之助但务用力
      - 腰胯全身
        - 命意源头在腰胯
        - 其病于腰腿求之
          - 腰松则气自下沉能使两足有力下盘稳固上下肢之虚实变化有不得力处全恃腰部转动合宜以资补救且感觉灵敏转动便利蹲身时注意臀忌外突
        - ——全身松开方能沈着因是不致有分毫拙劲留滞以自束缚自能轻灵变化圆转自如
      - 周身无庭不松动，即在用意，而不用力，意之所至，身即动焉。如是则气血流注全身，略无停滞，所谓“意气须换得☐，乃有圆活之趣”。且欲沈着，必须松净，故口“沈重不浮，静如山岳，周流不息，动若江河，滔滔不绝”。
  - 应用
    - 听劲（轻则灵）
      - 一人不知☐我两知人一“☐之☐☐分静之则合无过不及随曲就伸”“动急则急应动缓则缓随”“彼不动我不动彼微动我先动似松非松将展未展劲断意不断”“粘连跟随不丢顶”
      - 粘连跟随四字最关重要，听劲，须从粘连中练出，但不跟不☐，不☐粘连，其中必带几分捧劲，否则不能满足粘连，即不能听敌之劲，上列皆是听劲工夫。
    - 化劲（灵则动）
      - “人刚我柔谓之走”“舍己从人”“左重则左虚右重则右渺”“近之则愈长退之责愈促”“不偏不倚忽随忽现”“羽不能加蝇虫不能落”
      - 化劲从听字工夫来，不明听劲，无从化起，能听，即能知敌，能柔，而能化敌，利用伸缩，利用虚实，彼虚我实，避实击虚。
    - 拿劲（动则变）
      - “我顺人背谓之粘”“引进落空合即出”“形如搏鸟之鹗神如捕鼠之猫”“收即是放，放即是收断而复连”
      - 拿劲似属中定之法，澄甫先生曰：“定住，即拿住，一定住便发”，但须不丢不顶，利用粘连之法，化其刚逼之劲，顺其来势而定之，其一刹那间，即谓之拿。
    - 发劲（变则化）
      - “力由脊发”“曲中求直蓄而后法”“蓄劲如开弓发劲如放箭”牵动四两拨千斤发劲须沉着松净专注一方运劲如百炼钢无坚不摧
      - 发劲要领，貌如上述。此外应注意者：（一）彼我之位☐，彼处于逆，我处于顺，我胜。彼处于浮，我处于沉，我胜。（二）发时不可偏重。偏重则陷。（三）发劲犹如炸弹爆发。（四）用意须达，其劲自长。（五）目光须注视发劲方向。（六）发时全身松开。
    - 以上四项工夫本无段落可分亦无先后之别应从着熟而渐懂劲由懂劲而阶及神明

太极拳名称

太极出势　揽雀尾　掤捋挤按　单鞭

提手上势　白鹤展翅　左搂膝拗步　手挥琵琶势

左搂膝拗步　右搂膝拗步　左搂膝拗步　手挥琵琶势

左搂膝拗步　进步搬拦捶　如封似闭　十字手

抱虎归山　揽雀尾　掤捋挤按　斜单鞭

肘底捶　左右倒撵猴　斜飞势　提手上势

白鹤展翅　左搂膝　海底针　蟾通背

转身搬身捶　上步搬拦捶　上势揽雀尾　掤捋挤按

单鞭　左右云手　单鞭　高探马

右分脚　左分脚　转身蹬脚　左右搂膝拗步

进步栽捶　转身搬身捶　进步搬拦捶　右蹬脚

左右打虎势　右蹬脚　双风贯耳　左蹬脚

转身右蹬脚　上步搬拦捶　如封似闭　十字手

抱虎归山　揽雀尾　掤捋挤按　斜单鞭

左野马分鬃　右野马分鬃　左野马分鬃　上步揽雀尾

掤捋挤按	单鞭	左右玉女穿梭	上步揽雀尾
掤捋挤按	单鞭	左右云手	单鞭
斜身下势	左右独立金鸡	左右倒撵猴	斜飞势
提手上势	白鹤展翅	左搂膝拗步	海底针
蟾通背	转身撇身掌	白蛇吐信	进步搬拦捶
上步揽雀尾	掤捋挤按	单鞭	左右云手
单鞭	高探马	转身右蹬脚	左搂膝指裆捶
上势揽雀尾	掤捋挤按	单鞭	斜身下势
上步七星	退步跨虎	转身双摆连	弯弓射虎
上步搬拦捶	如封似闭	十字手	合太极

太极拳运动部位图

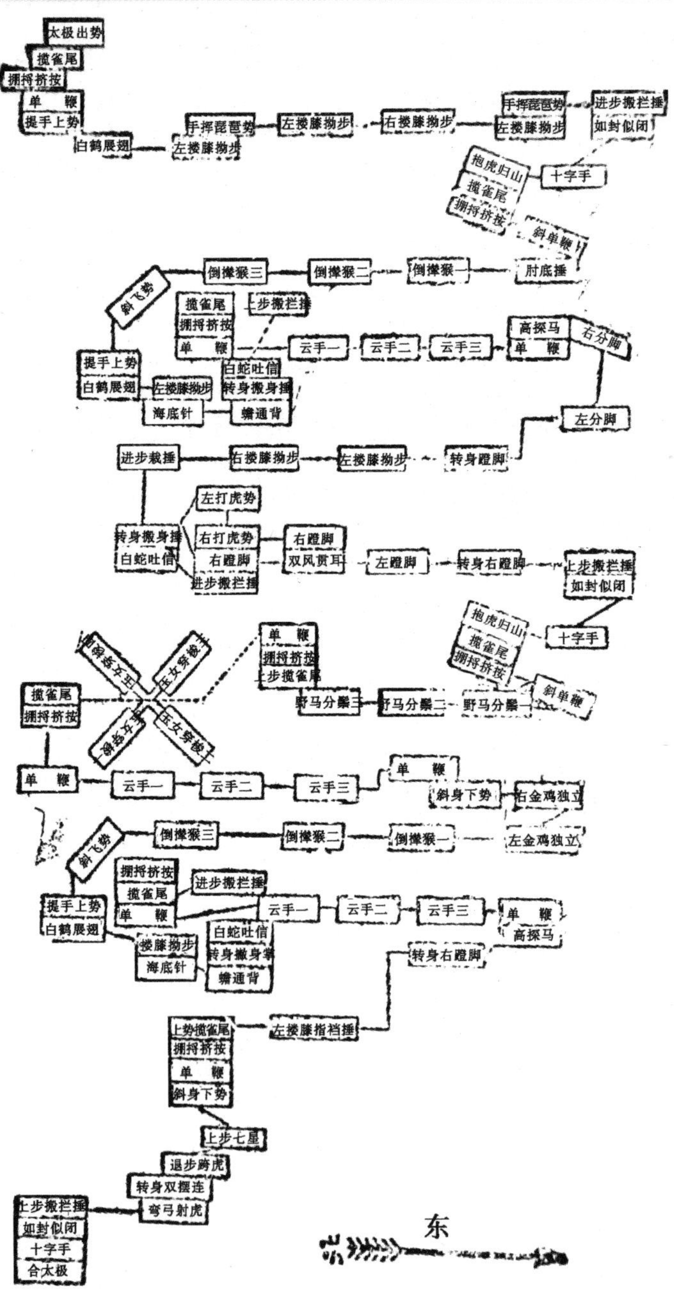
太极出势
揽雀尾
掤捋挤按
单　鞭
提手上势
白鹤展翅
手挥琵琶势
左搂膝拗步
左搂膝拗步
右搂膝拗步
手挥琵琶势
左搂膝拗步
进步搬拦捶
如封似闭
十字手
抱虎归山
揽雀尾
掤捋挤按
斜单鞭
肘底捶
倒撵猴一
倒撵猴二
倒撵猴三
斜飞势
揽雀尾
掤捋挤按
单　鞭
上步搬拦捶
提手上势
白鹤展翅
左搂膝拗步
白蛇吐信
转身撇身捶
海底针
蟾通背
云手一
云手二
云手三
高探马
单　鞭
右分脚
左分脚
进步栽捶
右搂膝拗步
左搂膝拗步
转身蹬脚
左打虎势
转身撇身捶
白蛇吐信
右打虎势
右蹬脚
进步搬拦捶
右蹬脚
双风贯耳
左蹬脚
转身右蹬脚
上步搬拦捶
如封似闭
抱虎归山
揽雀尾
掤捋挤按
十字手
斜单鞭
单　鞭
掤捋挤按
上步揽雀尾
玉女穿梭
玉女穿梭
揽雀尾
掤捋挤按
野马分鬃三
野马分鬃二
野马分鬃一
单　鞭
云手一
云手二
云手三
单　鞭
斜身下势
右金鸡独立
斜飞势
倒撵猴三
倒撵猴二
倒撵猴一
左金鸡独立
掤捋挤按
揽雀尾
单　鞭
进步搬拦捶
提手上势
白鹤展翅
搂膝拗步
海底针
白蛇吐信
转身撇身掌
蟾通背
云手一
云手二
云手三
单　鞭
高探马
转身右蹬脚
上势揽雀尾
掤捋挤按
单　鞭
斜身下势
左搂膝指裆捶
上步七星
退步跨虎
转身双摆莲
上步搬拦捶
如封似闭
十字手
合太极
弯弓射虎
东

太极长拳名称

四正四隅	掤捋挤按	左右云手	鱼尾单鞭
凤凰展翅	搂膝拗步	手挥琵琶	雀尾势
弯弓射雁	琵琶势	上步搬拦捶	簸箕势（即如封似闭十字手）
抱虎归山	掤捋挤按	斜单鞭	提手上势
肘底捶	倒撵猴头	搂膝指裆捶	转身蹬脚
上步栽捶	斜飞势（三）	揽雀尾	鱼尾单鞭
转身撇身捶	上步玉女穿梭	两掌两拳左掌右拳	揽雀尾
左右野马分鬃	斜身下势	左右金鸡独立	左右倒撵猴
斜飞势	提手上势	白鹤展翅	搂膝拗步
海底珍珠	蟾通背	转身白蛇吐信	上步搬拦捶
上步揽雀尾	单鞭	左右云手（三）	单鞭
高探马	左右分脚	转身蹬脚	左右搂膝拗步
左右双风贯耳	飞脚	左打虎势	右双风贯耳
左蹬脚	转身蹬脚	上步撇身捶	白蛇吐信拳
进步搬拦捶	上步揽雀尾	掤捋挤按	单鞭

左右云手(三)	单鞭	高探马	转身单摆连
上步指裆捶	上步揽雀尾	转身单鞭	下势
七星跨虎	转身双摆连	弯弓射虎	搬拦捶
如封似闭	十字手	合太极	

太极长拳歌

太极长拳独一家，无穷变化洵非夸。
妙处全凭能借力，当场着急莫轻拿。
掌、拳、肘、合、腕，肩、腰、胯、膝、脚。
上下九节劲，节节腰中发。

约言：顺人能得势，借力不须拿。

太极剑名称

三环套月　魁星势　燕子抄水　左右边拦扫

小魁星　燕去入巢　灵猫捕鼠　凤凰点头

黄蜂入洞　凤凰右展翅　小魁星　凤凰左展翅

钓鱼势　左右龙行势　宿鸟投林　乌龙摆尾

青龙出水　风卷荷叶　左右狮子摇头　虎抱头

野马跳涧　勒马势　指南针　左右迎风打尘

顺手推舟　流星赶水　天鸟飞瀑　挑帘势

左右车轮　燕子衔泥　大鹏展翅　海底捞月

怀中抱月　哪吒探海　犀牛望月　射雁势

青龙现爪　凤凰双展翅　左右餐盐　射雁势

白猴献果　左右落花势　玉女穿梭　白虎搅尾

鱼跳龙门　左右乌龙绞柱　仙人指路　朝天一炷香

风扫梅花　牙笛势　抱剑归原

太极剑歌

剑法从来不易传，直来直去是幽玄。
若仍欺我如刀割，笑死三丰老剑仙。

太极刀名称歌

七星跨虎交刀势，腾挪内展意气扬。
左顾右盼两分张，白鹤展翅五行掌。
风卷荷花叶里藏，玉女穿梭八方势。
三星开合自主张，二起脚来打虎势。
披身斜挂鸳鸯脚，顺手推舟鞭作篙。
下势三合自由招，左右分水龙门跳。
卞和携石凤回巢，吾师留下四方赞。
口传心授不能忘，
教斫剁铲、截刮、撩腕。

太极粘连枪

头一枪进一步刺心。二枪进一步刺腋。

三枪进一步刺膀。四枪上一步刺咽喉。

（此进步由退即进，因他之进而后进也）。

退一步採一枪。进一步挒一枪。

进一步□一枪。上一步撺一枪。

（此四枪，在前四枪之内也。）

武术偶谈

（黄元秀文叔　著述）

自光复以还，凡百学术，无不鹊起，即销声匿迹已久之国术，亦乘时而兴。迩来各省备设专馆，市间出版风行，但仅属于枪、刀、拳、棒之方法，所谓教也。而于育字方面，未尝加以研究。至于锻炼之目的，收效于何处，皆未明白了悟。故练而强者有之，练而致疾者亦有之。余以为对于功夫，固属重要，对于身体，尤宜注意。故须先知调养之方法，效用之目的，然后加以练习之功，乃至国术界中一切习惯，亦须知所谨守。兹将经验所得，分述于左。

一、练武术之目的

吾辈提倡吾国武术之目的，非直接致用于战斗，系间接收效于事业也。迩来机械化学之战争，不能以血肉之躯相抗，有常识者，类能知之。但研究科学，使用火炮，驾驶飞机，非有强壮之体力，不能运用自如；非有雄伟之气概，不能指挥若定；非有充足之精神，不能深刻研究。即通常社会之事业，亦莫不然。倘学者对于武术，果能按照程序，依法养练，既不过分，又不中辍，循序渐进，则其精力定能增长。以之从事教育，必能发挥其义理；从事实业，必能满足其事业；从事军政，必能达成其任务；从事科学，必能辅助其研究。此即直接保持健康，间接助长事业，能使全国民众，增加自卫之奋斗力也。此种教练，既不必如球场之铺张，又不必有多人之集合。寒暑晴雨，舞剑月下，论艺灯前。深山穷谷，代有传人，实吾国数千年来，强身健体之绝艺也。吾人所谓快乐者，举止有爽快之感觉，思虑有欢乐之兴趣，探其原因，皆从精神充足而来。例如，儿童活泼跳跃，其心中怀有无限快乐，此即精神充足之故。嗜烟酒者，以烟酒提神，贪一时之快，虽知其害，而不能去。不知练国术者，精神饱满，身体爽适，其快乐之感，迥非烟酒之提神于一时者可比。一则日久成疾，形成瘫废；一则练成绝艺，却病延年，其利害相较，不可以道里计也。

二、调养

迩来练拳术者，皆因身体孱弱而学习。是初学之时，对于调理身体，最宜注意。如四季中，春季应服清补之剂，夏季应服却暑等品，秋宜滋润，冬可峻补。凡属补品，为习武之人，长年所不可少。吾乡有言：穷文富武是也。曩时读书者，一部四子书，可以终其身，为价不过数百文而已。然习武举者，长年培补，所费不赀，即器械用具，亦非一部四子书所可等量齐观也。至于应进何种补品，则因个人身体不同，不能固定。总之药补不如食补，通常以鱼肝油、牛乳、鸡蛋、蹄筋、肝腰、脊髓等物为宜。其他奇异怪诞之物，如虎筋鹿脯，以及龟、鳖、鳝、鳗等类，肥浓厚腻，久食恐生疽毒，宜屏除之。

以上所列，如肝则补肝，腰则补腰，鱼油补肺，脊髓补髓，蹄筋补筋。此外如豆科植物，亦极滋补，勿以园蔬而忽之。总之食品不尚名贵，食量不在多贪，要宜平均使之消化。所谓平均者，不可过多过少。所谓消化者，务使咀嚼烂熟。如国术名家孙禄堂先生，太极、形意、八卦，各种拳法皆负盛誉，年逾古稀无疾而终。其平日食品，皆极清淡。又广平杨澄甫先生，太极泰斗，名满南北，身极魁梧，而食量并不过巨。杜心五、刘百川诸少林派名家，饮食皆如常人。同学曹晏海兄，身体伟岸，武艺精深，于浙江全国比试会名列第四，上海全国比武会名列第一，殊不知其系长斋茹素者。上列诸君，并皆点酒不闻，考其经验，或保镖塞北，或久历戎行，足迹遍江湖，大名盛南北，而平时眠食起居，皆极珍摄。可见在于调养，并不在过分之饮食，古称斗酒十肉者，无非形容其豪迈之行耳。

调节时间，即锻炼时间与休息时间，互相调节。其平日所办事务，切宜节约，腾出光阴，以养其身心，此为最要之言。余见数友人，因锻炼之后，精神旺盛，对于业务，尽力使用，一年之后，衰象突呈。有友人以此精神供冶游，不及二载，遽致殒命。

故练不得其道无益，练得其道而不知养，更有害也。愿热心此道者，三复斯言。

三、戒忌

凡人一习拳棒，豪气自生，辄忘其平日怯弱之态，每有纵酒浪游，或好勇斗狠之行。故曩年风气未开之时，一般家长，皆禁其子弟弄拳艺枪棒等事。一则防其损身，二则虑其肇事。余尝见国术馆附近街肆中，有以拳架式与人斗殴者，此为往年所无。年轻子弟，最易犯此。狂酒则伤身，浪游则废业，若好勇斗狠，必致惹祸招殃。其招致之由，实误认血气之勇，为任侠之举，结果以爱之心反而害之，是不可也，深宜戒之。

练习国术者，忌在饱食，忌在过饥，忌在酒后，忌在风前。遗精之后，病愈之后，房事之后，业务疲劳之后，皆宜休养一日，或二三日，自觉精神无异，则继续之，否则必致疾病。

练习后，因汗脱衣，或遽饮冷汁，或即安坐盹眠，俱大不可；轻则感冒风寒，重则劳伤气痛，于练习工夫，反有妨碍。

练武人，远离女色为要义，手淫尤为禁忌。即自然之遗精，亦有碍气体，况断伤乎？若犯之自促其寿命矣。凡属淫书淫画，以及声色之场，切勿沾染。即有室家之人，房事亦宜节制，年在卅以后，一月一度；四十以后，一季一度；五十以后，一年一度，或且不可矣。习武修道之士，其所以为资粮者即精气神三实而已，若无资粮，实无可练也。此个中人云：“练武身，贵如金，周身毫发值千金。”足见古来武士之重视保养矣。

四、运动与锻炼

古德云：炼精化气，炼气化神，炼神还虚，由虚成道，实千古不易之名言。试观近日国术比试场，及表演会场，往往有皤然长须，鹤发童颜之壮士。而欧美运动名家，未必尽享大年。即最近日本运动著名之人见娟枝，自得盛名之翌年，即日长眠地下。此何故耶？是不知精气神三者之修养也。

先哲有言：“眼珠光泽，舌底津津者，其精必盈。发音洪亮，言语清明者，其气必盛。眼皮红满，指甲赤润者，其血充行。”又曰：“精足不思淫，气足不呻吟，神足不昏沉。”

凡人每日三餐饮食，入胃化为胃养汁，至肠化为肠养汁，经各部吸收后溶而成精（此即所谓精非精虫之精，系精液之精，是营养之精华生活之要素）。修炼之士，以命门火蒸腾，化而为气为血，升而为神，张而生肌，动而为力，变化自然，神奇莫测，其经过大致如此。若冶游之徒，则易他道而入肾脏，故其气衰，其血贫，其力弱。或再戕之以酒，加之以劳，则营养不敷，必耗其本原。本原既亏，百病自生，促其寿命也。

天地之间，以气为本，曰气象，曰气运，曰气数。凡百盛衰，皆视气之盛衰为转移，人亦何独不然。历来养人气之上者，如气冲霄汉，气化长虹。其次若气概雄伟，气度非凡，力大声洪，叱咤风云。其衰者，尸居余气，气息奄奄，故强弱盛衰，全凭之气，不知其气实由精液而成。其所存之处在丹田，其所成之由在命火与精液，道家所谓水火既济。所谓内丹者，即此也。例如近世机器，凡有动力者，皆仗蒸汽而动，以火蒸水，水化为汽，以汽冲动而行百械。有电力云云者，仍仗蒸汽之力摩擦而生，若水涸油尽，非爆烈即崩溃矣。

气血行于内者，谓之运。躯壳表于外者，谓之动。运动二字，系表里运行之称，所谓流水不腐，户枢不蠹。推陈出新，借假炼真，是方外修炼之补助。故道家有五禽经，佛家有易筋经；道家有张三丰，佛家有达摩祖。考其运行之资源，舍精气神无他道也。

锻炼者，寒暑不易，风雨无间之谓也。人身组织，除黄梅时节外，伏腊二季为最大变换。故历来习此道者，于严寒盛暑，无不加意调摄，刻苦锻炼，以其能长工夫，且不易退转也。所谓练者，每次演习至出汗，否则谓之装腔作势，肤浅无效。常人初汗始于头部与两腋，继则腰腹或两股，若至小腿有汗，则宜止矣。如吾辈驰马，若见马耳背有汗，则须停驰，不然有伤其生命。

通常拳厂中，每日未明前四点即起，练一小时后复卧。待天明早餐后，向野外散步，呼吸清新之气，归来午餐。下午中睡一小时，三四时起，复练一小时，或二小时，七时晚餐。夜间八时练至九时止，十时即睡，此为专门练习。吾辈有职务者，当以早晚二小时为度，或早晚合为一小时，或合为半小时皆可。总求其岁月之久，不求一日之长也。

五、太极拳各派谈

太极拳，近年来风行南北，可谓国术界中最普遍之拳术，遍观各处，各人所练，各不相同，可大别为三派：

1. 河北郝家派

此派不知始于何祖，闻系河北郝三爷所传，述者忘其名，世以郝三爷称之。三爷于清季走镖秦晋间，身兼绝技，善画戟，名震绿林，镖局争聘之，实为山陕道上之雄。余见天津蒋馨山、刘子善等，皆练此拳。南方习者不多，吾师李芳宸先生南来时，其家人及同来各员，皆善此。手法极复杂，其动作较杨陈二派增添一倍，约有二百余式，表演一周，时间冗长。据吾师云：“此于拳式之外，加入推手各法，故较他派手法齐备，因太繁细，颇不易记，诸君既习杨家派，其理一贯，毋须更习。”余⊠愿朋侪学习之，计费六十余日，不能卒业，可见其繁细矣。孙禄堂先生云：“此拳之长，极尽柔顺之至。”尔时余忘索其拳谱，不知与陈杨两派之理论，有无异同也。

2. 河南陈家派

即河南温县陈家沟世传之拳。余所稔者，如陈君伯瑗，及绩甫叔侄，子明昆季等，皆陈氏之裔，而世其术者。据子明、绩甫二兄云：其先世以此报国保乡，立功勋者累累，故合族皆习太极拳，略分新架子与老架子两种，并有所谓太极炮拳者。余阅其动作及所示拳谱，完全与杨家所传者不同。其手法刚，其步法重，运劲一切，却有独到之处。可异者，即陈氏各人表演，亦觉不尽相同。近闻张之江馆长，派人至陈家沟考察，携带其世传拳谱付梓，与子明兄所刊行本亦有歧异。揣其缘由，想因历次传抄，不免鲁鱼亥豕，或有心得者，从而修改增减之，转辗变易，遂有出入矣。

3. 北平杨家派

即世称杨无敌杨露禅先生所遗传，如杨班侯、杨健侯、杨梦祥、杨澄甫、许禹生、吴鉴泉等，亦各不同，大致分为大架子与小架子两种。余尝以此事问之澄甫先生，先生答曰："先求开展，后求紧凑。初习者，宜大架子，能使筋脉舒张，血气充行，确定方位，表示工夫。到用时，要快要便，宜小架子也。家兄现在练的，都是打人法则。"其意若曰：基本功夫尚未做到，欲越而学打人，等于小孩，平路尚不能走，先要学跳，其可得乎？例如学游泳，平稳静水之中，尚不能浮泳，欲涉惊涛骇浪之江海可乎？又习骑马，粗浅之慢步未有把握，而欲跳越障碍可乎？古人所谓登高必自卑，行远必自迩，实为至理名言。总之打人之事，非日常所需，而康健实为须臾不可离。试问吾辈，何者为要，何者为恶？本篇所述，皆属平庸之谈，卑无高论，倘读者能循此而进，日计不足，月计有余，于康健上不无裨益。至于惊奇骇俗之论，好高骛远之谈，是非鄙人所知矣。近日一般学者——非徒弟之列，指普通学者——往往求速求快，最好将太极拳五六步工夫，数十年学力，在三两日内学成。故近年学太极拳者，由北而南，黄河流域，长江流域，浸至于珠江流域，不下数十万人。即以浙省而论，十余年来亦有数千人，至今能稍有成就者，几寥若星辰。即以普通能在推手上将挪、捋、挤、按四字分得清楚者，亦不多见。其原因何在耶？一在求速，二在无恒，好高骛远者，决无成就。总之吾人先从基础上练起，决无错误。第一求气血充足，然后能精神饱满，身体强健。务使架势正确，举动合法，使其有利而无弊，循序而渐进，不在思想之急迫，而在学力之勤惰，与方法稳妥否也。杨梦祥先生，拳架小而刚，动作快而沉；常使冷劲，偶一交手，肌肤辄痛，所指示者，类多应用方式。其工夫，确得乃祖真传，惜非常人所能学，文弱者不堪承教，无根底者无从领悟，且性情刚烈，颇有其伯杨班侯之遗风。同志中，每兴难学之慨，故其名虽盛，其徒不多。澄甫先生即梦祥先生之胞弟，架子开展而柔顺，手法绵软而沉重，所谓丝棉裹铁弹，柔中有刚。好太极拳者，均欢迎之。但仍有不愿与其推手者，每一发劲，辄被扑跌寻丈以外，为弟子者，仍难领受其内劲滋味。余尝问澄甫先生，教人何必如此。先生曰：非如此，无以示其劲，若随随便便模模糊糊，君等何必来，岂不徒耗光阴，虚糜金钱耶？十八年秋，杨为浙江国术馆教务长，余常与推手，某次比演双按，杨顺势一扑，其手指并未沾着余之衣襟，而余胸间隐隐作痛多时。照常理论，手臂既未接着，何来疼痛之感？殆所谓拳风者耶？余询之杨，杨曰：内劲耳，气耳。余至今仍不解其所以然也。据田绍先先生云：当年学习时，以拳尽力击杨健侯老先生之腹，老先生腹一鼓，绍先跌出庭外，而老先生仍安坐椅上，手持烟筒呼吸如常，若不知有所举动者。后与澄甫比试，被击于右胁，而痛于左胁者月余。凡此种种，皆为技术上不可思议之事。然考绍先之工夫，其手法之妙，出劲之沉，实非普通太极拳家所能望其项背。余非为其宣传，凡有太极拳有历史者，莫不知田绍先为太极拳名家也。他如武汇川、褚桂亭、陈微明、董英杰诸君，同为澄甫先生入室弟子，行道于南北者亦有年，声誉籍籍，颇为社会人士所钦仰。而手法仍各有不同，理论亦各有其是，其他私淑者可知矣。以上三派拳法，各有特长，各尽其妙，不能从同，亦不能强同，其中并无轩轾可分。在学者，更不得是此而非彼。要之一种艺术，能历千余年而不废，博得一般人士之信仰，其中确有不可磨灭之精义，令人莫测之妙用存焉。

据以上情形，无论系何派何师，一家所传，一人所传，其动作多少，皆不能同，亦不必尽同。不仅太极拳如此，即弹腿一门，有练十路者，有练十二路者，此为回教一门之艺，尚且有两种之分。又若少林门各拳，有宋太祖拳，有岳家手法，此传彼授，各是其是，各非其非，惟情理论总须一致。设或理论不同，则其宗派显然有别，不得谓为同门矣。以此质之海内专家，以为如何?

练拳（一）

练太极拳全套架式，每日学一二式，继续不断，以常人资质，约一月可以学全。须经两月之改正，再加一月之苦练，共计四个月，其式样姿势，即离开师傅一年，可以不致变换。若仅一月光阴，粗知大略，不经改正，则不得谓之学会。因稍有间断，其方向与动作，早已走变矣。但每日仍须复习，不可间断。若每日两遍，能使纯熟；每日三遍，能增工夫；每日一遍，不过不忘而已。

练拳（二）

学习拳架，自第一动起至末尾止，谓之一套。其中名目百余，式式皆要绵密周到，而且要轻灵沉着，无有一式可以随便，无有一式可以丢顶——丢者离也，顶者僵也。四肢百骸，从轻，从绵，从柔；轻而不可忽，绵而不可断，柔而不可疏。若注意而起僵劲，此所谓顶，便离太极门径矣。学者切宜注意之。

练拳（三）

练太极拳一遍，其经过时间，是急长愈妙，有练一遍，需一小时以外者。练慢之后，亦须练快，有以数分钟内练五六遍者。无论慢快，总以均匀为贵。谱曰："毋使有缺陷处，毋使有凹凸处，毋使有断续处。"初学之人练一遍，最少八分至十分钟；如经五六年后，工夫已深，则可练快，惟须式式到家，不可因快而草率。至于架式分三种：初练以高架子，继则四平架子（眼平，手平，腿平，裆平），再则工夫日深，逐渐而进于低架子矣。山高而平而低，皆从工夫上来，不可强求，否则弊病百出，无益于学者。

练拳（四）

练架式，外面注意动作，务使匀静。谱曰："由脚而腿而腰，总须完整一气。”内部气分呼吸，亦要匀静，若无事然，万勿逆气。心意不可呆滞。谱曰：“精神能提得起，则无滞重之虑，所谓顶头悬也。意气须换得灵，乃有圆活之趣，所谓变化虚实也。”此外各变劲工夫，例如本系提手上势之劲，一变而为白鹤亮翅之劲，再变而为搂膝拗步之劲。各式各气，各气各劲，由此式而变彼式。交接之间，换式换法，换法换意，由换意而换气，由换气而换劲。此中变换转动之间，与学者内部之意气运用，外部之四肢伸转开合，有极大关系，务须依照谱中各论，而适合之。

练拳（五）

所谓增工夫者，即学者之气日渐增长——不致气喘身摇——手足日渐轻灵，腰腿日渐柔顺，手掌足底日渐增厚，头部与两太阳穴日渐充满。精神充足，思虑周到，发声洪亮，耐肌耐寒。能镇定，能任劳，饮食充分，睡眠酣适等事，可以证到。

练拳（六）

学拳法虽皆有益，而学者身体，确有相宜不相宜，乃有博学与选学之分别。如年富力强，环境许可者，不妨由博而约，各家门径，均可涉猎，结果则专修一门。若年事已长，且有业务关系者，则选其与己相宜者习练之易于得益也。

练拳（七）

例如身躯肥大者，可学通背拳、摔角等技。如身材中等而强壮者，可学戳脚拳、八极拳、太祖拳、形意拳等技。如身轻灵小巧者，可学地躺拳、猴拳、醉八仙等技。如年事已长，身体柔弱者，可学八卦拳、太极拳、金刚十二法等技。中国拳技繁多，今余不过举其大概而已。

练拳（八）

专练拳架，是为运动卫身之术，修己之事也。学推手与散手，为攻避方法及练劲之术，敌人之事也。若年事已长，身有宿疾者，专练拳架，亦可却病延年。如年力富强，环境优裕者，尽可专聘名师，为升堂入室之研究。

练拳（九）

据友人云：太极拳中各式，实兼备各家拳式。全套中有八种法：如掤、捋、挤、按、採、挒、肘、靠。又有八种劲：如退步跨虎为开劲，提手上势为合劲，海底针为降劲，白鹤展翅为提劲，搂膝拗步为进劲，倒撵猴为退劲，抱虎归山为右转劲，肘底捶为左转劲。

又有八种式：如十字手，少林门为平马式；搂膝拗步，少林门为攻步式；下势，少林门为扑腿式；金鸡独立，少林门为独立式；手挥琵琶，少林门为太极式；搬拦捶，少林门为坐盘式；栽捶，少林门为麒麟式；跨虎，少林门为悬脚式，共为八式。无论何种拳法，总不外此八式，故称拳师为把势者，即实八式之讹也。

八快歌

行如风，站如钉，

升如猿，降如鹰，

锤赛流星，眼如电，

腰如蛇行，脚赛钻。

太极拳中八法八式之外，尚有八腿：如翅、蹬、起、摆、接、套、衬、採。清末时所练者仅四脚：如左右翅脚、转身蹬脚、二起脚、摆连脚。现在竟致仅练翅蹬摆三脚，其他四法，更无所闻。如接者，见敌腿来时，以我之腿接其腿而踢之，谓之接脚。套者，见敌腿来时，套出而踢之。若敌从左方踢来，我套在右方踢之；敌从右方踢来，我套在左方踢之，谓之套脚。衬者，以我之脚踢敌脚之内侧方，如衬其内，谓之衬脚。採者，即以脚横斜而採之，用在敌来我侧方时踢之，谓之採脚。此四脚极不易练，亦不易用，须有长久单练功夫为之补助，不然，不能应用自如。想后来一般教太极拳者，因不能使人人普遍学习，且年长身弱之人更难习练，故除去之。但其应用之巧妙，踢法之齐备，不可不表而出之也。

踢腿要领，有“直起风波”四字。直者，踢腿蹬脚，无论向前向侧，总须要直，若不挺直，不能贯彻功夫。起者，高也。踢腿蹬脚，皆要高，能高可满足企图，最小限度亦得踢过腰。练时能高，用时可以如意。风者，踢出蹬出时，快而有风声，此言其快。不快无风，即不能出劲。波者，踢出之腿，自腰际至脚尖，有波浪形状，表示腿劲贯到脚尖之意。有此四字，可以称踢脚要领齐备。不仅太极拳如是，无论何门何拳，基本要领莫不如是也。踢脚与踢腿不同，以脚尖脚边脚掌打人者，谓之踢脚蹬腿；以腿之全部打人，或以腿之后跟打人者，谓之踢腿，其要领同。据此道中人云：“手如两扇门，全靠腿打人。”“八式无真假，指上便打下。”足见用腿之重要矣。

练拳（十）

习练拳术，最要注意手、眼、身、法、步五大项。所谓手者，即掌拳肘合腕等动法。所谓眼者，即左顾右盼，或向上向下等看法。所谓身者，即肩腰胯等动法，如含胸拔背，转换等事。所谓法者，即拳术各种名式，如太极拳中各名称，红拳中各名称，花拳中各名称。各拳各路，各套各法，不胜其述。要皆拳路中，打人之方法也。所谓步者，是练拳人最易疏忽而最要之事。步为根基，快速在步，稳固亦在步。着与不着在步，巧与不巧亦在步。此道中人曰：“手到脚不到，自去寻苦恼，低头与弯腰，传授定不高。”此两句话，五种方法皆说到矣。

武汇川先生名言：练太极拳之要旨，务须身盘中正圆满。气要松，手按时。要从肩肘〼〼〼出。两肩要松，两肘要下沉，尾闾要收。脚落地时，先虚而后实，上下一致，式式均要圆满。头要提顶，气沉丹田。练时要慢，快则气即上浮。

田兆麟先生名言：（一）“化劲”之最重要者，是顺人之势。尤其是快慢要相合，过快则疲劳易生中变，太慢仍未能化去。（二）“发劲”先要化劲化得好，才有发劲的机会。机会既得，即宜速效，其劲要整，要沉着。（三）“攻人”全在得机得势，机会未到，不当攻人。“双分”“击分”时候要合得上。掤劲亦甚重要。靠劲先要化得合法，靠时要快，要有一定目标。凡此种种，苟非着实久练，不能得心应手。

推手（一）

习练拳架，系一人虚拟，其劲之如何？究属渺茫。故进一步练推手，即实现其掤、捋、挤、按、採、挒、肘、靠之用法。换言之，以循环的攻避方法，来试用太极拳打人避人手段是也。其中最难者，即听、化、拿、发此四字工夫。所谓听者，即以我之手腕身躯，与对方接触时，刹那间知其动作变化，谓之听；同时避其攻击，谓之化；同时定其作用，谓之拿；同时攻其弱点，谓之发。详言之分此四段，而实在是一刹那间为之。故此四字工夫，甚难甚难，虽毕生研究，亦无止境。其总诀在一圆圈，其化也发也避也攻也，无不以圆圈为之。所谓太极者在此，所谓妙用者亦在此（採挒肘靠同）。

推手（二）

以余个人之揣拟，初练习推手者，于掤、捋、挤、按中，先以两人合作五个大圆圈来试演之，名为基本方法。一、平面圆圈；二、直立圆圈；三、斜形圆圈；四、前后圆圈；五、自转圆圈。先将此法习演纯熟，以后可以变化各种圆圈，而妙用之。但此五圈，非面授不可，笔墨之间，难以尽其动作。初试圆圈大而笨；继则小而活；再则其圈不在外而在内。有圈之意，无圈之形，一刹那间，而妙用发矣。到此地位，可以意会，不可以言传，莫知其妙而妙自生，非有长久刻苦工夫不能到也。

推手（三）

推手为太极拳实验之方法，已如前言之，此外须要注意者有三。第一，不可存争胜负之心。彼此既为同道，自有互相切磋之谊，动作稍有进退挫折，并无胜负荣辱之可言，何可在此计较而生嫉妒之念？第二，不可存赌力之心。太极之妙是在巧，非在蛮力。谱上云："察四两拨千斤，显非力胜。"若恃蛮力，是非研究太极拳之道矣。第三，不可存作弄之心。凡属同道，皆当互爱互助。彼高于我者，应谦恭而请教之；彼不如我者，当诚恳而指导之。语云：他山之石，可以攻错。勿以其力弱可欺，而出我之风头，似非同道者所可有也。

推手（四）

两人一交手，即须研究手、眼、身、法、步五项，并练掌、拳、肘、合、腕，肩、腕、腰、胯、膝、脚各劲，及掤、捋、挤、按、採、挒、肘、靠，前进、后退、左顾、右盼、中定十三势，方始为推手之目的，推手之本事。每见普通学者，不按上列诸法习练，俗语所谓磨豆腐者，虽千遍万遍，有何益焉？

推手（五）

初习此者，最好选身体大小相等之人，静心细想而琢磨之。或有不对处、不领会处，请师详细指导之。勿惮繁劳，勿称意气，而专心一贯研究，自有水到渠成之一日。

推手（六）

今将拳论上之听、化、拿、发等工夫，分注如下。王宗岳先师论曰："人刚我柔谓之走，我顺人背谓之粘。"此二语，即言我与敌接着时，敌以刚硬来扑，我以柔化之，是为化劲。借其劲，使陷于背势，而我处顺势，仍不与敌脱离，是为拿劲。上句是听劲中带化劲，下句是化劲中带粘劲。能使敌陷于背，我处之顺，向其背处稍一发劲，则敌必如摧枯拉朽而扑跌之，能得此机会，谓之拿。又曰：“曲中求直，蓄而后发，蓄劲如开弓，发劲如放箭。发劲须沉着松净，专注一方。”是为发劲。但以上听、化、拿、发四步工夫，须从粘字中练出来。又曰：“动急则急应，动缓则缓应。”即谓敌来步快，快应之，来得缓，缓随之。但我总不与敌脱开，是为粘劲。若手臂不粘连，脚步不跟随，如何能听，能化？更不能拿，不能发矣。其“行功心解”曰：“往复须有折叠，进退须有转换。”此言与敌靠近时之变换身法也。续曰：“极柔顺而后极坚刚，能呼吸然后能灵活。”系指示内部运化功夫。再曰：“迈步如猫行，运劲如抽丝。”形容其举步如猫行之轻灵稳固，运劲如抽丝之不断不猛，系指外表工夫。要实验以上所云，皆离不了论中所谓：“由着熟而渐悟懂劲，由懂劲而阶及神明。”换言之欲懂劲，非由接着与熟练不可，且如阶级的一层一级，而达到神而明之之地位也。但学者，从何而懂劲？从何而接着？从何而熟练？只有从推手做起。

推手（七）

凡学习推手者，身体切不可前倾后仰。若前倾，重心偏于前方，对方用掤劲，易于向前跌倒。如后仰，重心偏于后方，对方用捌劲，亦必向后跌倒，此其一也。彼此一交手，他方必有攻诱方法，我方必须保留转换变化之余地。惟身躯中正，则有余地可以左右前后过旋也，此其二也。在推手时，遇对方手腕沉重，或来势猛烈，一不可两手缩紧，二不可使用蛮劲，三不可胸中迸气，四不可身向后退。如两手缩紧，长度必定减短，不能够着对方。使用蛮力，全身必定僵硬，犹如笨伯，其原理是与太极相反，所学方法无可使用矣。至于胸中迸气，血液停滞，面色逐渐变青，实属有碍生理。身向后退，被人随势进攻，无有不败。学者于此四弊，切宜注意！

推手（八）

凡初学者，无论练拳，练推手、大捋、散手等技，一要观人练习，凡有身法好，手法纯，步法灵，可为学范式者，皆须一一留意而深记之。二要听人讲解，如遇前辈，及同学中有心得之谈，经验之论，均宜虚心静听而领会之。三要实地锻炼，此为实际工夫而达到能实行地位。若只知锻炼而不知观与听，古人所谓盲修瞎练，小则劳而无功，大则有害身心，结果所得与目的相反也。

推手（九）

推手与练拳，既已如上述。其属于本身者，即以“虚实”二字。四肢百骸，均要有虚实之分。刚柔之别，如进退起落无虚实，必定笨滞，不能轻灵也。两足固宜分虚实，一足亦须有虚实。非但两手有虚实，一手亦须有虚实。论中云：“虚实宜分清楚，一处有一处虚实，处处总有一虚一实。”王宗岳先师曰：“每见数年纯功，不能运化者，皆自为人制，卒不能制人，则双重之病未悟耳。”所谓双重者，即虚实不分。先师又曰：“双重则滞。”滞者，运用不能轻松，便为人制。又曰："偏重则随。"若偏重一手，或偏重一足，而不寓有虚实者，必随人受制。又曰："欲避此病，须知阴阳，阴不离阳，阳不离阴，阴阳相济，方为懂劲。懂劲后，愈练愈精。"所谓阴阳者，包含虚实也，刚柔也，收放也，开合也，进退也，起落也，闪转也，腾拿也，皆在其中矣。

所谓刚柔者，与人推手时，两手相接，神气外扬，肌肉坚硬，转变扩大。发劲能动中心者，是人练械多而练拳少，其劲属于刚也。两手相较，动作绵而细，步法身法轻灵，接着如有力，打去犹无物者，是人练械少而练拳多，其劲属于柔也。若能神气安舒，身稳如山，上下相随，发劲沉长而震动全身者，是人刚柔具备，其劲阴阳相济矣。学者须知柔劲与刚柔，并非如物理化学之专科。吾人终年练习，有时属于刚劲，有时属于柔劲，惟刚柔相济，为最少耳。练劈挂八极等拳者，发劲大半偏于刚劲。练八卦太极者，往往偏于柔劲。其实无论何门何拳，均须刚柔兼备，阴阳相济，方为拳艺之正宗也。

推手（十）

推手动作，表面上虽在手腕，而实际上全在腰中。亦可以说手是三分，肩是一分，胸是一分，腰是五分。若肩不能松，胸不能涵，腰不能活，全仗手腕，决不能化人，亦不能发人。此事在练拳架时，即须注意。此外步之稳不稳，系在裆劲。细言之，即胯、腿、脚三部分连系动作。换言之，能粘连否，是在上身，即手、肩、胸是也。能跟随否、稳定否，是在下身，胯、腿、脚是也。但上下运动之枢纽完全在腰。谱上云："其病必于腰腿间求之。"腰劲一事，不但太极拳所重视，如形意八卦，均极注重，即少林门亦无不注意之也。以上所言，系形质之谈。至于内部，气之一字，先从意字起。意之所到，虽未必是气之所达；气之所达，未必即血之所充，但非由此无从入手。故先以意导气，以气行血，久之意与气自能合一，气与血自能相随。其《行功心解》曰："以心行气，务令沉着。以气运身，务令顺遂。"心者，察也。身者，血肉也。但运行之间，于"沉着""顺遂"两语，切宜重视，否则非流入漂浮，即陷于别扭。至于沉着之法，即气沉丹田。顺遂之法，即活用腰腿。内外一致，方合其义。须用默识揣摩工夫，而后能从心所欲，其细微原理，俟军书稍暇，再详言之。一般练拳与推手者，大半注重在上部，手法如何如何，身法如何如何，前已言之。但不知下部之关系，实比上部为重要，其变化与进步，须从实地试练出来。教拳人，初则高低大小不能自然，动作不能稳定。继则动作渐匀，步法渐稳。再进则举止轻灵，随心所欲。至于推手经过，初则腰腿硬直，摇摆不定。再则旋转进退，逐渐稳固。再进则心手相应，腰腿一致。

大捋

太极推手工夫分作三步：其初则原地推挽为第一步。继则活步推手（即此进彼退、彼进此退之法）为第二步。其意为原地练习既熟，继而练行动中捌捋等法，但此不过直线之行动而已。此法练熟，继而练四斜角行动方法。大捋者，即练习四斜角之方法也，为第三步。练大捋之靠者，前进必须三步，方与捋者成正直角，若用两步必斜。至于捋者，必退两步，若用一步，不能避对方之攻击。此方捋，彼方靠；彼方捋，此方靠，往复循环而演之。无论何方，在捋在靠时，其架式要低，腰胯要正，方合其要领也。

推手中九节劲使用法

掌：双按掌、单分掌、双分掌、高探马掌。

拳：搬拦捶、双风贯耳捶、栽捶、折叠捶。

肘：单肘、双分肘、抉腕肘。

腕：单分腕、双分腕。

肩：单採靠、双分靠。

胯：正胯（大捋）、侧胯（换手）。

膝：双採膝（独立金鸡）。

脚：左右分脚、独立蹬脚、穿梭套脚、穿梭衬脚等。

散手：第四步为散手，计分两种：

（1）利用太极拳中之各式，两人对打。例如甲用双风贯耳打乙，乙用双按破之。甲用捋打乙，乙用单靠破之。二人连续对打，如花拳中之对子，惟转变发劲不同耳。若不习之，则太极拳各式之应用不知，直等于学单人跳舞矣。

（2）上列散手对打皆系预定方式，双方编练成套。第二种则不然，双方均无预定，亦无式样，各方一做准备姿势，即开始攻击。或缓或急，或高或低，或方或圆，用拳用腿，各听自由。大致历来相斗方式，一为圆形方式，如甲在中心，乙游击四周。其次纵形方式，直来直往，二人中你来我往，我退你进，成一纵形决斗式。与彼比试，大半不外此二式。二人一交手，谓之一合。战斗合数之多少，全在平日练架。气分之长短，拳足之准否，发劲之大小，全在推手大捋之精粗。此段工夫，完全实用功夫，亦可谓最后一步功夫。习此者，非常练、苦练不可。初期与师傅对打，为师者常要让生徒扑击，此道中人所谓喂腿喂拳是也。为师者若不喂之，生徒无从得其三昧，是为师者最难最苦之教授。一则难得机会，既要精神充足，又要无人偷视，且须身授扑击，不免痛苦。二则防生徒学成，而有欺师叛道行为，或者忌其优胜于师，而师自失其地位与生计。故为师者往往不肯教授，实有不得已之苦衷存矣。学拳如是，学器械亦如是，其困难更甚于学拳。

太极拳散手对打名称

(1) 上手　上步捶　　(2) 下手　提手上势

(3) 上手　上步拦捶　　(4) 下手　搬捶

(5) 上手　上步左靠　　(6) 下手　右打虎

(7) 上手　打左肘　　(8) 下手　右推

(9) 上手　左劈身捶　　(10) 下手　右靠

(11) 上手　撤步左打虎　　(12) 下手　右劈身捶

(13) 上手　提手上势　　(14) 下手　转身按

(15) 上手　擢叠劈身捶　　(16) 下手　搬捶（开势）

(17) 上手　横挒手　　(18) 下手　左（换步）野马分鬃

(19) 上手　右打虎（下势）　　(20) 下手　撤步捋

（21）上手　上步左靠　（22）下手　转身按

（23）上手　双分蹬脚（退步跨虎）　（24）下手　指裆捶

（25）上手　上步採挒　（26）下手　换步右穿梭

（27）上手　左掤右劈捶　（28）下手　白鹤亮翅（蹬脚）

（29）上手　左靠　（30）下手　撤步搓臂

（31）上手　转身按（捋势）　（32）下手　双风贯耳

（33）上手　双按　（34）下手　下势搬捶

（35）上手　单推（右臂）　（36）下手　右右臂

（37）上手　顺势按　（38）下手　化打右掌

（39）上手　化推　（40）下手　化打右肘

（41）上手　採挒　（42）下手　换步截

（43）上手　右打虎　（44）下手　转身撤步捋

（45）上手　上步左靠　（46）下手　回挤

（47）上手　双分靠（换步）　（48）下手　转身左靠（换步）

（49）上手　打右肘　（50）下手　转身左独立

（51）上手　退步化　（52）下手　蹬脚

（53）上手　转身（上步）靠　（54）下手　搓左臂

（55）上手　转身（换步）右分脚　（56）下手　双分右搂膝

（57）上手　转身（换步）左分脚　（58）下手　双方左搂膝

(59) 上手　换手右靠　　　　(60) 下手　回右靠

(61) 上手　撤步捋　　　　(62) 下手　顺势靠

(63) 上手　回挤　　　　　(64) 下手　转身按

以右列上下六十四手，仅利用太极拳全套之半，其余容暇时续记。

简易擒拿术

裹转法，外转法，撑槁法，爪肩法，请客法，反请法，捲蹄法，打滚法。别翅法，捆猪法，撕翅法，杖逼法。

上列十二种拿法，简单易学。稍练拳术者，一经指授便可使用，实为旅客防备宵小之要术也。

夺手枪法

怀中抱月，湘子挎篮，壮士背虎，童子别肘，倚碰挤靠，贴身靠臂。

上列六种夺法，有正面使用与背面使用两法，须拳术有根底曾习擒拿者，方能得心应手，其要领是在心气沉着，动作敏捷也。

练劲

无论练拳与练器械，总须将内劲练到四肢。如练器械，不论剑枪等艺，则须将内劲达到器械之尖。剑则剑尖，枪则枪尖。至于劲之大小，因先天禀赋之不同，不能苛论。能到器械之尖，武艺功夫可算到家矣。但练习程序不可躐等，先在徒手时，将身躯之劲贯通肩、臂、腿、脚四部，而后到手尖足尖。要此步功夫做到，亦须三四年。然后再用短器械，练到长器械，要使内劲贯到器械上甚难，非徒手工夫可比。个中人谓透三关：第一关将劲贯到械上；第二关由械柄通过械中心；第三关达到械尖。此三关功夫，不在本身力之大小，而在平日水磨功夫如何。由科班出身者（从徒弟出来）下过苦功，大半能透三关，一般票友中所能者无几矣。

练劲之经过即如上述。今将“太极拳劲”之种类分述如下：

一、柔劲

又名“粘劲”，此太极门最初之练劲法。拳谱上所谓“一举动，周身俱要轻灵，尤要贯串，无使有缺陷处，无使有凹凸处，无使有断续处。”初练拳架时全用“柔劲”，否则不能贯串，必有缺陷与凹凸断续之病。王宗岳先师论曰：“人刚我柔谓之走，我顺人背谓之粘”“不偏不倚，忽隐忽现，左重则左虚，右重则右渺。”（此系与人交手之柔劲功夫，推手时便可用之）《十三势行功心解》云：“极柔软而后极坚刚。”又曰：“迈步如猫行，运劲如抽丝。”杨镜湖先生约言曰：“似松非松，将展未展，劲断意不断”等语，即将柔劲之理，说得极其明显。其效用在能粘能吸，与敌粘住，总不使其离；将其吸住，使其为我制。初学者，均须从此入手。若初学之人不注意于此，便离太极门径，决难成就。

二、刚劲

又名“断劲”，有称“冷劲”，有称“㧐劲”。其名不同，其法则一。其性激烈，发时如炮弹爆炸。谱上云：“动劲如百炼钢，无坚不摧。静如山岳，动如江河。蓄劲如开弓，发劲如放箭，曲中求直，蓄而后发”“发劲须沉着松静，专注一方”等语，皆指示刚劲之法。其效用，是将敌人扫荡无余。练此劲时，注意在猛而长。若发劲短促，虽刚烈，亦无多效用也。

三、接劲

又名“借劲”，其劲中包含“听劲”“化劲”“刚劲”“柔劲”诸法。此劲最难练，是为最后功夫。敌劲到，我劲亦到。谱上云：“彼微动，我先动。”换言之，敌劲之到我身，我即化其劲而发之。有时敌劲所到时，我已先敌而发之。总之我接敌之劲，借敌之劲而发之，其方向是在一个圆圈。敌劲触身时，起一极小圆圈而发之，此圆圈非自力所能见，非初学所能知，非到微妙程度不能领会。语云：可以意会，不可以言传也。谱云：“得机得势”。又云：“将物掀起，加以挫之，其根自断。”歌曰“引进落空合即出”“牵动四两拨千斤”“妙处全凭能借力，无穷变化洵非夸”等，省言接劲要领，此中方法全须面授，又须熟练，非笔墨所能尽也。

比试

即由散手中学习而来。学习散手，有经验，有进步，再下苦功，到比试时定有几分把握。虽然遇到强敌，不能取胜，总不至意外吃亏。故散手一步功夫，实为练武者最后功夫，亦为练武者最后目的。若练武人不会散手，便不能比试，便何能与人决斗，在仓促中何能获到效益？此西人所以讥我中国武艺为单人跳舞也。今将关于比试之管见，试述如左：

比试在教练中谓之散手，在角逐中谓之比试，在冲突中谓之决斗。其名目虽异，其效用则一，是争胜败于俄顷也。吾人五官四肢皆同，虽禀赋各异，而性灵则一。我能见，彼亦能见；我能打，彼亦能打，所以能取胜者是在方法，是在熟练。有方法而不熟练，虽有等于无。单靠熟练而无方法，所谓盲修瞎练，亦徒劳也。方法与熟练之要素有三：一要狠，二要快，三要准。（1）狠者，能取攻势，出手时能到家，能尽力，能克敌，若心一柔，便无用矣。（2）要快，是在同时并发，彼发我先发。彼发短，我发长；彼发软，我发硬；彼发柔，我发狠，是我胜矣。（3）要准。准字为最重要，若出腿出手皆不准，心虽狠，手虽快，皆无用也。

点打五攻法

武当五攻法说明（同门山左韩庆堂记）

本法乃一点穴散手，其目的在养成学者，手眼身法步心之统一运用，对敌时不致手忙眼花，身滞法穷，步乱心慌，而能沉着应付以击败敌方也。五攻法名称图解

（对打时用指尖，如指未练成用拳亦可练。指法附后）

（一）（甲）单风扇耳　　（二）（乙）顺风扫叶

（三）（甲）摘星补斗　　（四）（乙）双凤展翅

（五）（甲）孤雁出群　　（六）（乙）迎风摇旗

（七）（甲）肋板掏脂　　（八）（乙）抽梁换柱

（九）（乙）撩阴箭潭　　（十）（甲）饿虎扑食

图解

甲乙对练预备式

起式立正抱肘，距两步，

对练两手攻解后收回以备还击之状。

（一）（甲）单风扇耳

上右步，右掌打其腮。（乙）用顺风扫叶，退左步，以右手小掌边削砍。

（甲）脉诀顺式手背□右腮

（二）（乙）顺风扫叶（一式）

身略右转，左手心向外迎接其手，用手掌贴其手背，二三四五指振其手心，下压左开，右手反上投打其右乳下。

（三）摘星补斗（二式）

（乙）用双凤展翅

身略右转避其拳，以左手指向上抓其拳（掌），下压左开，使其不能旋转为度。

（四）双凤展翅

（甲）用孤雁出群　左手松开，用左掌砍搂其左手，右手换打其太阳穴。

（五）孤雁出群

（乙）用迎风摇旗

右拳向左上方横开其拳（掌）。

（六）（甲）迎风摇旗
（甲）用肋板掏脂以左拳（指）心向下，通打其右胁下。

（七）肋板掏脂
（乙）用抽梁换柱右肘抽回，肘尖拐开其拳（指）。

（八）撩阴箭潭
（乙）用撩阴箭潭
用左脚尖踢其阴子或高骨。

（九、十）撩阴箭潭、饿虎扑食
（甲）用饿虎扑食，右腿后退一步，两（拳）手扑按其足背。
（乙）左足落地。（甲）左足后退一步。
（乙）右足上一步。如下式同。

至此式为上段，是甲打乙；
下段是乙打甲。

下段
循环练熟，熟能生巧，一巧破千斤，练成习惯，习惯成自然，就可随意运用，不致被人所制也。

医穴受伤药方

三棱五钱　赤药一钱五分　骨碎补一钱五分　当归一钱

蓬术一钱　胡索一钱　桃仁一钱　木香一钱

乌药一钱　青皮一钱　苏木一钱

共十一味同煎。

若大便不通，加大黄四钱。血凝气滞，加砂仁三钱。

练指点穴法用油煎沸，滴二指上，遂急擦之使冷。如是三次，指生厚皮，再用砂插之，三年成功。另有煎药练指法，录于别册。

武当对剑名称

第一套　上下出剑式：对平刺，（阳手）对翻崩，上点腕，下抽腕刺，对提，对走，下翻格带腰，上翻格带腰，重二遍，下压剑击耳，（灌耳）上带腕，（崩势）对提对劈，下刺喉，上带剑刺喉，阳剑圈，上横搅，下击头，上击腿，下截腕，上带腕，（保门势）下左截腕，上抽腕刺胸，下截腕，上带腕，（保门势）下翻格，上抽腕，各保门完。

第二套　下上步击，上击腕对提，上刺膝，（箭步）下压剑带腰，（箭步）对翻崩，上点腕，下斜刺崩，上抽，下刺腹，上左截腕对劈，下反击耳，上反击腕，下抽腿，互刺腕抽腰走，重二次，下击头，上带腕回击，对提，各保门完。

第三套　下劈头，上格剑带腰，下格腕带腰，上格腕带腰，下格腕带腰，上格腕带腰，下压剑，翻击耳，（灌耳）上直带，（崩势），下提，上上步扣腕击，下上步扣腕击，对走，对反抽，下刺腹，上格腕，对绕腕，各保门完。

第四套　上洗，下阳剑圈起手，对阳剑圈，下阴剑圈起手，对阴剑圈，下进步搅。对搅，下抽，上下进退带抽，重三遍，下崩，上抽，下上步刺，互压剑，上击腿，下反击耳，下直带，对提，各保门完。

第五套　对伏式，上刺，（中阴手）下击腕，上抬剑平截，对截腕，对提，对走，上正崩，（中阴手）下带腕，（保门势）上进步反格，（中阴手）下抽身截腕，上上步截腕，下反截腕，上抽手截腕，下抽手截腕，上带腿换步刺腰，下换步刺腰，上平抽，下刺胸，（独立金鸡式）上平带，对提，各保门，各伏式，下刺胸，上平击，对提，对劈，对刺，上格腕，下翻刺腕，上扣腕刺，对转身劈剑各保门，上下收剑完。

剑法十三势

武当剑法，大别为十三势，以十三字名之：即抽、带、提、格、击、刺、点、崩、搅、压、劈、截、洗，亦似太极拳之掤、捋、挤、按、採、挒、肘、靠、前进、后退、左顾、右盼、中定也。此外另有舞剑，未有定式，非到剑术纯妙不能学习，非口授面传，不能领会。

以上所编套子，即剑学泰斗李师芳宸以十三势编练而成。对练时，审来度往，按法练习。初习时，宜慢不宜快，宜缓不宜疾。式式应到家，剑剑须着实。有时须注意用法与练法不同处。此其大概也。

武当剑法笔记（浙江温岭胡子谟记）

第一路　预备式（上手称甲，下手称乙）

甲乙各执剑就位——左手执剑反贴左臂外方，右手垂直贴右胯旁，两足平立，离开之距约与肩等，身体正直，目平视前方。

出剑式

甲乙各交剑与右手——右手戟指，掌心向上，屈右腕与腰平，伸右臂向右与肩水平。头向右转，目视右手。转左足向左方，转身上右足，左足微屈，右足着地。同时，右手戟指向前一指，目视敌方。退右足同时转身，两手自左上向右后方画一大圈，左右各收至胸前，右掌向上，左掌向下，将剑交与右手，斯时身体作势下挫，重心寄于右足，目仍视敌方。

甲乙各伸剑平刺——斯时左足在前，右足在后，成弓箭步。左手戟指在左额前方，右手极力伸剑平刺，太阳剑。

甲乙对反崩——右足进一步立定，左足作探步，蹲身向下。

左手戟指微屈，臂向左，右手以中阳剑反崩，头向右，转目注对方之腕。

甲点腕——突然起立转身，收左足向左斜后方，半步着地，即出右足，作预备姿势，足尖点地。右手以中阴剑尖点敌腕，左手戟指微扶剑柄。目注敌腕。

乙抽腕——乙亦突然起立，转身立定左足，换出右足，向右后方退一步。右手以老阴剑从下方抽甲之腕。同时体重移于左足，成弓步。目视敌腕。

对刺——甲乙各将右足后退。右手提剑前刺（老阴剑），同时上体竭力向前探，左手戟指置左额前方，手掌向外。目注敌方。

对绕走（换位）——两剑仍相交，甲乙各起右足，进步向左方绕走，对换位置，仍取前势停止。

乙反格——乙以中阳剑反格甲腕。

甲带——甲将剑转为太阳剑，同时将肘往下一沉，剑往左带，身半向左转。两足在原位置，左实右虚。目注敌人剑尖。

乙带腰甲反格乙腕——甲见乙腕避去，已为我剑所不及，趁势转为太阳剑，带乙之腰。乙即含胸转腰，避过甲剑，同时将剑变为中阳剑，反格甲腕。如是往复三遍。

乙压剑贯耳——俟甲剑反格，正转变带腰时，突然将剑变为中阴剑，往下横压甲剑，随即起身，以太阳剑贯甲右耳，左手扶住剑柄。

甲直带腕兼崩——右手用中阴剑，左手扶住剑柄，往后直带复往下一沉，剑尖正对敌腕崩刺。

对提——乙避甲之剑尖，提腕变为老阴剑，刺甲之腕。甲亦提腕，变为老阴剑以防之。

对劈——甲乙各将剑尖自左下方向上绕一小圆圈，变为中阴剑，直往下劈攻敌之右腕。

乙刺喉甲粘带——乙右手变太阳剑，左手扶住剑柄，由下往上正刺敌喉。斯时剑尖向敌喉，剑柄约当自己胸下。甲亦变为太阳剑，左手扶住剑柄，剑身粘住乙剑，同时身体微向右转，带去乙剑。

甲刺喉乙粘带——甲既带去乙剑，趁势伸剑刺乙之喉。乙亦转身粘带，复反刺甲。如是三遍（太阳剑圈）。

甲横搅乙随之——甲俟乙剑刺来时，将剑粘住乙剑，向右向下横搅之。同时举右足交步向左绕走，乙随之亦交步向左绕走，斯时两剑相粘不离，随搅随走，各俟机会，但搅时各伸出右手，左手戟指置于左方，平掌向外。头向右转，目视敌剑。

乙击头——如前绕走，彼此互换位置时两剑尖已第二次互搅至下方，乙剑正换至甲剑外方，甲剑正向上搅，乙趁势以少阳剑击甲之头。

甲击腿——身微向左后，披重点寄于左足，成左实右虚弓步，避过乙剑。同时右手变太阴剑，斩击乙之右腿。

乙截腕——体重寄于左足，举右足向左前方斜进半步，避去甲剑。同时右手变为太阴剑，斜截甲腕。

甲带腕——右手变为太阳，往左肩前带避，剑尖向敌方剑把，较肩略低。目注敌人。

乙上步截腕——右足向右斜方赶上一步。右手用中阴剑截敌右腕。重心移于右足，成右实左虚弓步。

甲抽手——将腕往下一沉，避去乙剑，同时右手变为老阴剑，从左向右抽乙握剑之手。

乙抽避甲刺腹——趁乙抽剑避开之时，用中阴剑直刺乙腹，斯时体重移于右足。

乙截腕——身微侧让去敌剑，右手用中阴剑横截敌腕，斯时体重寄于右足。

甲带乙反格——甲用太阳剑姿势，将右腕往左前方一带避开，同时收回右足移向左斜方半步，身半向左。目视敌方。乙剑跟随敌腕由下往上反格，中阳。

甲抽腕保门——将右腕往上一翻，变为太阴剑，同时剑尖向下，由左往右抽乙之腕。退步（右足往后退一步）转身。斯时右手微屈，高举在右额前，成中阳剑，剑尖向敌方左手，戟指扶住右腕。身体向右，体重寄于右足，左足置于右足左前方半步，足尖点地。目注敌方。

乙带腕保门——乙剑变为太阳，往左带敌之腕，同时收右足至左足前方半步，然后变为中阳剑，右足往右后方退一步立定，成保门姿势。（完）

第二路

乙上步击顶——右足前进一步。同时右手以少阳剑击甲之左顶，左手分开置于左后方。

甲上步击腕——右足前进一步。同时右手用太阳剑击乙之腕，左手分开置于左后方。

甲乙对提——乙先提，甲随之，式如前。

甲乙对刺膝——各将右足微起，用左足着力一蹬，箭步前进，刺敌之膝。但两剑相拒，各刺不中（此时另有动作，须面授）。

甲乙各上步反崩——当刺不中，彼此挨身而过时，各将剑变为中阴，竭力使用剑身粘住敌剑（防其趁势而入带腰或带腿也）。斯时双方各将左足前进一步，披身下挫，同时以中阳剑反崩敌腕。

甲转身点腕——以左足着地迅速转身起立，收回右足，成预备步，同时以中阴剑点敌之腕。

乙转身斜步崩腕——迅速转身起立，以右足着地，左足随即向左侧方移进一步，收回右足，成预备步。身向下沉，左手扶住剑柄，同时剑尖向上斜崩敌腕。

甲抽——将腕往右外避去乙剑，右腕下沉抽乙握剑手。同时，右足向右前斜方跨出半步，重心在右足。

乙刺腹——趁甲抽剑避开之时，用中阴剑直刺甲腹。同时，右足向右前斜移半步，重心寄于右足。

甲左截腕——俟乙剑刺腹时，将身略偏避去乙剑；同时，右手以中阴剑向前截乙执剑之手，重心仍在右足。

乙劈甲亦劈——如前对劈之式。

乙上步贯耳——右手变为太阳剑，左手扶住剑柄，上右足，探身伸剑，贯敌右耳。

甲平带——右手用太阳剑，垂肘转腰，同时将剑往右后方平带乙腕，格开乙剑。

乙抽腿——趁势将剑一翻，变为太阴，转身抽甲之腿。

甲刺腕——向左斜方举起右腿，避去乙剑，同时右手将剑尖指敌右腕刺去。乙退步绕避。

甲进步追刺——乙向右退步绕避，甲向左进步绕追，双方各循半圆形之弧线进退。

甲抽腹乙含胸转腰刺腕——甲进至中圆形弧线将终点时，将剑转为太阴，抽乙之腹。乙即含胸转腰避去甲剑，同时将己剑转为太阳，刺甲之腕。

甲退步绕避乙进步追刺——甲亦向右循半圆形弧线退步绕避，乙进步绕追，如是三遍。

乙压剑上步击顶——乙绕退将至终点时，突然止步将剑变为太阳，微抬其腕，让甲剑从腕下刺过，趁势将甲剑压格于外方，随即上步，击甲之左顶。

甲退步带腕上步回击——退步避过乙剑，同时将剑往右外方平带，复趁势上步回击乙之左顶。

乙退步抽腕保门——俟甲伸剑进击，转为中阳剑，从下方抽甲之腕，同时右足退一步保门。

甲退步保门。（完）共十九式，不同者十式。

第三路

乙上步劈顶——右足上步，右手用中阴剑，正劈甲顶。

甲格剑进步翻身带腰——上右足，用中阳剑格，随即向左前方进左足，复交步上右足，右手将剑转为太阳，带乙之腰。

乙格腕带腰——一面含胸转身，退右足避过敌剑；一面将剑尖下指，右腕上提，从左往右外方格甲之腕。甲既翻身避去，乙迅速向左前方进左足，复交步上右足，亦将剑变为太阳，带甲之腰。

甲格腕带腰——亦如乙之动作，如是互换绕走数遍。

乙压剑贯耳——俟甲剑转为太阳，尚未进步带腰之际，用中阴剑往下横压，随即起身上步，用太阳剑贯甲右耳。

甲直带崩——起身微向后挫，用中阴剑直带兼崩敌之腕。

乙提——如以前式，提剑刺敌之腕。

甲反击腕——右足向左方交进一步，身向下蹲。同时将剑从左下方绕一圆圈，侧面反击敌之右腕，左手扶住剑柄。头向右转，目注敌右腕。

乙反击腕——亦用甲同样动作姿势反击。

对绕走——甲乙两剑尖各指敌腕，蹲身绕走，从左方向右绕走，至互换位置时停止。

乙抽剑刺——突然抽剑向后变为中阴剑直刺，同时右足开一步向右。

甲反格腕——抽剑向后，同时右足开一步向右，用中阴剑，从敌腕下反格之。

乙直带腕——微抬其腕，剑尖向下交敌之腕，随即将腕往下一沉，向后抽带。

甲反手带腕——甲将肘往下往左避去敌剑，同时反腕成中阳剑，抽带敌腕。

各退步保门。(完)

共计十五式，不同者六式。

第四路

甲上步洗——右足前进一大步。右手执剑从右下方往上洗，变为中阳剑，伸直右臂；左手戟指，置于左后方。两足成右实左虚弓步。目视敌方。

乙上步带腕（阳剑圈起手式）——右足向左前方侧进一步，身体微蹲。右手执剑，从右上方经右下方向左前方复转右前方，画一螺旋形反带甲之右腕，斯时变成太阳剑，伸直右臂，左手同时扶住剑柄。头半向右转，目注敌腕。两足成交步。

甲上步带腕（阳剑圈起手式）——亦如乙之动作姿势，反带乙腕。

对阳剑圈——甲乙各先进左足，同时将剑往自己怀中带回，次进右足。同时将剑由左往右平走一圆圈，反带敌腕，如是绕走三遍。

对阴剑圈——甲乙各将剑变为太阴。同时开右足向右侧方探步，一面绕走，一面抽敌腕与敌腹，如是绕走三遍。

乙进步搅——如前绕走至终圈时，突然将剑往胸前收回，变为太阳剑，剑尖从右往左（在敌腕上）复从左往右（在敌腕下）绕搅敌腕，一面逐步前进，左手扶住剑柄。此动作全在腰腿手腕一致敏活，否则难以得劲势矣。

甲退步搅——甲亦如乙之动作，但随乙之进逼，逐步后退（进退之步法须四平步挫腰）。

乙退步抽带——用太阴太阳剑，从敌腕下方抽带，一面逐步后退（此式如太极剑中之狮子摇头）。

甲进步抽带——亦用太阳太阴剑，从敌腕上方抽带，但甲用抽，则乙用带，适与相反，一面逐步前进。

乙崩腕——退回原位置时，突然用中阴剑上崩甲腕。甲抽剑避之，两手向左右分开。

乙上步刺头——斯时见敌方正面无备，上步用中阴剑直刺其面。

甲压剑——将头向左侧一偏，避过敌剑，同时右手将剑压住敌剑向右下方。两足须左实右虚。

乙反压——将敌剑反压于左下方，两足须左实右虚。

甲带腿——趁我剑被压时，进剑带敌之右腿，随即起身，将剑反击敌之右耳，伸直右手。两足右实左虚弓步。

乙直带兼崩——身体微向后倾，同时用中阴剑，由前向后直带敌腕，终仍变为崩式。

甲乙各提剑保门——甲先变为提，乙随之。(完)

共计十七式，不同者十式。

第五路

甲乙各作伏势——身向右后方下披，重点寄于右足；伸直左腿，近贴地面。右手变为太阳剑，横于胸前，剑尖向敌；左手戟指，扶右手之腕。目视敌方。

甲上步直刺——耸身向前，右足前进一步。右手用中阴剑直刺敌胸。

乙上步击腕——耸身向前，右足前进一步。右手用太阳剑平击敌腕。

甲抬腕平击腕——抬高手腕避过敌剑，同时以太阳剑平击敌腕。

乙侧身截腕——左足向左侧开进一步，成左实右虚弓步，体重寄于左足。同时右手用中阴剑，从敌之右前方侧截其腕。

甲侧身截腕——亦如乙之动作姿势。

对提对绕走——此两动作已见前第一路中。

甲正崩腕——绕走至互换位置时，突然转为中阴剑，崩敌之腕。

乙带腕避——向左带腕，避去敌剑。身体同时半向左转，体重寄于左足，成左实右虚弓步。

甲进步反格腕——左足速进一步，同时以中阴剑，剑尖斜向下方如提剑式，左手扶住右腕，用力自下向上反格敌腕。

乙截腕——将右腕抬高，避去甲剑，从甲腕上绕过，用中阴剑截其腕。斯时体重移于右足，成右实左虚弓步。

甲上步截腕——速离开左手，将右腕往右一移，避过乙剑。同时右足前进一步，成右实左虚步，截敌之腕。

乙抽身截腕——略移右腕，同时抬腕，剑尖向下截敌右腕外方，两足变左实右虚。

甲压腕（或作截腕）——将腕往左避开，同时将剑从敌腕上绕过，下压敌腕（用太阴剑，若截则用中阴剑）。斯时步法变为左实右虚。

乙抽手截腕——仍如前式。

甲带腿——斯时右腕既被敌剑压住，仅有趁势从下往左带敌之腿。同时体重移于左足，收回右足，移至左足前方半步。复趁势刺敌之腰。

乙刺腰——跷起右足，避过敌剑，迅速起立，将右足移至左足前方半步，身半向左，右手以中阴剑刺敌之右腰。

甲抽腕——抬高其腕，一面避去敌剑，一面以太阴剑抽敌之腕。同时收回右足，向右前方移一步。

乙金鸡独立刺胸——右手往左一带，避去敌剑，随即以中阴剑直刺敌胸。并提起左足，全身重点寄于右足，作金鸡独立式。

甲击手——用太阳剑平击敌之手指。甲乙各提剑保门，甲先提，乙随之（上半完）。

甲乙各作伏势——见前。

乙上步刺胸——上右足，用中阴剑，直刺敌腹。甲上步平击。

对提——见前各式中。

对劈——用中阴剑直劈，取敌之左方，与以前各式中取敌之右方者不同。

对刺腹——中阴剑直刺。

甲反格腕——中阴剑从敌腕下方反格。

乙反带腕——开左足，向左斜方上，全体向左倾，右手从敌腕上以中阳剑往左一带。

甲反腕带——与第三路末式乙之动作同。

各转身劈——双手捧剑，剑尖向下，转身向右，上左足，复转身退右足，当转身退右足时，趁势将剑举起劈下。各保门。（完）

共计三十式，不同者十二式。

武当剑法五路共百一十剑，其中不同者有六十剑，李芳宸先生所传也。武林黄文叔为先生入室弟子，余从文叔游，因得而私淑焉。忆曩年寓杭垣涌金门时，距文叔之西湖新宅不数里，晨夕过从。每当酒酣耳热，辄相与起舞，意气豪甚。顾此年衰病侵寻，置不复习，强半遗忘，甚矣余之惰而荒也。今春遇文叔于沪上，彼方以剑法授潘子时雨，傅子秀德，徐子梅岐，且假余庭园为演练之场，于是向之遗忘者历历然复印诸心目，濡笔记之备他日复习之用，且以记此一段因缘云。

民国二十八年岁次己卯三月一日　易简斋主人子暮跋

摔角　擒拿　踢打

摔角之大概

中国拳术于踢打之外，有摔角与擒拿二艺。摔角为近身扭结时必要之技术，粗看似全仗膂力，讵不知方法之外，实有巧妙存焉。初学者，先以一人单练，如前进后退，转身变脸，勾脚，挑腿，挺腰，坐马等方式。但不行打，不行踢，如犯之即违章，为众所不许。初与师对练，与同学对比，如大别子、挑勾子、抹脖儿等等，全仗实验工夫。最奇者，变脸一事，如对入使上把或下把时，虽转身而不变脸，仍不能倒敌，一变脸敌必扑跌矣。此艺现在江南者，杨方五、佟忠义、王子陆诸君尤为之。习练工具，用专门褡练衣一袭，腰带一根。其行规，服此衣摔死不偿命，其优劣以跌倒多次者为负。比演时相约摔三十跤或五十跤为准。善此者，约定三十跤，可将对方摔倒三十跤，或可将人摔之上楼，或摔断腰腿，竟至死者。故有人认此为危险之技艺者，其实在教者与学者之性情耳。

摔角方式甚多，另有专书，非片言所能尽。本篇略述大概，为学太极者一斑之助耳。

东瀛所谓柔道者，实系吾国古代所流传。考其功力，确有湛深之成就。考其方法，尚不及吾国摔角之什一。惜吾国上下不能一致提倡，视为江湖末技，不足当大雅之欣赏也。

擒拿之大要

擒拿术，不行打，不行踢，亦不行摔，专以特种手术，将敌拿住。换言之，将敌之四肢之一部，用一方法，使其不能动，不能倔强，无可脱逃。敌如反抗，则其四肢之一部，必致苦楚难堪，或有折筋断骨之虞，彼只得听从我之使命，此之谓拿住。今将各部拿法名目，开列如下：

第一头部法　搬头法，抓脸法，抓耳法，捏喉法。

第二肘部法　缠肘法，向上搬肘法，向上推肘法，转身抗肘法，横断肘法，向下压肘法。

第三拳部法　抱拳滚身法，卷拳法，扣拳肘拐法，扣拳压肘法。

第四腕部法　单缠腕法，双缠腕法，大缠腕法。

第五掌部法　反掌断肘法，掣掌跨肘法，牵手法，扣掌按肘法，扣手拐肘法，捏手背穴法。

第六腿部法　倒坐腿法，搓腿法，拿阴破法。

踢打之部位

八可打、八应打、八不打三法。所谓八可打者，比演时可打而无害。八应打者，惩凶罚恶之举。八不打者，打着便有危险。以上三种，亦是学技者不可不知也。今开列如下：

八可打：两肩窝，两上肘，两背胛（背之上部），两大腿。以上八处，可为师徒间练习扑打之用，尚无妨碍。

八应打：一打眉头双睛，二打口上人中，三打耳下穿腮，四打背后脊缝，五打两肘骨节，六打鹤膝虎胫，七打腿下踝骨，八打脚背指胫。

如遇暴客凶徒，举动狠毒时，应打以上八处而惩之，使其疼痛昏迷，不致作恶也。

八不打：一不打泰山压顶，二不打两耳封门，三不打喉咽气管，四不打胸间穿心，五不打乳下双胁，六不打海底捞阴，七不打腰心两肾，八不打尾闾中正。以上八处，踢打中着，必有性命之虞，故不打也。

自然门

此门之拳术，从人身本来自然行动中练习之。其初步锻炼，手足、腰腿、目光各部，而于手尖脚尖，尤为注意。其练法，详载于万籁声出版之《武术汇宗》（商务印书馆），本篇不赘。万氏于中央历届比试，皆占优胜，其师即余盟兄杜心五也。杜氏年届七旬，身怀绝技，目光如电。惜其学道心切，已入羽士之流，比闻遁入山林矣。

灵令门

此门之拳，可谓少林宗，最细全之技术。其初步先学五种模子，又名罗汉工，即基本功夫。而后学各种单式打法，其八种腿法，尤为他派所无。锻炼时，有静动两法，极繁细，极深刻，非普通人所能学习。余兄刘百川，精研此艺，清季借此走镖北方，革命军兴，护从蒋总司令北伐归来，以年老告休，现聘为浙江国术馆教务长。

劲与力之分

吾人四肢运动之效用，体育家名之谓“力”，武术家称之曰“劲”。考“劲”与“力”之分甚微，所谓力者，天然涨成，其效用随年龄疾病而增减。明言之：年龄少壮，其力强；年龄老大，其力衰。身体康健，其力充；身患疾病，其力弱。所称劲者，则不然。由多年苦练而成，其效用不因年事疾病而退减。曩年八卦先师董海川董老公，享寿九十余岁，于临命终时，有一壮士为其更衣，董不欲，一举手将壮士抛掷窗外，至今八卦门传为美谈。足见内劲之不因疾病而减弱，可知矣。

今将全身之力，可练而成内劲者，列如下：

握力（掌劲），合力（挤劲），射力（挒劲），推力（按劲），拉力（採劲），拖力（捋劲），托力（肩劲称劲），举力（掤劲），提力（提劲），招力（腕劲），骑力（沉劲），排力（开劲）。

以上略分为十二种，其发劲之源，皆起于脚，出动于腰，而达于四肢也。

师生间之关系

历来教拳者，虽口头法一说教授，毫无分别，而实际确有三种情形。

第一种：受业者为徒弟，教授者为师傅。受者尽心苦练，教者尽心教授。但学业之外，师家大小杂务，皆须服役。待有技艺程度，初随师为帮教，继则代教，三年五载之薪水，完全供养师傅，其后看师傅之度量，与夫业徒之资格若何？如业徒渐渐老练，则师傅亦渐渐客气，此后场面，皆归自己撑持矣。然对于辈分，仍极尊重，门户亦极重视。

江湖艺规，大半相同。如唱戏者，科班中例规，艺徒尽享大名，尽挂头牌，能叫座能博彩，而其包银一千二千，全归业师收去，待到资格已老，经过满师手续，方得自由营业。各师皆如此，各徒皆如此。以上情形，虽为江湖俗例，亦属人情之常。否则为师者，既无利益寄望，何苦而为竭尽心力之指教。在学者方面，对于师之本有技艺尚不可得，欲求青出于蓝，更为难矣。

第二种：受业者为门生，社会中所谓拜门者。教授者为老师，师弟之间稍稍客气，除学业外不服役私事。其教练亦有相当指授，学业亦有成就者。其门生有为师傅尽义务者，有不尽者，一门之中，个个不同。

第三种：教授者称为先生。如学校学生，军营士兵，以及时髦机关职员，逢期一次二次，教者既不能精确指导，学者亦无非时髦而已，事实上难以成就也。

从来拜师傅者，须具大红全帖。第一页写生徒姓名某某顿首拜。第二页写生徒三代父母，本人年龄、籍贯、住址。有于第三页附写介绍人姓名、籍贯、住址者，有不写介绍人者。最后写当时年月日。另设香案，中供本门祖师，邀请师伯叔及师兄弟等观礼。先由业师拜其祖（少林门为达摩，武当门为张三丰），其徒继拜之，跪奉其帖后，向师再拜，起对各师伯叔师兄弟行礼，即举行宴会。有献贽见仪者，其数不定，视其师生感情，与赠者经济耳。

少林门（山东沧州一带拳厂）习拳之经过

(1) 拜师（经二人以上之介绍，具帖请酒，及各种仪式）。

（2）习弹腿（弹腿，为少林门各路拳术之基础，故先习此）。

（3）拉架子（拉架子者，即习各种拳术之架子）。待所习之拳架子手足纯熟，身法自然，将本身之劲能作用到四梢（即手尖、足尖），为期约二三年，然后再学短兵器。若躐等而学便有害，其师亦不许也。

（4）学刀剑（鞭锤等短器），练大枪。

（5）折拳法（将拳架各式，折开说明用法），折器械，其方法与上同。

（6）练拳对子（各种拳架对手方法）。

（7）学手法（各种爪拿法）。

（8）折器械（各种器械对打法）。

（9）散手（散手对打，分文武两种。所谓文者，动手不用腿。所谓武者，动腿不用手。腿手并用，谓之文武并用）。

（10）春典（春典者，江湖上绿林中之黑话，又名江湖术话。此事历来颇视为重要，故有“尽教千般艺，莫教一口春”之说。因懂得此类术话，即是个中人，既是一家，便有照顾，即占便宜矣）。

附：“下场不溜腿，到老没药救。”此言练拳后，不可停止而坐，须走数圈，而溜其腿，即平其气和其血脉也。

国术界中之习惯

练国术者，须略约知一般之规例，亦入国问禁、入乡问俗之意。

凡见人练拳，或练器械，必须起立，不可坐视，否则必遭厌恶，或受人揶揄。如为座师，或直属长官，及长辈父母师伯叔等，则可以不拘。见其练毕，必须致赞美之辞。若自己表演时，应除帽脱长衣，但不可赤膊赤脚。最小限度，帽子与马褂必须除去，而后向环众致歉辞。否则此道中人以为欺师蔑祖，目空一切，暗中已受人歧视，或竟当场发生比试等事，因此而生永久之恶感矣。

凡向人索阅刀剑器械等件，不可鲁莽开视，必须先得其允可，接到手后，应变换侧方视之，其快口尖锐须对己，不可对人，否则为大不敬，且防伤人。最要者，勿以手指口沫摩其刀剑，犯之，尤为一般习惯所痛恶。

在宴会席上，有同道人来递茶，或斟酒，皆系表示尊重与佩服之礼节，受者当起立而回敬其礼，毋忽视之。平常言论，切忌评人功夫之长短，虽属一时闲谈，并无成见与其他作用，但对方之名誉及生计，或竟因此而受重大之打击，彼必以全力希图报复，是不可不知也。

以上各条，略举大概，一知半解，在所不免。

至所述太极之妙用，余在十余年前，初闻此言，以为业此者宣传之辞。今以各师之讲授，自身之经过，以及同学朋友之试验，到炉火纯青时，确有神妙莫测之作用。余非小说家，何必过炫其说，要在善学者，刻苦求之，自得之耳。

中国自古以来，武器甚多，形式各异，名称不一。而一般所称之十八般武器，名式如下：长枪、大刀、戈、矛、戟、槊、斧、钺、爪、镖、钯、叉、棍、锤、剑、刀、鞭、弓。链由鞭而成，弩由弓而成，镖由矛而成，匕由剑而成，故不列。

附言

鄙见国术名称，宜改为武术二字，较为适当。因国术之称，范围过于广泛，凡属中国之艺术、图书、琴棋、百工六艺，皆可称为国术，岂独仅仅乎武术哉？或曰称为武术，恐与军事相混合。实则不然，行阵作战之学，皆冠以军字，如军事计划，军事训练，陆海空军，陆军大学，军官学校，或简称为军人、军官、军佐、军械等，世界各国皆同，决不与武字相混淆。或曰：此系中国之技术，须加以国字。试问中国一切学术，一切机关，皆冠以国字可乎？东西洋各国，其本国之学术，并不皆冠以国字，其重在事实与性质，明矣。迩来中央国术馆，兼研究西洋扑击、日本击剑诸艺，不如易以“武术”二字为当，质之海内贤达，以为如何？

武当治伤验病方同门山左韩庆堂录

武当门治验伤病方目录

23. 铁沙掌药法及练法
24. 举鼎神力方
25. 强壮药方
26. 大力丸方
27. 开弓大力丸
28. 金疮药方
29. 治喉痛红肿方
30. 治眼花方
31. 嗓蛾仙方
32. 无名肿毒方
33. 牙痛方
34. 黄水疮方
35. 胃痛闷胀不消化方
36. 寒热病方
37. 黄病方
38. 干疥方
39. 小便发热方
40. 生肌拔毒散
41. 红白痢疾方
42. 八脚虫方
43. 中瘴气方
44. 脚气病方
45. 疯犬咬方
46. 久年腹痛方
47. 久年头痛方
48. 羊角疯方
49. 破伤风方
50. 小腹扁坠方
51. 治疥方
52. 治痢疾方
53. 脚痔病方
54. 治多年恶毒疮方
55. 治黄疸方
56. 治脾寒方

共五十六方。

1. 跌打损伤总方

共三十六味，研细末，每服二钱，用开水、黄酒冲服。病重者每天服三次，轻者一次或两次皆可。

此方能强壮筋骨，养血合气，常用力大无穷。

木香五钱	苏木一两 酒炒	白术二钱	厚朴六钱 姜盐炒
骨碎补一两 童便炒	三棱五钱 蜜炒	红曲三钱	杜仲二钱炒
归尾一两 酒炒	自然铜五钱	乳香三钱去油	白芷一两
地必虫三十个	元胡索一两	两头尖三钱 即鼠粪	苍术六钱 米汁炒
五灵子一两 酒炒	青皮一两 童便炒	川芎一两	黄芩六钱
枳实六钱炒	香附五钱 童便炒	小茴三钱 酒炒	红花七钱 酒炒
炙甘草一两	茯苓四两	草果五钱去壳	蓬莪术夏三钱 冬五钱
赤芍一两 酒炒	肉桂夏二钱 冬五钱	三歧一两 酒炒	落得打三钱
没药五钱 去油	丁香五钱 去皮	沉香二钱	佛手片三钱

药名九一丹治脚气　红升五钱 用土埋之　制石膏九钱 用童便浸过　冰片少许

2. 打伤年久未愈方（共四味）

升麻七钱　黑丑六两　莪术七两　茵榔五钱

共研为末，另用大皂荚一两，煎水为丸服之。

3. 皮破止血补伤方

治压伤、马踢、刀剪、踢打等伤。诸伤虽肾子压出者可治，并能止血止风，不忌风。若伤重血不止，用玉树神油滴患处，立止痛止血。二药并用有起死回生之效。

白附子十二两　白芷一两　防风一两　生南星一两　天麻一两

羌活一两

共六味晒干，研为细末，就破处敷上。若伤重，用开黄酒冲服三钱，多饮则麻倒，少刻即愈亦无害也；青肿，水酒调敷之立愈。预制慎藏，以济急需。

此方曾愈伤及食管，肚肠已出，用此药得活也。若肠破断者，用桑白皮线缝好，再用药敷上，保险痊愈。

4. 打伤时节验治法

十二时血行至十二经，如有某时在某经，倘未打伤，切宜忌之。

（子）时血行至胆经，（丑）肝，（寅）肺，（卯）大肠，（辰）脾，（巳）胃，（午）心，（未）小肠，（申）膀胱，（酉）肾，（戌）胞络，（亥）三焦。

春打伤肝三年凶亡，夏打伤心三年凶亡，秋打伤肺即刻凶亡，冬打伤肾三年凶亡。四季三十六大穴、七十二小穴，是人身穴部，信者不可打。

百会穴，咽喉穴，两太极穴，对口喉穴，太阳穴，太阴穴，尾闾穴，阴穴。

附打伤十二时药方（观形察色便知何处受伤）

（子）时伤在胆方

地别（地别虫）八钱　苏木八钱　五加皮二钱　班节七钱

甘草二钱　砂仁二钱　枳壳七钱　柴胡二钱

以上八味，用水浅饭碗，煎四分服之。

（丑）时肝方

香附八钱　桃仁一钱　地别一钱　生地四钱

灵仙二钱　红花一钱　天香片二钱　甘草二钱

水一碗，煎六分服之。

（寅）时肺方

紫花二钱　黄芩一钱　桔梗六钱　玄胡二钱
加皮八钱　款冬花八钱　天花粉八钱　甘草三钱

服法同前。

（卯）时大肠方

木通二钱　黑丑八钱　续断八钱　牛膝二钱　大黄三钱
红花七钱　泽兰七钱　玄胡一钱　木香六钱　甘草二钱五分

服法同前。

（辰）时脾方

木通五钱　苏木三钱四分　青盐五钱　神曲二两
红花二钱　白糖四两　虫草

合炼为丸，用白茯苓汤送下。

（巳）时胃方

白芥子二钱　台乌药二钱　藿香二钱五分　乳香一钱
没药一钱　红花五钱　归尾二钱　香附二钱
砂仁二钱　大腹皮二钱　甘草二钱

水一碗，煎七分服之，其药渣再煎服。

（午）时心方

川连二钱　枣仁二钱　黄芩二钱　郁金二钱
茵陈二钱　枝子二钱　夜明砂二钱　甘草二钱

水一碗，煎八分服之。

（未）时小肠方

木通二钱　车前子二钱　生地二钱　川连二钱　苏木一钱
红花八钱　枳壳二钱　归尾一钱　筵萱三钱　甘草二钱

水一碗，煎七分服。

（申）时膀胱方

与巳时胃方相同

（酉）时肾方

槟榔二钱　筵萱二钱　苏木六钱　红花七钱　麦冬二钱
杜仲二钱　牛膝二钱　归尾二钱　甘草二钱　冰糖五钱

水一碗，煎八分服。

（戌）时胞络方

川连五钱　筵萱二钱　槟榔二钱　红花六钱
班节二钱　枝炭八钱

水一碗，煎七分服之。

（亥）时三焦方

枝子一钱　黄柏八钱　干葛二钱　苏木二钱
生地一钱　知母二钱　桔梗二钱　大黄七钱

水一碗，煎六分服之。

五脏受伤表现之色：

伤在心经　南方丙丁火，其色赤。

伤在肾经　北方壬癸水，其色黑。

伤在脾经　中央戊己土，其色黄。

伤在肺经　西方庚辛金，其色白。

伤在肝经　东方甲寅木，其色青。

5. 玉珍散方及用法（普通损伤服此方必效）

生白附子一两　生南星一两　生半夏一两　川羌活一两

广三七一两　生天麻一两　生防风一两　香白芷一两

赤芍五钱

共为细末，瓷瓶装好待用。此药专治铁打刀箭诸伤。其用法与金花散同，惟药力较为和缓耳（止血用）。玉珍散专治跌打损伤，外敷伤处，以鸡蛋清调涂亦可；内服每服五厘，陈酒冲服。

6. 吐血方（共十二味）

柴胡一钱　白当三钱　广三七三钱　柳炭一钱半

荷叶一张　当归二钱　栀子二钱　寸冬三钱

艾叶灰六钱　藕节二钱　甘草三钱　天参三钱

草纸灰为引，水冲服。

7. 内伤不见血方（共十二味）

当归一钱　水花二钱　栀子五钱　柴胡二钱　白芍三钱

川芎一钱　乳香一钱　没药一钱　防风八钱　木瓜三钱

甘草一钱　白芷一钱

水煎服。

8. 伤筋动骨轻伤方（共五味）

凤尾单一束　生葱根四五柱　花椒五钱　生姜一块

陈萝卜种子二钱

医法：(1）将药备好，用水煮开洗之。(2）不便于洗，将药切碎，用锅炒半熟，一热为度。分为两包，一包不热，再换一包，此包再炒，如此者七次后，此药不用。病重者。每日两次。轻者一次。

注意——不要用力洗擦，破皮切忌。

9. 手足破开方

用梭衣草白水滴之患处。

10. 年久跌打药酒方

红血藤三钱	虎骨三钱	大独活三钱	羌活三钱	加皮四钱
桑寄生三钱	白细辛一钱	川乌二钱	土鳖三钱	白芥子三钱
当归二钱	三棱二钱	莪术二钱	川牛膝二钱	桑枝二钱
松节三钱	乳香二钱	伸筋草三钱	粉甘草二钱	南星二钱
赤芍二钱	自然铜二钱火煅	山七四钱	豨签草一钱	

用好烧酒五斤泡好，每日早午晚三次，每次服一小茶杯，不能饮者，可少饮之，完即愈，神效。

11. 跌打青肿洗方

荆芥、防风、透骨草、羌活、独活、芥梗、祁艾、川椒、赤芍、枝蒿各二钱

水煎洗一二日即愈，破皮肉者忌之。

12. 接骨简便五凤保骨丹

贵州雷公山五加皮四钱　小公鸡一只

去毛连骨肉，不用沾水，捣极烂，敷断骨处，骨即发响，则

骨已接好，即将药刮去，免生多骨，切记。

13. 山螃蟹接骨方

此方治手足折断者为妙。若无山蟹，即用大蟹，共取五个，烤枯，取壳成末，用箩筛细三个，用陈酒温热调敷，两个和温酒服之，和醉而寝，骨自合矣。须忌口，勿食发物。

14. 金花内服治伤神妙散（此方霸道不可常服）

生白附子三两　生川乌一两　山七一两　生半夏四两
生南星一两　生天麻一两　生羌活一两　防风一两
香白芷一两　马前子二两 去皮火煅存性

前后共研极细末，用小瓷瓶装好备用。此药专治跌打损伤，未破皮肉者，为力最大。不可多服，成人可服一钱五分，老年小孩可服八分为止。温酒冲服；不能饮者，以温开水服之。若服过多，则遍体胀肿难受，可服甘草水解之，服后漱口，以免滞涩。

15. 骨折筋断久伤犹痛洗敷方

如意油渣四包　五加皮一两　川乌八钱　制乳香八钱
草乌八钱　虎骨七钱

共六味，以盆盛蒸之，至骨出汗为止，每日早晚蒸洗两次，洗后，即同时敷下药方。杨梅树皮六两，晒干成粉末，以好白干酒调匀，以碗盛之，置锅内蒸透，取起敷在伤处，每日蒸洗两次后，即敷此药两次，三日即愈。切忌劳动。

16. 破伤血流不止神效方

秋石三钱　白芍三钱

共为细末，黄酒送下。

17. 打伤方

地胆草一两　黄柏五钱　五皮丰五钱　赤芍五钱

敷伤处。

18. 内治接骨方

法半夏，大黄，栗子，黄土，五灵脂，枸骨头，凤仙花叶，续断，秦归，川芎，蟹肉，红花。煎汤用黄酒兑服。

19. 刀斧损伤要药方

云苓，三七，虎杖，蒲黄，没药，丹皮，泽兰，鹿角。研细末，黄酒冲服。

20. 外治接骨方

三七，牛膝，郁金，红花，秦归，川芎，甘草，续断，白芍，花蕊石。右药童便合酒炒，包伤处。

21. 打伤丸丹方

当归二两　川芎二钱　桂枝二钱　杜仲三钱　川膝二钱
丹参二钱　羌活三钱　青皮一钱　玄胡二钱　郁金二钱
香附二钱　天台一钱　碎补二钱　木瓜一钱　木香二钱
石乳三钱　桐皮二钱　灵仙二钱　升麻二钱　附片二钱
银精一钱六分　加皮二钱　金精一钱六分　西香二钱　沉香二钱六分
丁香二钱六分　虎骨五钱　猕骨五钱　土鳖雌雄各一对　大海马一对
朱砂四钱　神砂三钱　川活二钱　没药二钱　小茴二钱
田七五钱　青木香一钱　秦艽二钱　状元二钱　上桂三钱

元寸三钱	广皮二钱	红花二钱	续断二钱	桃仁二钱
自然铜二钱	归尾二钱	细辛一钱	大力二钱	甘草二钱

以上共五十味。

22. 练铁砂手药方及练法

川乌，草乌，生南星，蛇床子，半夏，地骨皮，花椒，力卢，百部草，狼毒，海浮石，柴胡，龙骨，龙爪（乃高粱之粪根），木通，虎爪（乃爬山虎），透骨草，紫苑，地丁，硫黄。

以上各一两；雕爪一双（有无俱可），青盐一两，三斤米醋（顶好的），水三斤。煎完时，可将药渣取出（若到药房可按三次去取）。

练法：小瓷缸一口，铁沙约百四五十斤。若练时，将药水在沙锅内温热，将手洗过，多洗无碍，可将指甲剪去，双手将铁沙一抄一插、一抓一打为一把。初练时每次七八把，以后四五日，可添一把。

23. 铁沙掌药方及练法

透骨草四钱	乳香三钱	没药二钱	狼毒一钱半
穿山甲二钱	皮硝一钱	青盐四两	熊掌五钱
雕爪一钱	黄酒一斤半	老醋一斤半	

将各药同煎于沙锅中，俟水剩五分之一即成，再将醋、黄酒加入烧开，洗之。后每次洗时，仅须水热即可。注意，水量五茶杯，如日久可再加酒、醋。

24. 举鼎神力方

蒺藜，全秦归，怀牛膝，枸杞子，螃蟹黄，虎胫骨，炼蜜为丸，黄酒冲下（各药等分）。

25. 强壮药方

野蒺藜，热地黄，白芍药，潞党参，全秦归，抚川芎，等分，炼蜜为丸。

26. 大力丸方

补骨脂，鱼胶，川续断，虎骨，兔丝饼，牛膝，等分，炼蜜为丸，黄酒冲下。忌色欲。

27. 开弓大力丸

虎胫骨，肉苁蓉，螃蟹黄，野蒺藜，全秦归，甘枸杞，抚川芎，白块苓，炼蜜为丸，各药等分。

28. 金疮药方

花乳石二分　苎麻叶

用童便浸七日，阴干，共研细末，合口生肌。

29. 治喉痛红肿方

以竹截断，两头留节，留青皮，切不可刮去，系石投入童便中，时愈久愈好。用时将管取出，钻一洞，内有汁流出，即金汁也，治喉红肿作痛，极验。

30. 治眼花方

用黑芝麻九蒸九晒，随时可食，至老眼不花。

31. 嗓蛾仙方（即白喉，共六味）

竹叶一钱　桔梗一钱　连翘一钱　金银花一钱

乌元参一钱半　甘草一钱半

水煎服，病重者三付即愈。

32. 无名肿毒方（共五味）

柏树枝叶，蝉皮草，白矾，生葱去叶留根，鸡蛋青白。

用法：合捣碎，粘患处，药之多少，看患之大小轻重，酌量调制。

33. 牙痛方共四样

片松枝叶，鸡蛋青白，白矾，葱根，捣烂摊于布上贴之。

34. 黄水疮方

铜绿，宫粉，松香，枯矾，共四味，用麻油调和敷之。

35. 胃痛闷胀不消化方

牛角三钱　陈萝卜种子四钱　陈石灰三钱

用瓦片烘焦研末，开黄酒冲服。

36. 寒热病方

甘遂一钱　甘草一钱

研细末，少许放于肚脐眼，用膏药贴之，先一时前用之。取药时分次去取，否则不行。

37. 黄病方

用车前子草泡茶吃，每月三次。此方使身内湿热从小便泄出。

38. 干疥方

猪小腿二只　红枣一斤　冰糖六钱　生地半斤　茯苓四两

煮烂吃下。

39. 小便发热方

淡竹叶泡茶吃。

40. 生肌拔毒散

先研熟石膏一两　后入冰片三分　后入麋麝香一分

先研珠沙五钱 飞净研末　先研炉甘石三钱　先研生丹八分

先研雄黄三分 飞净研末

共七味。研成末粉，和合慎藏，不使受潮湿走气等。

41. 红白痢疾方（共九味）

酒白芍二两　当归二两　枳壳一钱　槟榔二钱　粉甘草三钱

滑石三钱　青木香三钱　来复子四钱　罂粟壳二钱炙

此方头剂加大黄三钱，二剂取消，三剂痊愈；或服香连丸三次亦愈，每次一钱。

42. 八脚虫方

即阴毛生虫，西医治之，极感困难，用百部一两，合烧酒一两，用碗蒸之，擦洗数次，虫即腹裂自落。

43. 中瘴气方

以无心药（即盐药）晒干成粉，置五钱于稀粥中，约一大酒杯，吃后即将瘴气打下，极验。乃旅行云贵等省，不可不备。

44. 脚气病方

苍耳子、地骨皮各二两，煎吃四五次即愈。

45. 疯犬咬方

取盆栽之万年青，连根叶捣融，绞汁灌之，腹内有血块，自大便中出矣。亦可以搽洗患处，并用杏仁泥敷之，神效。

46. 久年腹痛方

白芥子三粒成末，不可多（恐皮痛），白胡椒粉三分，生姜一块（大指大），去皮，共捣成小饼，贴脐上，外用油纸贴之。每日早晚换两次，三日即愈，老年亦可断根。

47. 久年头痛方

取黑牛阴阳粪，以阴阳瓦片焙干研粉，再用三伏天晒热之土研粉，混合后，用温黄酒调敷于头上，两三次断根。

48. 羊角疯方

用枭鸟一头（即猫头鹰），白水煮烂，不置油盐等物，连肉带汤食之，两次即愈。

49. 破伤风方

鱼鳔五钱　黄烛五钱　荆芥五钱　艾叶三片

黄酒煎服，见汗可愈。

50. 小腹扁坠方

小茴香、广木香、全蝎、当归各三钱，共为细末，分早中晚三次，温黄酒冲服。

51. 治疥方

硫黄、铜青、利茶、三仙丹、大黄子、明矾各等分，研粉，裹以新白布浸茶油中，加热，俟油成黑色，然后取出以此药包，搽擦疮口，三数日即愈。但内服活肠剂，用猪大肠（要近肛门一段）长六七寸或一尺，灌以绿豆（不可满）煮食之。

52. 治痢疾方

用犀牛皮三寸方，切成薄片，和瘦肉煮食之即愈。

53. 脚痔病方

用浮水石研粉，脚痒时擦之即愈。

54. 治多年恶毒疮方

用尿口狼（似牛粪患）用角牛砸碎贴患处，用多少看患处大小敷之。

55. 治黄疸方

虎脚草，合白糖砸碎，贴左手腕脉诀处，外用小盅扣之，以绳缚住，见有黄水泡，即将药取下，将水泡挑破，七日即愈。

56. 治脾寒方

邦毛虫砸碎，用膏药贴肚脐中，二小时后去之。

附言：上列各症药方系就一般普通身体者言之，若患者如有宿疾，或体性不同，如热体凉体之分，须医师增减之。

穴窍说图

生理图（一）

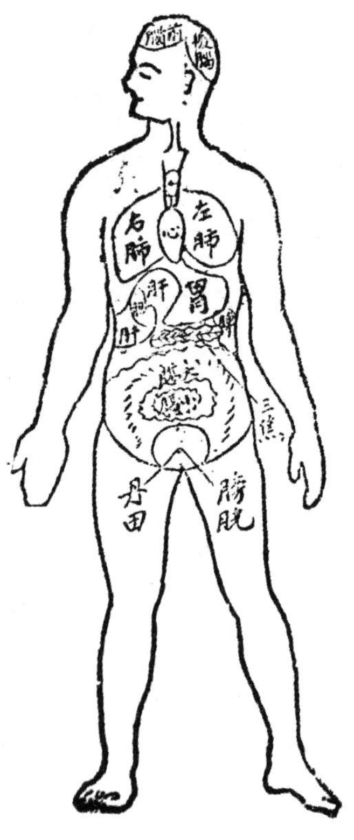

正　　面

第二七八页

生理图（二）

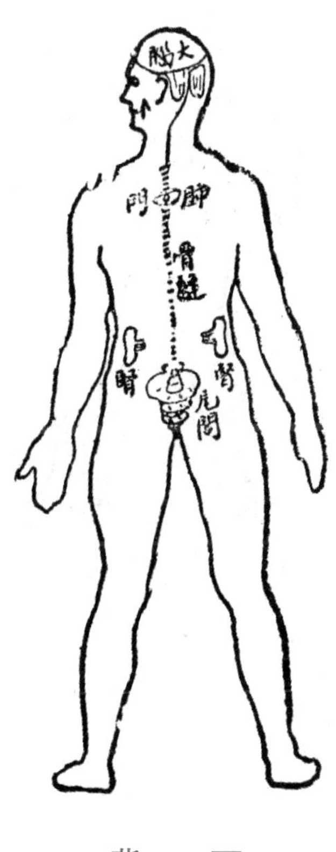

背　　面

医药百穴部位图（一）

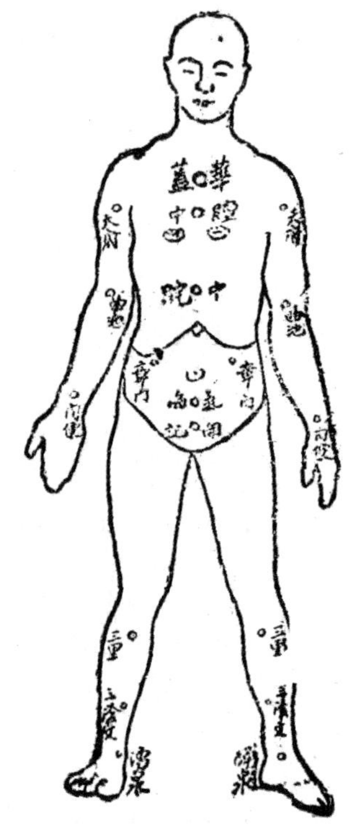

正　　面

跌打损伤连年风象患处

九种胃气中能

三阴疟疾膏肓脐门

吐血泻血肺穴百劳

白血痢疾丹田海底

医药百穴部位图（二）　　另有医治药方

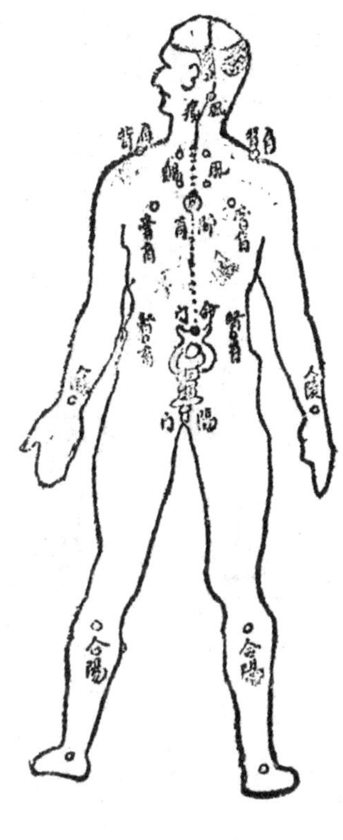

反　面

咳嗽肺劳膻中华盖

小肠疝气丹田膀胱

人身穴窍正面图（一）前后十六穴附说

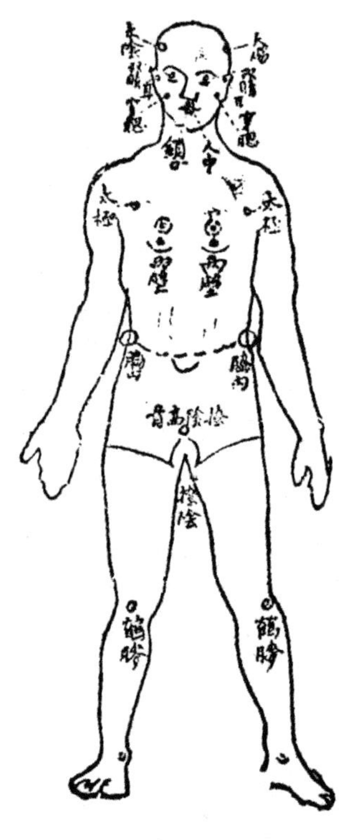

正　面

死亡穴：（1）太阳为首，（2）对面锁口，（3）双风扇耳，（4）中心两壁，（5）两肋太极，（6）两肾对心，（7）尾闾封脐，（8）海底撩阴。

惛迷穴：（1）眉尖双睛，（2）唇上人中，（3）穿腮耳门，（4）背后骨缝，（5）肋内肺腑，（6）撩阴高骨，（7）鹤膝虎胫，（8）破骨千斤。

穴窍背面图（二）

破骨千斤即是分筋搓骨，也就是擒拿术。

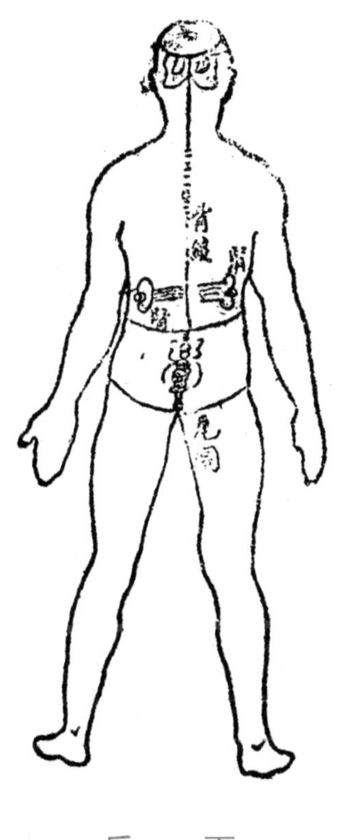

反　　面

全身八部点穴法说明

八打与八不点：八点者，应手而即倒，使其疼痛难忍，惛迷不醒，而不至于死。八不打者，应手而即毙命，其人罪不该死，不必取其性命，故用八打法。

点穴关节名称图（一）

点穴法之修行

昔日练习武术者，皆以胜负为目的，故除学习武术种种外，并习一种点穴法，为〼身之要术。惟吾国古时多系严守秘密，不易传人。时至今日，世界竞争剧烈，不但无秘密之必要，且须广传国人，自卫卫国。

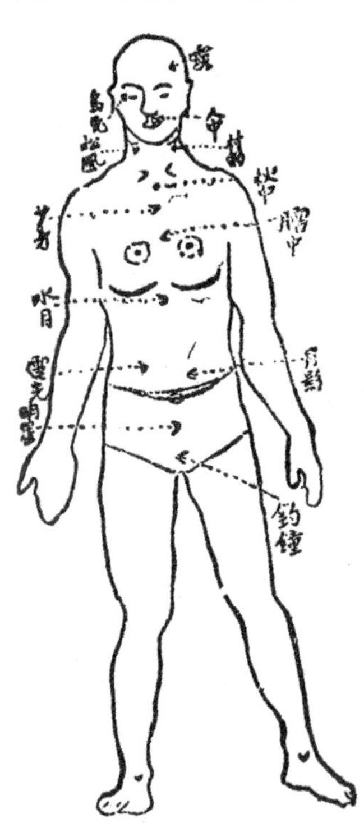

此法编语，以日本讲道馆八段横山作次郎、四段大岛英助共著此术，并参考多种其他拳术秘法而完成之。

此法之术语，因吾国无适当之名词替代，故多仍其旧法以存其真。

此法与他法相同，徒知穴所与点法，而对于踢撞打等无充分之练习，决无应用自如之功效。惟此法与他法不同，练习危险甚多，初学者须先将拳术充分练习后再习此法，乃为最适当之程序也。

平日若无对手时，用拳足腕膝等在〼墙壁上练习，之于进步上裨益亦匪浅鲜。

点穴关节名称图（二）

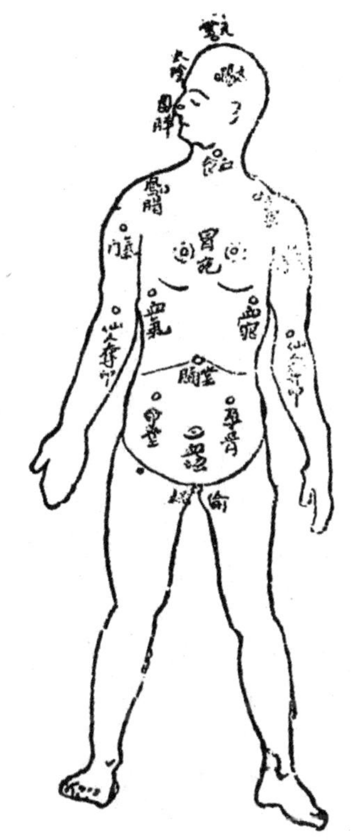

正面穴道总图

大宋太祖英文神武皇帝御制序：朕乃宦室之子，幼好拳棍。适魏憩于少林禅院，有长者谓朕曰，观尔气宇，有经天纬地之才，惜乎未得真传，汝于静夜，至吾方丈，可授以神拳玉隐经，开汝茅塞，则天下可望面定矣。朕自御极以来，颁赐诸镇，以及各武臣，可作防身之宝云耳。

皇宋开宝六年元月御制并书

点穴关节名称图（三）

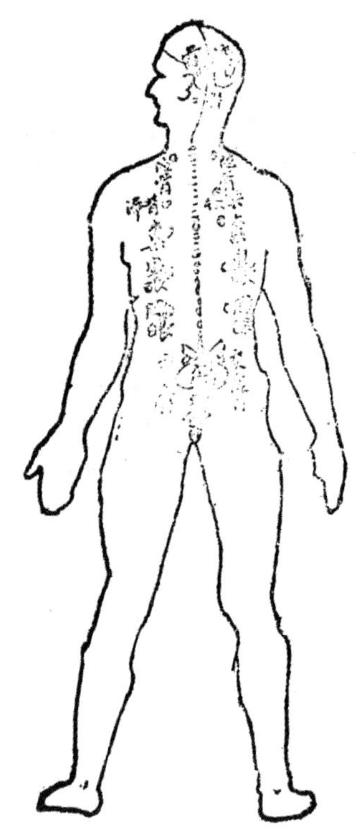

反面穴道总图

人神所在图（一）

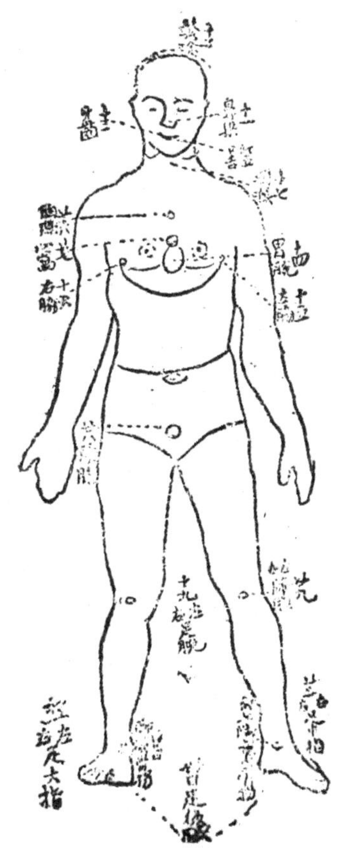

正　面

（人神所在之处俱系男左女右）

人神所在图（二）

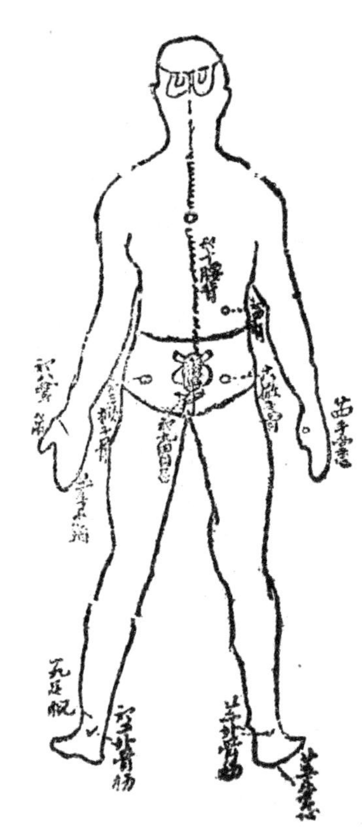

背　面

点穴十二部位图（一）

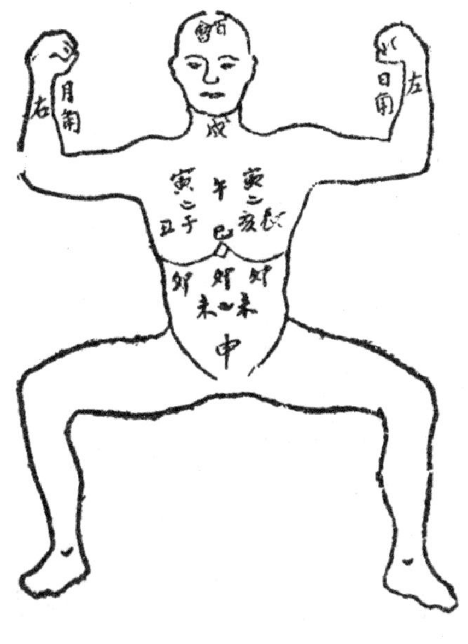

正　面

子—胆　丑—肝　寅—肺　卯—大肠　辰—脾　巳—胃

午—心　未—小肠　申—膀胱　酉—肾　戌—胞络　亥—三焦

点穴十二部位图（二）

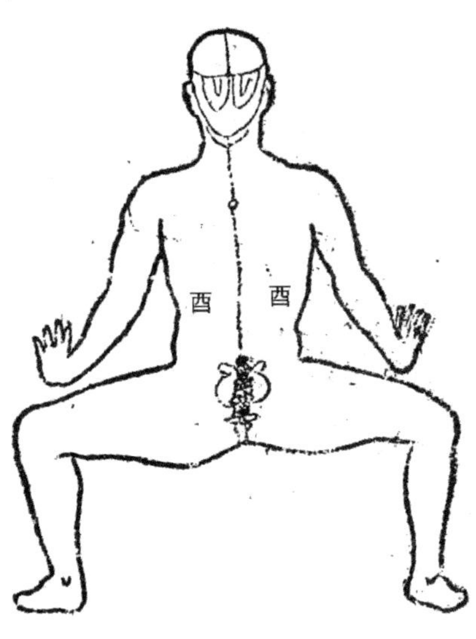

背　面

乾坤三十六宫图（一）

正面

天根月窟三十六宮之圖

鬼井　遁二陰生

觜參　否三陰生

畢昴胃　觀四陰生

婁奎　剝五陰生

壁室　坤六陰生

乾六陽生　翼軫

夬五陽生　角亢

壯四陽生　氐房心

泰三陽生　尾箕

臨二陽生　斗牛

女　虛　危

綫氣脈絲　分金點時

乾坤三十六宫图（二）

乾天坤地
分子午泥
九當中明
天谷陰陽
交會前後
悖天腰玉
枕兼風府

反　面

春

二陰生在未
三陰生在申
四陰生在酉
五陰生在戌
六陰生在亥

六陽生在巳
五陽生在辰
四陽生在卯
三陽生在寅
二陽生在丑

反阳术说明及图解

此术乃少林之秘诀，久经秘而不传，几至湮没无闻。今特提出公开研究，贡献于各同志，实空前之珍本。

凡施回生反阳术时，第一要静心，当与练习技术时有同样之态度。凡拿死、吊死、绞死、水淹死、点打死、摔死、压死，或由高处落下，及马踢、触电、气闭等，跌倒人事不知，及生产前后，血亏而气绝死者，皆可以此术救之。

凡施术之前，观形察色，运动三机，皆当注意。呼吸、血输、体温等，速加精密检查，然后施术。气绝者虽全身冰冷，苟胁下少有温度，必能复活。

人体有称八结者，即八个穴窍也，谓两眼、两耳、鼻、口、肛门。今以反阳术，详细说明之。此术凡医家、武术家、军警等，皆宜知之。医生未来之先，不可延迟，当先以此术使其复活。

凡死者，身体冷却，则全身必坚硬。故使术者，宜以两手摩擦其胸部，使其全身之骨，次第柔软。以甲乙二人，乙至其背后，执其两手向上，以死者之头，置我两股之间。如图。甲令死者朝天仰卧，摩擦其全身，能速使身体柔软为第一。急死者，骨必坚硬，故施术时，勿折其关节筋骨，勿跨于死者两股处，甲乙皆跪下，二人各交替呼喊而行之。即甲口呼，而手自两乳下向下，摩至脐下。乙俟甲摩擦之手曲缩时，亦噫气继续行之。如此数回后，必有复活之象。如图。

乙者缩手之状，甲者自其脐下向上摩之两乳下，以掌中，点处摩之。

（图一）

乙者伸其臂，甲者自两胸下向下摩之脐下。

其时或用冰水，或用其他提神药入其口，再将冰水喷于颜面。醒时令其静睡，其时必发鼾声，为长时间睡眠。练习技术中气绝者，约五六分至十分之短少时间，以掌点其反阳穴，再用两手推两肩，摇动数下，即反阳回生矣。

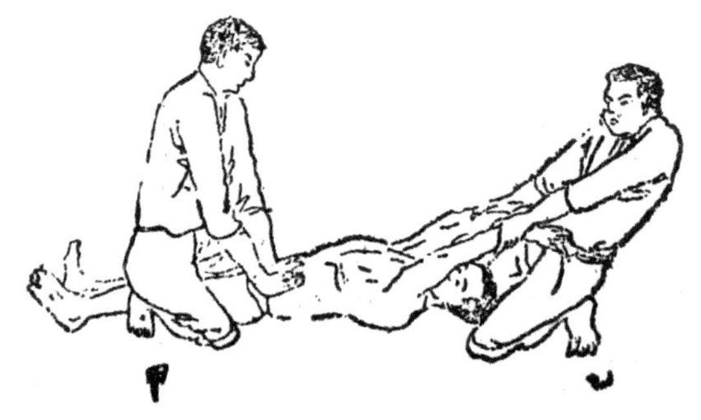

（图二）

反阳穴，在背脊骨由最高一节骨，数至第六节以下、七节之上。两节间，名为肺门，即是反阳穴。如图。

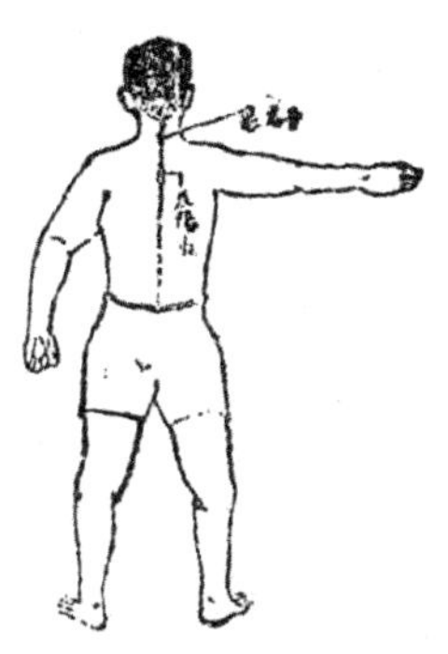

（图三）反阳穴部位图

凡经过二十分钟左右。施反阳术时，亦如前述，能作二十四小时间之熟睡。惟睡至一二时间，可呼其名而起之。食物用热牛乳，否则薄粥亦可。施术者，必以精神集中于死者之身体，热心从事，如图一、二、三、四。

以反阳术令其复活，轻者固如前述之容易。但稍重之绞死等，施术者先伸死者之指，以甲乙二人，执其两手足，双方呼喊。第一声时两手足屈缩，二声时引伸之；或交互伸屈其手足。如甲伸其手，乙屈其足，如拉锯势行之。此时视患者颜面而行回数之多寡。在其头后者，以患者之头置两股间，勿触其耳，紧紧挟之，两膝跪下，全身鼓气，用力施行。又乙在患者足处，亦与甲同一注意行之。纵死者病轻，苟不鼓气用力，即施术多次，亦颇见效。见绞勒死者，及其他怪死者，不可惊骇。当施术之时，不可周章。此时可饮凉水以镇其心，然后施术，盖可以救活之人。因术之不注意，而致难以复活者，亦往往有之。反阳术十有八九必可救活，当尽力注意施行。但久病之人，及病中被绞及其他事变而死者，即用此术亦难有望。

术中之秘诀

救济之术，大略如前，循是为之，见效者实居多数。又施此术时，须手法敏捷。观死者眼中之色，被绞勒者眼珠在上，自缢者眼珠在下。又将肛门观之，已泄大便，十中八九不能复生。溺毙亦然。第一先令吐出所吞之水，然后施术。死者时间之久暂，与施救之难易，与前相同。

伸缩手足

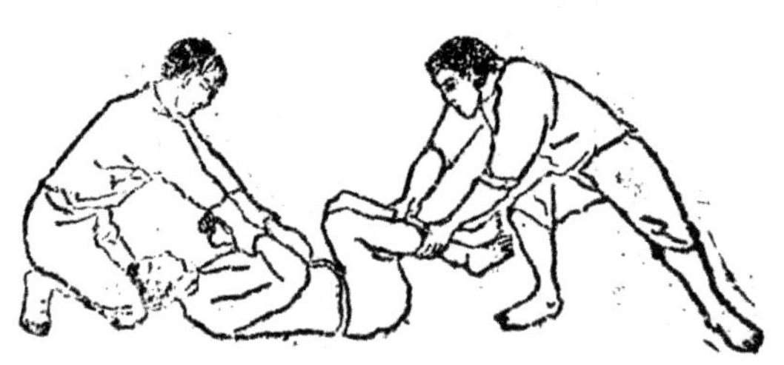

（图四）

甲者屈缩两手　　乙者屈缩两足

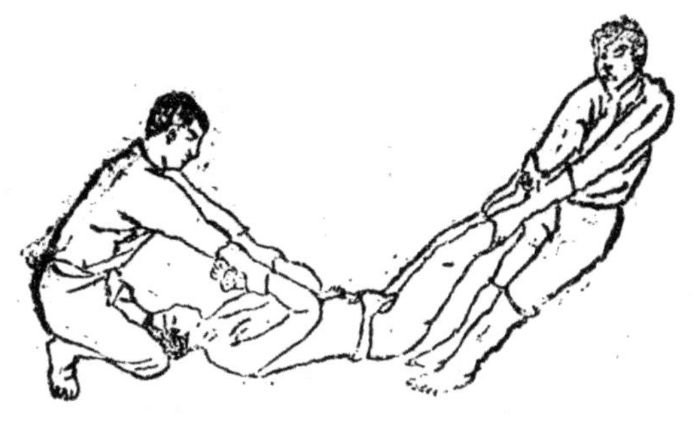

（图五）
甲者屈缩两手　　乙者伸两足

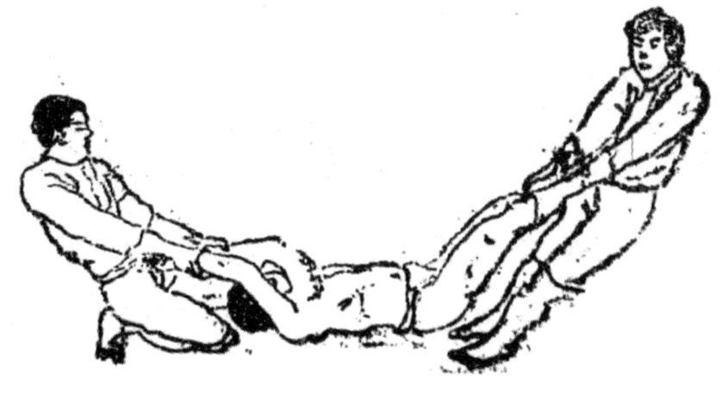

（图六）
甲者伸两手　　乙者伸两足

（图七）
甲者伸两手　　乙者屈缩两足

诱活开肺门实施

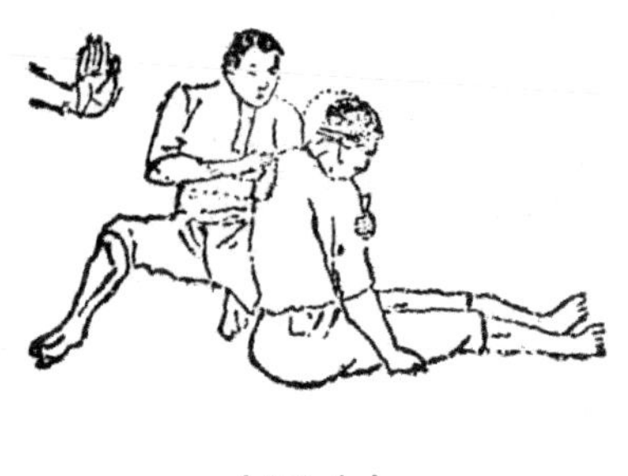

（图八）

诱活法图解（一）

此诱活法云者，各种气绝，皆可使用。先令死者仰卧，施术者跨其身上，勿使触及死者。抚其胸部，齐其四肢，徐徐抱起。以中指抵第一节高骨，以掌强按其六七节骨之左间，即反阳穴，其时可放中指。施术者全身运气，犹如以我之活气，移于患者之身，下腹尽力运气，口中呼喊，同时施术，其效如神。

（图九）

以两掌于胸乳下先摩擦而后引起也。

此法虽极旧，然有奇验，故此为第一反阳法。

诱活法图解（二）

此活法，以死者仰卧，两足相并，徐徐起其平身。施术者至背后，以右膝抵反阳穴（二三寸下），左足尖向左斜方踏出。准备如图。以两掌摩擦其胸部，与一法二图同。使死者稍俯，口中呼喊，并以右膝用力向上抵肺门处，同时右足尖用力。术者两手自两胁下向上引起，稍使仰向，此术用途最多。当施术时先观死者肛门，缔缩者，当以此术救之。或以手及镜当其目，觉稍有气息时急速施行。一次不见效，则屡屡行之。凡经死者，当速将死者放下，令其仰卧，摩擦其全体。缚绳之处，以水摩擦之。观其八穴而施术，大便既出泄，则施救无效。

（图十）呼喊法图

襟活反阳法图解

此法未施术之前，先观形察色，检阅八穴，摩擦全身。于是静静抱起，以左手扶持死者，右膝跪下，左足于死者横后屈膝立之，右手（中指与食指重叠）小指与无名指折转，拇指与他二指十分用力。准备如图。施术者，全身运气闭口，以右手当丹田处，以我之生气移于死者然，左手在前，先发喊声，令死者坐起，用时自下突至脐处，尽力张臂，自下向视死者而施术。上列诱活法，与此活法，可并用施救之。

（图十一）

此乃襟活法时以右手指当丹田之两胁。

睪丸反阳法

睪丸活法者，此法救自高处落下，睪丸缩入腹内，又练习时，亦有误蹴入者。施救之时，以死者抱起准备，施术者至死者之背后，下腹用力，将真位如第二式略斜于死者两胁下，将两手插入，抱起落下（图十二），行六七回后，举起死者之一手（如图十三），以右足之点处，轻蹴其后臀股，然后抱起如初，落下后施襟活法，则睪丸必能复出，于是乘机施活法。

此术非常稳妥，然施之甚难，故当平日牢记其理。“又搏斗之时，睪丸往往易致溃、碎，故武术家虽平时步行，亦常加将护”。如一二图，数回施术后，使死者静静而卧，如图我乃跨于其两股处，两手指相组合，以两肘抵死者胸部两胁，右膝跪下，左足屈膝直立，下腹运气，口发喊声。而同时以死者之头向前抬起，施此活法，或施以襟活皆可。既施救数回，若无效验，则检阅死者之状，此固施术前后应有之手续。然匆促间，往往先施术，而后及此。观患者状态之法，第一开眼睑，观眼中之瞳，如已变白色，则为绝望。更开唇观之，倘不能闭合如常，亦无施救之法矣。

（图十二）抱起如此六七次起落之如图

（图十三）准备足式

蹴后之臀股，足点当注意。

（图十四）胸部之两胁以两肘抵之，
将头向前引起，指尖交组。

背部反阳法图解

施此术时，患者伏卧，术者跨于患者之两膝边，左膝跪下，屈右膝，勿触死者，全身用力运气，两掌相齐，在患者背部上下及肺背部与腹部摩擦之。从两乳之后背部，第六脊椎左右处，自下向上突起，开其肺门，即八节骨之间活动其肺肝，使发生呼吸运动，以苏醒之。如图（十五）。

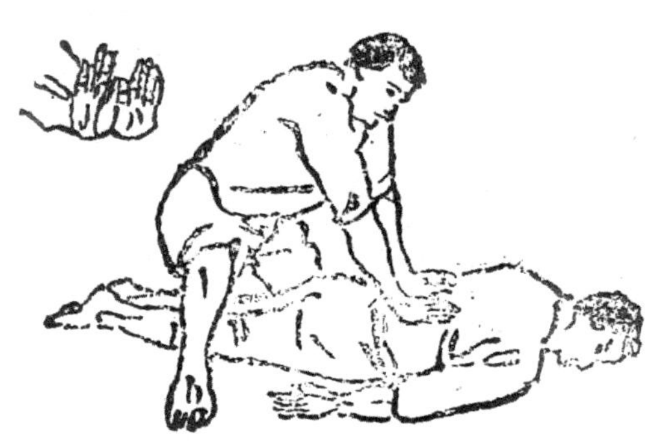

（图十五）摩擦背部

太祖反阳法图解

此法宋太祖所传，仅用一手行反阳之法也。著者虽未尝实验，然其法自可营救。以左手抱患者，右手五指相并，当胃脘之下，右足之小指抵膀胱，左掌击肺门。三者同时施行，并发喊声以助之，必能收起死回生之效。如图（十六）。

（图十六）宋太祖反活法图

版权所有
翻印必究

中华民国三十三年十一月初版

太极要义附武术偶谈

实价国币　　　元
（外阜酌加运汇费）
编 著 者　黄元秀
发 行 人　王君一
发 行 所　文信书局　重庆保安路
分发行所　联营书店　重庆林森路　成都祠堂街

黃文叔先生著

楊家太極拳各藝要義

武術偶談

國術界泰斗合影

景中人自右而左前列田紹先鄭佐平杜心五李芳宸劉百川孫祿堂楊澄甫後列沈爾喬黃文叔褚桂亭高振東錢西樵蘇景由

燕趙國術名人合影

黃文叔 褚桂亭 蘇景由 王向齋 趙道新

張兆東 李星階 高振東 孫汝江 李子揚

騎兵團國術教習方瑞臣　南昌行營參謀擅長太極拳譚夢賢　騎兵團長兼善國術黃劍白　黃文叔　騎兵旅國術教習馬承智　騎兵團國術教習袁源會

前南昌行營撫卹處處長及福建省第四區行政督察專員保安司令同安縣縣長本書著者黃元秀先生與楊澄甫先生練太極拳大攌法之圖

編者黃元秀先生照像

李芳辰將軍玉照

黃元秀韓慶堂摔角圖

黃元秀劉百川羅漢拳

黄元秀先生與浙江國術館教習韓慶堂練單刀進槍圖之一

黄元秀與韓慶堂練單刀進槍圖之二

韓慶堂十字腿

黃元秀

七十九師國術教官葉景成

剿匪軍北路總司令部少校參謀兼國術教官曹晏海

河南溫縣陳家溝陳子明太極拳家　黃元秀　河南溫縣陳家溝陳照丕太極拳家

楊家太極拳前輩許禹生先生　黃元秀　黃健候

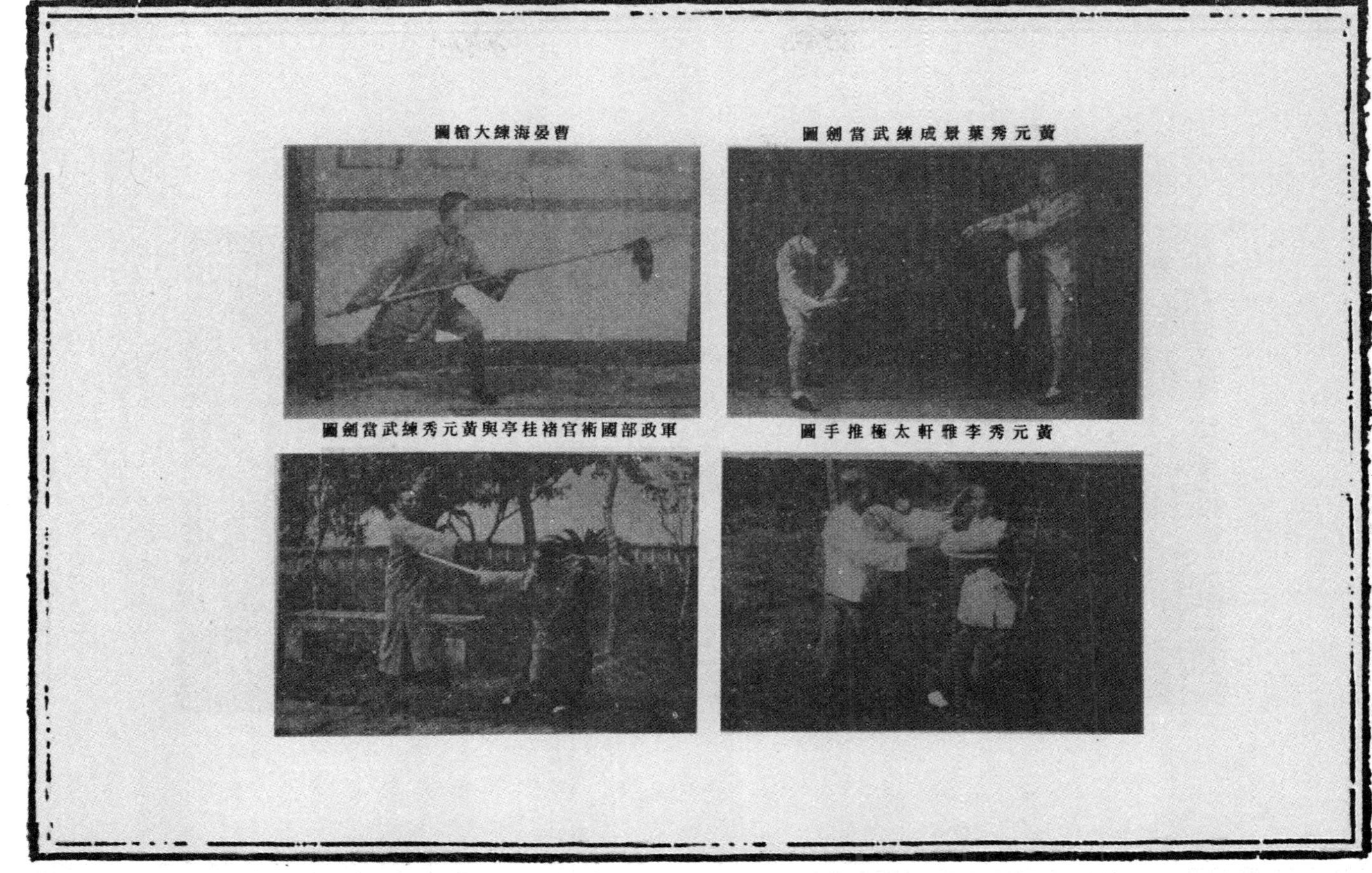

黃元秀葉景成練武當劍圖

曹晏海練大槍圖

黃元秀李雅軒太極推手圖

軍政部國術官褚桂亭與黃元秀練武當劍圖

曹晏海練太極劍圖

劉百川君演羅漢拳圖

浙江國術館教務長劉百川雙刀圖

黃元秀田紹先太極散手圖

黃元秀田紹先太極大攎圖

田紹先黃元秀太極推手圖

黃元秀田紹先太極散手圖

黃元秀葉景成練武當劍圖

黃元秀葉景成練武當劍圖

譚序

民國二十三年春三月，余至南昌謁　委員長。遇行營黃處長文叔先生，出其楊家太極各藝要義一書，囑余題句，余因之有言矣。余聞諸　楊夢祥先生曰：研究太極拳之要訣有三：

一：盤架子　初學者，宜勻·宜緩·宜正·宜展，所謂勻者，劃圈宜圓，兩圓須成切線，兩圓相安，須通過圓心，蓋求其整齊也。所謂緩者，使所儲之內勁，漸漸達於指梢，蓋求其血氣舒暢也。所謂正者，全身中正安舒，重心無傾斜之弊，蓋求其姿勢之優美也。所謂展者，使筋肉骨節自然展開，蓋求合符生理上之運動也。

二：推手　架子盤熟，工夫稍進，則學推手，或曰搭手，又曰靠手，推手者，敵我二人，以一手或兩手靠搭，用拈·連·黏·隨四字工夫，劃陰陽兩圈，其法有二：

1. 甲劃圓圈，乙隨而走，或乙劃圓圈，甲隨之而走。
2. 甲乙兩人，各劃半圓圈，合成一整圓圈。

然無論一整圓圈，或兩半圓圈，均於此圓圈上研究掤·攦·擠·按四字要訣，惟應注意者，甲乙兩人，人各有一重心甲乙兩人靠手時，又於靠手之交叉點，自成一重心，此三重心點，由甲乙兩人互相爭奪，得重心者勝，失重心者敗此一定之理也。

三：發勁與化勁　推手練習純熟，然後練習發勁與化勁初學者，可練手上發勁，所謂合掌，或曰補手是也工夫較深者練習腰勁或足跟之發勁，所請發於足跟形於手指是也發勁宜直化勁宜圓化之不盡。發之不遠，初學化勁者，方向宜斜，上乘工夫，則向自身化之所謂引進落空是也。或曰：以夫子之道反制夫子。即借敵人之力以打敵人借敵人之勁以制敵人也。

然發勁化勁必須拈·連·黏·隨·掤·攦·擠·按·採·挒·肘·靠合而運用否則不克生效也。

余對於太極拳，好學而未專研茲承　黃先生囑，不敢推諉謹錄師語以留紀念，並非臆造也，

永新譚夢賢於南昌識：

姚序

黃君文叔博學多能。崇尚武俠，少居鄉里，好與突鬢垂冠者，縱談技擊，未嘗不心領神會。其時風氣未開，輒爲父老所阻，長而奔走國事，職務鞅掌，無暇及此。中年以後，始與田紹光，楊澄甫，諸國術

名家，先後相識，乃從學太極拳暨各種武藝。旋又游李芳宸將軍之門習武當劍法，緣是十餘年來聲應氣求，交遊益廣，學業亦日益精進。近出所著武術偶譚見示，都凡一萬四千餘言，詳論拳術工夫並學者用功方法，而於調節體力修養身心諸端，言之尤詳。至若師門派別，拳家慣例，亦略舉大概，足供參攷。夫拳術諸書，不乏善本，惟斯編乃不僅論法，論理，並能切實指示學者以用功要旨。蓋本其經驗所得，加以悉心體會，故著眼有獨到之處，語似尋常而體用賅備，願讀者勿以其近而忽之，斯可已。

民國紀元二十有三年甲戌仲春弟姚憶華謹跋。

蔣序

擊技總別爲武當，爲少林，少林宗達摩，武當宗張三丰。考武當之擊技，亦不一其途，就余所知者，如太極拳，八卦遊身連環掌，武當劍術，皆三丰祖師所傳留。太極拳之登峰造極者，在唐代有許宣平，夫子李，在元代有張三丰，在明代有張松溪。松溪乃三丰之高足，於浙之鄞縣傳授門徒，厥後名家輩出，要皆松溪一派。八卦遊身連環掌，則董海川太老師在江南謝花山受之道人避燈俠。武當

蔣序

劍術，則先師宋唯一，在醫巫閭山受之道人避月俠，及避燈俠之師兄也。二者之術，似同而不同，不同而同，其左旋右轉右旋左轉擰麻花則不同而同者也。其換勢一則自下，一則自上，自上自下者，乾用九，進陽火。其旋轉則如盤中衮珠，其變化則身如風中之柳，手如織布之梭，自上者坤用六，退陰符如衮圓石於萬仞之山，其法主於誘，即所謂善戰者不鬬，善爭者不怒，此同而不同者也。尤宜辨者武當丹字派劍術，則張松溪在浙江鄞縣之四明山受於張三丰，故又稱曰四明劍術。松溪本少林名家，遍歷南北無敵手，在四明爲張三丰所折服，遂盡棄少林所學而歸於武當，所存者僅少林之五行陰手棍，又名達摩過江棍，故凡松溪一派之劍客，均熟於少林陰手棍法。甲子秋，余從先師宋唯一受教時，談及太極拳之意義，則不知有太極拳之名，質之演練太極拳者，則不知有武當劍術之名。太極拳之要義爲沾連粘隨，武當丹字派劍術之要義爲背孤擊虛，完全用離，所謂往來無踪影者也。以其時代地點考之，均松溪所傳留，固無疑意。余友虎林黃文叔先生，既著太極拳要義，武術偶談，徵敘於余，余不敏，不能文，則就武當各派之源流，略述梗概，後之學者，攻擊之風，於以泯滅，斯則余之厚望焉。

甲戌秋，河北蔣馨山敘於天津淨業菴國技研究社。

鮑序

虎林黃文叔先生，學識通明，亦儒亦俠，而胸懷坦摯，肝膽照人。少即有志於技擊，顧其時斯道尚大彰，武術名家，亦不爲當世所引重，先生方有志焉而未之逮。尋且投筆從戎，以軍界先進人物，盡瘁國事，倥傯不遑者，彌歷年歲。而先生志願所結，卒以全國國術大會之機緣，與太極泰斗楊澄甫先生親炙，得精究噪傳一世之楊無敵露禪先生拳術遺傳，因以廣交海內國術名家，不一其人。更從李芳宸將軍研習武當劍法，以與太極拳術相輔，由斯應求會合，廣益集思，益諳斯道之奧妙。邇者退食自公之暇，著楊家太極要義一書，而附以經驗所得之武術偶談，其於拳術之宗法規約，與夫致力之方，稱名之義，體力之調節，身心之修養，均肫切致意，有志斯道者，洵堪奉爲典要。其曰楊家太極者，蓋紀宗派所自，數典不忘之指也。回憶去夏，行營成立，先生奉召來贛，佛田亦附驥奔走於斯，旅社傾襟，備覺歡洽。自是公餘盍簪，觀摩漸漬。益承先生不棄，忘形爾我，始知先生固深嫻武術，佛田愧於斯道素少研究，方思學步，而苦於靡所問津。今對先生之逸興遄飛，趨嚮之意，彌形堅決，顧以公務忙迫，人事拘牽，卒卒未果。直至今歲元月，始得償半載以來之結念，由是每夕追陪，

鮑　序

於練拳練劍之餘時飫聞先生名論。凡古今來端人賢哲之嘉懿言行，堪垂法鑑，與夫一切涉世應務之方，植品謹身之道，莫不懃懃懇懇垂爲雅言。其對於青年後進，尤力勉其鍛鍊身體，及種種作人要義，更孜孜於皈依念佛，放生濟貧之事。蓋先生視躬制行，不僅以練習拳術強壯身體，要其終惟以練拳術強壯身體端其始實。以武術家而兼道德家慈善家之所長，合涵泳品性，保持健康。利濟群生，諸要義一以貫久。此佛田從遊年餘，獲窺見先生蘊藏於萬一，且即以喻於心，著於編，冀與讀是書者共喻焉爾。

中華民國二十三年十月，京山鮑佛田序於南昌行營。

林　序

余習太極拳於田師紹先，得識黃文叔先生。其爲人深沈果毅，勇往直前，每習一藝必至精熟而後已，故其進境之速，造詣之深，非余所能揣測。也本年春，黃先生於效勞黨國之餘暇，出其多年苦心所得之經驗，筆之於書，彙爲武術偶談，欲示初學者以實練入手之法，其有益於世，詢非淺鮮。書成，以余稍習醫學，命將拳術於生理上之益處，簡括言之，重違其請，謹爲條例如左：

一、太極拳之爲術也。一動無有不動，一靜無有不靜，其動其靜，莫不身心兼顧，內外並修，絕無偏重之弊。且其練習順序，由淺入深，按步以進，尚柔和不尚拙力，以努氣爲大忌，絕無過勞之弊，故能發達全身臟器，使其肥大，則身體日益堅強矣。

一、太極拳之實練也，聚精領神，以發號施令，一舉一動，皆有意志爲其主宰，非漫無統率者可比，故能意志集中，精神日以鞏固。

一、呼吸爲吾人生命所賴以維持，其爲重要，不言可知。然在實際上，每被忽視，常見有摒其氣息，以求最大努力，致面色紫漲，脈絡怒張，或竟灰敗苦悶而倒地，此皆不知注意呼吸，無以應體內氧氣之需求故也。太極拳則不然，集中心意，以行呼吸，一呼一吸，皆應身體之動作，虛實轉換之間皆以呼吸貫運之，即所謂以心行氣，以氣運身，身心之間，介以呼吸，故能身體靈活，呼吸順遂，而肺活量日以增大矣。

凡上三端，僅其大概，聊舉以塞責，固不足以盡拳術於生理上之益也。

民國二十三年一月南昌行營第八臨時醫院院長林鏡平謹識。

自序

余自幼喜弄拳棒，好聞古俠士行，從鄉人學，數年未成，壯求科學，旋即從軍，無暇及此。民國八年，同學斯參謀鏡吾聘北平田兆麟先生來浙，邀余加入學，纔數月，江浙軍興，奔走勞瘁，遂至中輟。民十八張靜江先生主浙，開全國國術大會，國術名家聯袂蒞止，邇時見獵心喜，乃從廣平楊澄甫先生重習太極拳；并從老友孫祿堂、張兆東、如兄杜心五、劉百川，研究各技；復承李芳宸先生傳授武當劍術，由來六易寒暑，愧無所得，而向慕之私，愛好之念，實未嘗一日去懷。上年孟春，日寇關東，爲友人邀往第八軍參贊戎幕，入夏南來，委座囑在行營工作。公餘之暇，拳劍自娛，同營中不乏同好，爰重錄此譜，以餉諸友，又有余習拳經驗談數則，當另附焉。

民國二十三年元月中澣黃元秀識於南昌百花洲行營。

張三丰傳

張三丰名通子君實遼陽人元季儒者。善書畫工詩詞，中統元年，曾舉茂才異等任中山博陵令，慕葛稚川之爲人，遂絕意仕進，遊寶雞山中，有三山峰，挺秀蒼潤可喜因號三丰子。世之傳三丰先生者。不下十數，均未言其善拳術，洪武初召之入朝路阻武當夜夢玄武大帝授以拳法旦以破賊，故名其拳曰武當派，或曰內家拳。內家者儒家之意，所以別於方外也。又因八門五步爲此拳中之要訣，故名十三式言十三法也後世誤解以爲姿勢之勢，則謬矣。傳張松溪，張翠山，先是宋遠橋與俞蓮舟，俞岱岩，張松溪，張翠山，殷利亨，莫谷聲等七人爲友，往來金陵之地，尋同往武當山，訪夫子李先生不遇，適經玉虛宮，晤三丰先生，七人共拜之，耳提面命者，月餘而歸，自後不絕往拜。由是而觀。七人均曾師事三丰，惟張松溪，張翠山傳者名十三式耳。或曰：三丰係宋徽宗時人，値金人入寇，彼以一人殺金兵五百餘，山陝人民慕其勇，從學者數十百人因傳技於陝西。元世祖時，有西安人王宗岳者，得其眞傳，名聞海內，著有太極拳論，太極拳解，行功心解，搭手歌，總勢歌等，溫州陳同曾多從之學，由是由山陝而傳於浙東，又百餘年，有海鹽張松溪者，在派中最爲著名，見甯波府志後傳其技於甯波葉繼美近泉，近泉傳王征南來咸，清順治中人。征南爲人勇而有義，在明季可稱獨步，黃宗羲最重征南，其事蹟見遊俠佚聞錄。征南死時，曾爲墓志銘，黃百家主一，爲傳內家拳法，有六路長拳，十段錦等歌訣。征南之後，又百年，始有甘鳳池，此皆爲南派人士。其北派所傳者，由王宗岳傳河南蔣發，蔣發傳河南懷慶府陳家溝陳長興，其人立身常中正不倚，形若木雞，人因稱之爲牌位先生，子二人，曰耿信。曰紀信，時有楊露蟬先生福魁者，直隸廣平永年縣人，聞其名，因與同里李伯魁共往師焉。初至時，同學者除二人外，皆陳姓，頗異視之，二人因互相結納，盡心研究，常徹夜不眠，牌位先生見楊之勤學，遂盡傳其秘，楊歸，傳其術遍鄉里，俗稱爲軟拳，或曰化拳，因其能避制強硬之力也。嗣楊游京師，客諸府邸，清親貴王公貝勒多從受業焉。旋爲旗官武術教師，有三子，長名錡早亡，次名鈺字班侯，三名鑑，字健侯，亦曰鏡湖，皆獲盛名。余從鏡湖先生游有年，諗其家世，有子三人，長曰兆熊字夢祥，仲名兆元早亡，叔名兆清字澄甫，班侯子一，名兆鵬，務農於鄉里，當露蟬先生充旗營教師時，得其傳者蓋三人，萬春凌山全佑是也。一勁剛，一善發人，一善柔化。或謂三人各得先生之一體，有筋骨皮之分，旋從先生命，均拜班侯先生之門，稱弟子云。有宋書銘者，自云宋遠楠後，久客項城幕，精易理，善太極拳術，頗有發明，與余素善，日夕過從，獲益匪鮮，本社教員紀子修，吳鑑泉，劉恩綬，劉采臣，姜殿臣，等多受業焉。

楊家太極拳要義目錄

目錄

楊家太極拳要義

黃元秀　文叔　編纂

一、太極拳論

未有天地以前，太空無窮之中，渾然一氣，乃爲無極。無極之虛氣，即爲太極之理氣，太極之理氣，即爲天地之根荄。化生人物，始初皆屬化生，一生之後，化生者少，形生者多。譬如木中生蟲，人之生蝨，皆是化生。若無身上的汗氣，木無朽氣，那裏得這根荄，可見太極的理氣，就是天地根荄之領袖也。（此處疑有遺漏）一舉動週身俱要輕靈，尤要貫串，氣宜鼓盪，神宜內斂，無使有缺陷處，無使有凸凹處，無使有斷續處。其根在於腳，發於腿，主宰于腰，行於手指，由腳而腿而腰，總須完整一氣。向前退後，乃得機得勢，若有不得機不得勢之處，身便散亂，其病必於腰腿間求之。上下前後左右皆然。凡此皆是在意，不在外面而在內也。有上即有下，有前即有後，有左即有右，如意要向上，即寓下，若將物掀起而加以挫之之意，斯其根自斷，乃擴之速之而無疑。虛實宜分清楚，一處有一處虛實，處處總有一虛一實，週身節節貫串，勿令絲毫間斷耳。

此係武當山張三丰先師遺論，欲天下豪傑延年益壽，不徒作武藝之末也。

二、王宗岳先師論

太極者無極而生，動靜之機。陰陽之母也。動之則分，靜之則合，無過不及，隨曲就伸。人剛我柔謂之走，我順人背謂之粘。動急則急應，動緩則緩隨，雖變化萬端，而理惟一貫。由着熱而漸悟懂勁由懂勁而漸進（一作階及）神明，然非用功之久，不能豁然貫通焉。虛領頂勁，氣沉丹出，不偏不倚，忽隱忽現，左重則右虛，右重則左渺。（一作爲杳。）仰之則彌高，俯之則彌深，近之則愈長，退之則愈促。一羽不能加，蠅蟲不能落，人不知我，我獨知人，英雄所向無敵，蓋皆由此而及也。斯技旁門甚多，雖勢有區別，槪不外乎壯欺弱，慢讓快耳。有力打無力，手慢讓手快，是皆先天自然之能，非關學力而有所爲也。察四兩撥千斤之句，顯非力勝，觀耄耋能禦衆之形，快何能爲？立如平準，活似車輪，偏沉則隨，雙重則滯，每見數年純功不能運化者，皆自爲人制，卒不能制人，則雙重之病未悟耳。欲避此病，須知陰陽，粘即是走，走即是粘，陰不離陽，陽不離陰，陰陽相濟，方爲懂勁。懂勁後愈練愈精，默識揣摩，漸至從心所欲，本是捨己從人，多該舍近求遠。所謂差之毫釐，謬以千里，學者不可不詳辨焉。

長拳者，如長江大海滔滔不絕也。十三勢者，掤·攌·擠·按·採·挒·肘·靠，此八卦也。進步·退步·左顧·右盼·中定，此五行也。合而言之十三勢。掤攌擠按，即坎離震兌四方也。採挒肘靠，即乾艮巽坤四斜角也。進退顧盼定，即金木水火土也。

此論句句切要在心，並無一字敷衍陪襯，非有夙慧者不能悟也。先師不肯妄傳，非獨擇人，亦恐枉費功夫耳。

三、十三勢行功心解

以心行氣，務令沉著，乃能收斂入骨。以氣運身，務令順遂，乃能便利從心。精神能提得起，則無遲重之虞，所謂頂頭懸也。意氣須換得靈，乃有圓活之趣，所謂變化虛實是也。發勁須沉著鬆靜，專注一方。立身須中正協舒，支撐八面。行氣如九曲珠，無微不到。（氣遍身軀之謂）運勁如百鍊鋼，無堅不摧。形如搏鳥之鶻，神如捕鼠之貓。靜如山岳，動如江河。蓄勁如開弓，發勁如放箭。曲中求直，蓄而後發。力由脊發，步隨身換。收即是放，放中寓收。斷而復連，往復須有摺（一作折誤）疊。進退須有轉換。極柔輭，而後極堅剛。能呼吸，然後能靈活。氣宜直養而無害，勁以曲蓄而有餘。心爲令，氣爲旗，腰爲纛。先求開展，後求緊湊，方可臻於縝密也。

十三勢行功心解　十三勢歌　太極拳名稱　四

又曰：先在心，後在身，腹鬆氣斂如骨髓，神舒體靜，刻刻在心。切記一動無有不動，一靜無有不靜。撁動往來，氣貼脊背，斂入脊背，內固精神，多示安逸。邁步如貓行，運動如抽絲。全身意在精神，不在氣，在氣則滯。有氣者無力，無氣者純剛，氣似車輪，腰似車軸也。

四、十三勢歌

十三總勢莫輕視，命意源頭在腰膀。變轉虛實須留意，氣遍身軀不少滯。
靜中觸動動中靜，因敵變化示奇神。勢勢揆心並用意，得來不覺費工夫。
刻刻留心在腰間，腹內鬆靜氣騰然。尾閭中正神貫頂，滿心輕利頂頭懸。
仔細留心向推求，屈伸開合聽自由。入門引路須口授，工夫無息法自修。
若言體用何爲準？意氣君來骨肉臣。想推用意終何在？延年益壽不老春。
歌兮歌兮百四十，字字眞切義無遺。若不向此推求進，枉費工夫貽嘆惜！

五、太極拳名稱

太極出勢。　攬雀尾。　掤攌擠按。　單鞭。　提手上勢。
白鶴展翅。　左摟膝拗步。　手揮琵琶勢。　左摟膝拗步。　右摟膝拗步。

左摟膝拗步。手揮琵琶勢。左摟膝拗步。進步搬攔捶。如封似閉。
十字手。抱虎歸山。攬雀尾。掤擴擠按。斜單鞭。
肘底捶。左右倒攆猴。斜飛勢。提手上勢。白鶴展翅。
左摟膝。海底針。蟾通背。轉身撇身捶。白蛇吐信。
上步搬攔捶。上勢攬雀尾。掤擴擠按。單鞭。左右雲手。
單鞭。高探馬。右分脚。左分脚。轉身蹬脚。
左右摟膝拗步。進步栽捶。轉身撇身捶。白蛇吐信。進步搬攔捶。
右蹬脚。左右打虎勢。右蹬脚。雙風貫耳。左蹬脚。
轉身右蹬脚。上步搬攔捶。如封似閉。十字手。抱虎歸山。
攬雀尾。掤擴擠按。斜單鞭。左野馬分鬃。右野馬分鬃。
左野馬分鬃。上步攬雀尾。掤擴擠按。單鞭。左右玉女穿梭。
上步攬雀尾。掤擴擠按。單鞭。左右雲手。單鞭。
斜身下勢。左右獨立金雞。左右倒攆猴。斜飛勢。提手上勢。

白鶴展翅。左摟膝拗步。海底針。蟾遠背。轉身撇身捶。
白蛇吐信。進步搬攔捶。上步攬雀尾。掤攦擠按。單鞭。
左右雲手。單鞭。高探馬。轉身右蹬腳。左摟膝指襠捶。
上勢攬雀尾。掤攦擠按。單鞭。斜身下勢。上步七星。
退步跨虎。轉身雙擺連。彎弓射虎。上步搬攔捶。如封似閉。
十字手。合太極。

六、推手歌

掤攦擠按須認眞。上下相隨人難進。任君巨力來打咱。搼動四兩撥千斤。
引進落空合即出。拈連黏隨不丟頂。

大攦約言

我攦他肘。他上步擠。我單手攦。他轉身攦。我上步擠。
他逃體。我一攦。他上步擠。

七、楊鏡湖先生約言

曰：輕則靈。靈則動。動則變。變則化。

又曰：彼不動。我不動。彼微動。我先動。似鬆非鬆。將展未展。勁斷意不斷。此語非熟練心悟，不能領會也。

八、太極長拳名稱

四正四隅。 掤握擠按。 左右雲手。 魚尾單鞭。 鳳凰展翅。

摟膝拗步。 手揮琵琶。 雀尾勢。 彎弓射雁。 琵琶勢。

上步搬攔捶。 簸箕勢（即如封似閉十字手）。 抱虎歸山。 掤握擠按。

斜單鞭。 提手上勢。 肘底捶。 倒攆猴頭。 摟膝指襠捶。

轉身蹬腳。 上步栽捶。 斜飛勢。三 攬雀尾。 魚尾單鞭。

轉身撇身捶。 上步玉女穿梭。 兩掌兩拳左掌右拳 攬雀尾。 左右野馬分鬃。三

斜身下勢。 左右金雞獨立。 左右倒攆猴。 斜飛勢。 提手上勢。

白鶴展翅。 摟膝拗步。 海底珍珠。 蟾通背。 轉身白蛇吐信。

上步搬攔捶。 上步攬雀尾。 單鞭。 左右雲手。三 單鞭。

太極長拳名稱　太極長拳歌　太極劍名稱　　八

高探馬。　左右分腳。　轉身腳蹬。　左右摟膝拗步。　左右雙風貫耳。

飛腳。　左打虎勢。　右雙風貫耳。　左蹬腳。　轉身蹬腳。

上步撇身捶。　白蛇吐信拳。　進步搬攔捶。　上步攬雀尾。　掤擺擠按。

單鞭。　左右雲手。三　單鞭。　高探馬。　轉身單擺蓮。

上步指擋捶。　上步攬雀尾。　轉身單鞭。　下勢。　七星跨虎。

轉身雙擺蓮。　彎弓射虎。　搬攔捶。　如封似閉。　十字手。

合太極。

九、太極長拳歌

太極長拳獨一家。無窮變化洵非誇，妙處全憑能借力，當場著急莫輕拿。掌·拳·肘·合·腕·肩·腰·跨·膝·腳。上下九節勁，節節腰中發。約言順人能得勢，借力不須拿。

十、太極劍名稱

三環套月。　魁星勢。　燕子抄水。　左右邊攔掃。　小魁星。

燕去入巢。　靈貓捕鼠。　鳳凰點頭。　黃蜂入洞。　鳳凰右展翅。

小魁星。　鳳凰左展翅。　釣魚勢。　左右龍行勢。　宿鳥投林。
烏龍擺尾。　青龍出水。　風捲荷葉。　左右獅子搖頭。　虎抱頭。
野馬跳澗。　勒馬式。　指南針。　左右迎風打塵。　順手推舟。
流星趕水。　天鳥飛瀑。　挑簾勢。　左右車輪。　燕子啣泥。
大鵬展翅。　海底撈月。　懷中抱月。　哪吒探海。　犀牛望月。
射雁勢。　青龍現爪。　鳳凰雙展翅。　左右跨籃。　射雁勢。
白猿獻果。　左右落花勢。　玉女穿梭。　白虎攪尾。　魚跳龍門。
左右烏龍絞柱。　仙人指路。　朝天一柱香。　風掃梅花。　牙笛勢。
抱劍歸原。

十一、太極劍歌

劍法從來不易傳。直來直去是幽玄。若仍欺我如刀割。笑死三丰老劍仙。

十二、太極刀名稱歌

七星跨虎交刀勢。　騰挪內展意氣揚。　左顧右盼兩分張。　白鶴展翅五行掌。

太極劍歌　太極黏連槍　太極刀名稱歌　一〇

風捲荷花葉裏藏。玉女穿梭八方勢。三星開合自主張。二起腳來打虎勢。

披身斜掛鴛鴦腳。順手推舟鞭作篙。下勢三合自由招。左右分水龍門跳。

卞和攜石鳳回巢。吾師留下四方讚。口傳心授不能忘。教斫剁劃截刮撩腕。

十三、太極黏連槍

頭一槍進一步刺心。二槍進一步刺腋。三鎗進一步刺膀。四鎗上一步刺咽喉。（此進步由退即進，因他之進而後進也）退一步採一鎗。進一步挒一槍。進一步挎一槍。上一步擴一槍。（此四鎗，在前四槍之內也。）

以上太極門各藝大義，其中精理。終非面授熟練。不能領悟也。

武術偶談序

自古以來，哲人學士，靡不以所學所問，發揮其眞諦，闡明其精義，著述成書。如學術，則有顧炎武之日知錄，如經書則有王念孫之讀書雜誌，如史學則有章實齋之文史通義，紀曉嵐之史通削繁，如文學則有劉勰之文心雕龍，如書畫則有包世臣之藝舟雙楫，康有爲之廣藝舟雙楫，董其昌之畫禪室隨筆，笪重光之畫筌，龔賢之畫訣，秦祖永之桐陰畫訣，畫學心印，如醫學則有陳士鐸之傷寒辨症錄，朱丹溪之心法，等書。雖未汗牛充棟，要皆以眞知灼見之心得，發爲衍義淺說，昭示後人，以冀斯學不墜，恢弘有自。

武術爲吾國固有之體育，強種立國，衞身禦侮，有五千年燦爛光榮之歷史，因種種關係，既乏明顯完善之教材，絕鮮闡精抉微之紀載，留傳於世，得資揣摩者，實爲此道日趨式微之一大原因也。甲戌春，俠魂本我素志，荷褚公民誼，及諸同志之贊助，編行國術統一月刊於滬濱，是夏，正感材料缺乏，尤其對刊中主綱內容第二所謂：「凡就經驗之心得，或憑感想之隨筆，以積極光明之態度，袪譏嘲謾罵之辭意，婉委暢達而出之，使讀者有觸類旁通之研究類稿件，更憂無人撰述。時有黃君文叔，承譚君夢賢之介，以武術偶談及楊家太極拳要義合冊，由南昌斐然下頒，展誦一過，正係欲求不得恰合此類條件之鴻著也。蓋黃君以其奧微曲折之拳理，出諸犀利妙曼之文筆，欽敬與欣慰之心，一時並作，自此與黃君書札往還，訂千里之神交，分期披露，惠四海之同道，茲屆單行本出版之日，預祝洛陽紙貴之譽，爰敢聊抒微意，以誌紀念，弁諸端首云爾。

中華民國二十五年六月十日序於百俠樓

武術偶談

黃元秀 文叔 著述

自光復以還，凡百學術無不鵲起，即消聲匿跡已久之國術，亦乘時而興。邇來各省備設專館，市間出版風行，但僅屬於槍·刀·拳·棒之方法，所謂教也。而於育字方面，未嘗加以研究。至於煆煉之目的，收效於何處，皆未明白了悟。故練而強者有之，練而致疾者亦有之。余以爲對於工夫固屬重要，對於身體，尤宜注意。故須先知調養之方法，效用之目的，然後加以練習之功，乃至國術界中一切習慣，亦須知所謹守。茲將經驗所得，分述於左：

（一）練武術之目的　吾輩提倡吾國武術之目的，非直接致用於戰鬬，係間接收效於事業也。邇來機械化學之戰爭，不能以血肉之軀相抗，有常識者類能知之。但研究科學，使用火砲，駕駛飛機，非有強壯之體力，不能運用自如；非有雄偉之氣概，不能指揮若定；非有充足之精神，不能深刻研究。即通常社會之事業，亦莫不然。倘學者對於武術，果能按照程序，依法養練，既不過分，又不中輟，循序漸進，則其精力定能增長，以之從事教育，必能發揮其義理，從事實業，必能滿足其事業，從事軍政，必能達成其任務，從事科學，必能輔助其研究，此即直接保持健康，間接助長事業，能使全國民衆增加自衛之奮鬪力也。此種教練，既不必如球場之鋪張，又不必有多人之集合，寒暑晴雨，舞劍月下，論藝燈前，深山窮谷，代有傳人，實吾國數千年來，強身健體之絕藝也。

吾人所謂快樂者，舉止有爽快之感覺，思慮有歡樂之興趣，探其原因，皆從精神充足而來。例如兒童活潑跳躍，其心中藏有無限快樂，此即精神充足之故。嗜煙酒者，以煙酒提神，貪一時之快，雖知其害而不能去。不知練國術者，精神飽滿，身體爽適，其快樂之感，迥非煙酒之提神於一時者可比。一則日久成疾，形成癱廢，一則練成絕藝，卻病延年，其利害相較，不可以道里計也。

（二）調養　邇來練拳術者，皆因身體孱弱而學習，是初學之時，對於調理身體，最宜注意，如四季中。春季應服清補之劑，夏季應服卻暑等品，秋宜滋潤，冬可峻補，凡屬補品，爲習武之人長年所不可少，吾鄉有言：窮文富武，是也。曩時讀書者，一部四子書，可以終其身，爲價不過數百文而已，然習武擧者長年培補，所費不貲，即器械用具，亦非一部四子書所可等量齊觀也。至於應進何種補品，則因個人身體不同，不能固定，總之藥補不如食補，通常以魚肝油、牛乳、雞蛋、蹄筋、肝、腰、脊髓等物爲宜。其他奇異怪誕之物，如虎筋鹿脯，以及龜、鱉、鱔、鰻等類，肥濃厚膩，久食恐生疽毒，宜屏除之。

以上所列，如肝則補肝，腰則補腰，魚油補肺，脊髓補髓，蹄筋補筋。此外如豆科植物，亦極滋補，勿以園蔬而忽之。總之食品不尚名貴，食量不在多貪，要宜平均，使之消化，所謂平均者，不可過多過少，所謂消化者，務使咀嚼爛熟。如國術名家孫祿堂先生，太極、形意、八卦各種拳法，皆負盛譽，年逾古稀，無疾而終。其平日食品，皆極清淡。又廣平楊澄甫先生，太極泰斗，名滿南北，身極魁梧，而食量並不過巨，杜心五、劉百川諸少林派名家，飲食皆如常人，同學曹晏海兄，身體偉岸，武藝精深，於浙江全國比試會名列第四，上海全國比試會名列第一，殊不知其係長齋茹素者。上列諸君，並皆點酒不聞，考其經驗，或保鏢塞北，或久歷戎行，足跡遍江湖，大名盛南北，而平時眠食起居，皆極珍攝。可見在於調養，並不在過分之飲食，古稱斗酒十肉者，無非形容其豪邁之行耳。

調節時間　即煅煉時間與休息時間，互相調節，其平日所辦事務，切宜節約，騰出光陰，以養其身心，此爲最要之言。余見數友人因煅煉之後，精神旺盛，對於業務，盡力使用，一年之後，衰象突呈，有友人以此精神供冶遊，不及二載，遽致殞命，故練不得其道無益，練得其道而不知養，更有害也。願熱心此道者，三復斯言。

(三)戒忌　凡人一習拳捧，豪氣自生，輒忘其平日怯弱之態，每有縱酒浪遊，或好勇鬬狠之行。故髫年風氣未開之時，一般家長，皆禁其子弟弄拳藝槍捧等事。一則防其損身，二則慮其肇事。余嘗見國術館附近街肆中，有以拳架式與人鬬毆者，此爲往年所無，年輕子弟，最易犯此。狂酒則傷身，浪遊則廢業，若好勇鬬狠，必致惹禍招殃，其招致之由，實誤認血氣之勇，爲任俠之舉，結果以愛之心，反而害之，是不可也，深宜戒之。

練習國術者，忌在飽食，忌在過飢，忌在酒後，忌在風前，遺精之後，病愈之後，房事之後，業務疲勞之後，皆宜休養一日或二三日，自覺精神無異，則繼續之，否則必致疾病。

練習後，因汗脫衣，或遽飲冷汁，或即安坐睡眠，俱大不可，輕則感冒風寒，重則勞傷氣痛，於練習工夫，反有妨礙。

練武人，遠離女色爲要義，手淫尤爲禁忌，即自然之遺精，亦有礙氣體，況斲傷乎，若犯之，自促其壽命矣。凡屬淫書淫畫，以及聲色之場，切勿沾染。即有室家之人，房事亦宜節制，年在卅以後，一月一度，四十以後，一季一度，五十以後，一年一度，或且不可矣。習武修道之士，其所以爲資糧者，即精氣神三寶而已，若無資糧，實無可練也。此個中人云：「練武身貴如金，週身毫髮値千金」足見古來武士之重視保養矣。

（四）運動與煅煉　古德云：練精化氣，練氣化神，練神還虛，由虛成道，實千古不易之名言。試觀近日國術比試場及表演會場，往往有皤然長鬚，鶴髮童顏之壯士，而歐美運動名家，未必盡享大年，即最近日本運動著名之人見娟枝，自得盛名之翌年，即日長眠地下，此何故耶？是不知精氣神三者之修養也。

先哲有言：「眼珠光澤，舌底津津者，其精必盈，發音洪亮，言語清明者，其氣必盛，眼皮紅滿，指甲赤潤者，其血充行」又曰：「精足不思淫，氣足不呻吟，神足不惛沉」

凡人每日三餐飲食，入胃化爲胃養汁，至腸化爲腸餐汁，經各部吸收後溶而成精，（此節所謂精，非精蟲之精，係精液之精，是營養之精華，生活之要素）修鍊之士，以命門火蒸臑化而

運動與鍛煉

爲氣，爲血，升而爲神，張而生肌，動而爲力，變化自然，神奇莫測，其經過大致如此，若冶遊之徒，則易他道而入腎臟，故其氣衰，其血貧，其力弱。或再戕之以酒，加之以勞，則營養不敷，必耗其本原，本原既虧，百病自生，促其壽命也。

天地之間，以氣爲本，曰氣象，曰氣運，曰氣數，凡百盛衰，皆視氣之盛衰爲轉移，人亦何獨不然，歷來言人氣之上者，如氣冲霄漢，氣化長虹。其次者氣概雄偉，氣度非凡，力大聲洪，叱咤風雲。其衰者，尸居餘氣，氣息奄奄，故強弱盛衰：全憑之氣，不知其氣，實由精液而成，其所存之處，在丹田，其所成之由，在命火與精液，道家所謂水火既濟，所謂內丹者，即此也。例如近世機器，凡有動力者，皆仗蒸汽而動，以火蒸水，水化爲汽，以汽衝動而行百械，有電力云云者，仍仗蒸汽之力摩擦而生，若水涸油盡，非爆烈即崩潰矣。

氣血行於內者，謂之運，軀壳表於外者，謂之動。運動二字，係表裏運行之稱，所謂流水不腐，戶樞不蠹，推陳出新，借假鍊眞，是方外修鍊之補助。故道家有五禽經，佛家有易筋經，道家有張三丰，佛家有達摩祖，攷其運行之資源，捨精氣神無他道也。

煅煉者，寒暑不易，風雨無間之謂也。人身組織，除黃梅時節外，伏臘二季爲最大變換，故歷來習此道者，於嚴寒盛暑，無不加意調攝，刻苦煅練，以其能長工夫，且不易退轉也。所謂煉者，每次演習至出汗，否則謂之裝腔作勢，膚淺無效。常人初汗始於頭部與兩液，繼則腰腹或兩股，若至小腿有汗，則宜止矣。如吾輩馳馬，若見馬耳背有汗，則須停馳，不然有傷其生命。

通常拳廠中每日未明前四點即起，練一小時後復臥，待天明早餐後，向野外散步，呼吸清新之氣，歸來午餐，下午中睡一小時，三四時起復練一小時，或二小時，七時晚餐，夜間八時練至九時止，十時即睡，此爲專門練習。吾輩有職務者，當以早晚二小時爲度，或早晚合爲一小時，或合爲半小時，皆可，總求其歲月之久，不求一日之長也。

(五)太極拳之一般　太極拳近年來風行南北，可謂國術界中最普遍之拳術，遍觀各處各人所練各不相同，可大別爲三派：

一　河北郝家派　此派不知始於何祖，聞係河北郝三爺所傳，述者忘其名，世以郝三爺稱之，三爺於清季走鏢秦晉間，身兼絕技，善畫戟，名震綠林，鏢局爭聘之，實爲山陝道上之雄。余見天津蔣馨山、劉子善等皆練此拳，南方習者不多，吾師李芳宸先生南來時，其家人及同來各員，皆善此。手法極複雜，其動作較楊陳二派增添一倍，約有二百餘式，表演一週，時間冗長，據吾師云：「此於拳式之外，加入推手各法，故較他派手法齊備，因太繁細，頗不易記，諸君既習楊家派，其理一貫，毋須更習。」余慫恿朋儕學習之，計費六十餘日，不能卒業，可見其繁細矣。孫祿堂先生云：「此拳之長，極盡柔順之至。」爾時余忘索其拳譜，不知與陳楊兩派之理論，有無異同也。

二　河南陳家派。　即河南溫縣陳家溝世傳之拳，余所稔者，如陳君伯瑗，及績甫叔姪，子明昆季等，皆陳氏之裔，而世其術者。據子明績甫二兄云：其先世以此報國保鄉，立功勳者累累，故合族皆習太極拳，略分新架子與老架子兩種，並有所謂太極砲拳者。余閱其動作，及所示拳譜，完全與楊家所傳者不同。其手法剛，其步法重，運勁一切，卻有獨到之處，可異者，即陳氏各人表演，亦覺不盡相同。近聞張之江館長派人至陳家溝考察，攜帶其世傳拳譜付梓，與子明兄所刊行本，亦有歧異。揣其緣由，想因歷次傳抄，不免魯魚亥豕，或有心得者，從而修改增減之，轉輾變易，遂有出入矣。

三　北平楊家派　即世稱楊無敵楊露禪先生所遺傳，如楊班侯．楊健侯．楊夢祥．楊澄甫．許禹生．吳鑑泉等，亦各不同，大致分為大架子與小架子兩種。余嘗以此事問之澄甫先生，先生答曰：

「先求開展，後求緊湊。初習者宜大架子，能使筋脈舒張，血氣充行，確定方位，表示工夫到用時，要快要便宜，小架子也。家兄現在練的，都是打人法則。」其意若曰：基本工夫尚未做到，欲越級而學打人，等於小孩平路尚不能走，先要學跳，其可得乎？例如學游泳，平穩靜水之中尚不能浮泳，欲涉驚濤駭浪之江海，可乎？又習騎馬，粗淺之慢步，未有把握，而欲跳越障礙，可乎？古人所謂登高必自卑，行遠必自邇，實爲至理名言。總之打人之事，非日常所需，而康健實爲須臾不可離。試問吾輩，何者爲要，何者爲急？本篇所述，皆屬平庸之談，卑無高論，倘讀者能循此而進，日計不足，月計有餘，於康健上不無裨益。至於驚奇駭俗之論，好高務遠之談，是非鄙人所知矣。近日一般學者，——非徒弟之列，指普通學者。——往往求速求快，最好將太極拳五六步工夫，數十年學力，在三兩日內學成，故近年學太極拳者，由北而南，黃河流域，長江流域，浸至於珠江流域，不下數十萬人，即以浙省而論，十餘年來，亦有數千人，至今能稍有成就者，幾寥若星晨，即以普通能在推手上將掤、攦、擠、按四字分得清楚者，亦不多見。其原因何在耶？一在求速，二在無恆，好高務遠者，決無成就。總之吾人先從基礎上練起，決無錯誤。第一求氣血充足，然後能精神飽滿，身體強健，務使架式正確，舉動合法，使其有利而無弊，循序而漸進，不在思想之急迫，而在學力之勤惰，與方法穩妥否也。楊夢祥先生，拳架小而剛，動作快而沉，常使冷勁，偶一交手，肌膚輒痛，所指示者，類多應用方式，其工夫，碻得乃祖眞傳，惜非常人所能學。文弱者，不堪承教，無根底者，無從領悟，且性情剛烈，頗有其伯楊班侯之遺風，同志中，每興難學之慨，故其名雖盛，其徒不多，澄甫先生即夢祥先生之胞弟，架子開展而柔順，手法棉軟而沉重，所謂綿棉裹鐵，彈柔中有剛，好太極拳者，均歡迎之。但仍有不願與其推手者，每一發勁，輒被撲跌尋丈以外，爲弟子者，仍難領受其內勁滋味。余常問澄甫先生，教人何必如此，先生曰：非如此，無以示其勁，若隨隨便便，模模糊糊，君等何必來，豈不徒耗光陰，虛糜金錢耶？十八年秋，楊爲浙江國術館教務長，余常與推手，某次比演雙按，楊順勢一撲，其手指並未沾著余之衣襟，而余胸間隱隱作痛，移時，照常理論，手臂既未接著，何來疼痛之感？殆所謂拳風者耶？余詢之楊，楊曰：內勁耳，氣耳，余至今仍不解其所以然也。據田紹先先生云：當年學習時，以拳盡力擊楊健侯老先生之腹，老先生腹一鼓，紹先跌出庭外，而老先生仍安坐椅上，手持菸筒呼吸如常，若不知有所舉動者。後與澄甫比試，被擊於右脅，而痛於左脅者月餘，凡此種種，皆爲技術上不可思議之事，然考紹先之工夫，其手法之妙，出勁之沉，實非普通太極拳家，所能望其項背，余非爲其宣傳，凡有太極拳有歷史者，莫不知田紹先爲太極拳名家也。他於武匯川·褚桂亭·陳微明·董英傑諸君，同爲澄甫先生入室弟子，行道於南北者，亦有年，聲譽籍籍，頗爲社會人士所欽仰，而手法仍各有不同，理論亦各有其是，其他私淑不可知矣，以上三派拳法，各有特長，各盡其妙。不能從同，亦不能強同，其中並無軒輊可分。在學者更不得是此而非彼。要之一種藝術，能歷千餘年而不廢，博得一般人士之信仰，其中碻有不可磨滅之精義，令人莫測之妙用存焉。

據以上情形，無論係何派何師，一家所傳，一人所傳，其動作多少，皆不能同，亦不必盡同。不僅太極拳如此，即彈腿一門，有練十路者，有練十二路者，此爲回教一門之藝，尚且有兩種之分，又若少林門各拳，有宋太祖拳，有岳家手法，此傳彼授，各是其是，各非其非，惟情理論總須一致，設或理論不同，則其宗派顯然有別，不得謂爲同門矣。以此質之海內專家，以爲如何？

練拳（一）　練太極拳全套架式，每日學一二式，繼續不斷，以常人資質，約一月可以學全，須經兩月之改正，再加一月之苦練，共計四個月，其式樣姿勢，即離開師傅一年，可以不致變換。——若僅一月光陰，粗知大略，一經改正，則不得謂之學會，因稍有間斷，其方向與動作，早已走變矣。——但

每日仍須復習，不可間斷，若每日兩遍，能使純熟，每日三遍，能增工夫，每日一遍，不過不忘而已，

練拳（二）　學習拳架，自第一動起至末尾止，謂之一套，其中名目百餘式，式式皆要綿密周到，而且要輕靈沉著，無有一式可以隨便，無有一式可以丟頂。——丟者離也，頂者僵也。——　四肢百骸從輕從綿從柔。輕而不可忽，綿而不可斷，柔而不可疏，若注意而起僵勁，此所謂頂，便離太極門徑矣。學者切宜注意之

練拳（三）　練太極拳一遍，其經過時間，是愈長愈妙，有練一遍，需一小時以外者。練慢之後，亦須練快，有以數分鐘內練五六遍者，無論慢快，總以均勻爲貴。譜曰：「毋使有缺陷處，毋使有凹凸處，毋使有斷續處。」初學之人練一遍，最少八分乃至十分鐘，如經五六年後，工夫已深，則可練快，惟須式式到家，不可因快而草率。至於架式分三種：初練以高架子，繼則四平架子，（眼平，手平，腿平，檔平）再則工夫日深，逐漸而進於低架子矣。由高而平而低，皆從工夫上來，不可強求，否則弊病百出，無益於學者。

練拳（四）　練架式外面注意動作，務使勻靜。譜曰：「由腳而腿而腰，總須完整一氣。」內部氣分呼吸，亦要勻靜，若無事然，萬勿迸氣，心意不可呆滯。譜曰：「精神能提得起，則無滯重之處，所謂頂

頭懸也，意氣須換得靈，乃有圓活之趣，所謂變化虛實也」此外各變勁工夫，例如本係提手上勢之勁，一變而爲白鶴亮翅之勁，再變而爲摟膝拗步之勁。各式各氣各氣各勁，由此式而變彼式交接之間，換式換法換法換意，由換意而換氣，由換氣而換勁，此中變換轉動之間，與學者內部之意氣運用外部之四肢伸轉開合有極大關係，務須依照譜中各論而適合之。

練拳（五） 所謂增工夫者，即學者之氣日增漸長，——不致氣喘身搖，——手足日漸輕靈，腰腿日漸柔順，手掌足底日漸增厚，頭部與兩太陽穴日漸充滿，精神充足，思慮周到，發聲洪亮，耐飢耐寒，能鎮定，能任勞，飲食充分，睡眠酣適等事，可以證到。

練拳（六） 第拳法雖皆有益，而學者身體碻有相宜不相宜，乃有博學與選學之分別。如年富力強，環境許可者，不妨由博而約，各家門徑，均可涉獵，結果則專修一門。若年事已長，且有業務關係者，則選其與己相宜者習練之，易於得益也。

練拳（七） 例如身軀肥大者，可學通臂拳，摔角等技。如身材中等而強壯者，可學撻角拳·八吉拳·太祖拳·形意拳等技。如身輕靈小巧者，可學地淌拳·猴拳·醉八仙等技。如年事已長，身體乃弱者，可學八卦拳·太極拳·金剛十二法等技。中國拳技繁多，今余不過舉其大概而已。

練拳（八）　專練拳架，是爲運動衛身之術，修己之事也。學推手與散手，爲攻避方法，及練勁之術，敵人之事也。若年事已長，身有宿疾者，專練拳架，亦可卻病延年，如年力富強，環境優裕者，儘可專聘名師，爲升堂入室之研究。

練拳（九）　據友人云：太極拳中各式，實兼備各家拳式。全套中有八種法：如掤·攌·擠·按·採·挒·肘·靠，又有八種勁：如退步跨虎爲開勁；提手上勢爲合勁；海底針爲降勁；白鶴展翅爲提勁；摟膝拗步爲進勁；倒攆猴爲退勁；抱虎歸山爲右轉勁；肘底捶爲左轉勁。

又有八種式：如十字手，少林門爲平馬式；摟膝拗步，少林門爲攻步式；下勢，少林門爲撲腿式，獨立金雞，少林門爲獨立式；手揮琵琶，少林門爲太極式；搬攔捶，少林門爲坐盤式；栽捶，少林門爲麒麟式；膀虎，少林門爲懸腳式，共爲八式，無論何種拳法，總不外此八式，故稱拳師爲把勢者，即實八式之訛也，

八快歌　行加風，站如釘，升如猿，降如鷹，鎚賽流星，眼如電，腰如蛇行，腳賽鑽。

太極拳中八法八式之外，尚有八腿：如翅·蹬·起·擺·接·套·襯·採。清末時所練者僅四腳：如左右翅腳；轉身蹬腳；二起腳；擺連腳，現在竟致僅練翅蹬擺三腳，其他四法，更無所聞。如接者，見敵腿來時，

以我之腿接其腿而踢之，謂之接腳。套者；見敵腿來時，套出而踢之，若敵從左方踢來，我套在右方踢之，敵從右方踢來，我套在左方踢之，謂之套腳。襯者；以我之腳踢敵腳之內側方，如襯其內，謂之襯腳。採者；即以腳橫斜而採之，用在敵來我側方時踢之，謂之採腳。此四腳極不易練，亦不易用，須有長久單練工夫爲之補助，不然，不能應用自如。想後來一般教太極拳者，因不能使人人普遍學習，且年長身弱之人更難習練，故除去之，但其應用之巧妙，踢法之齊備，不可不表而出之也。

踢腿要領，有「直起風波」四字：直者；踢腿蹬腳，無論向前向側，總須要直，若不挺直，不能貫澈工夫。起者；高也。踢腿蹬腳，皆要高，能高可滿足企圖，最小限度，亦得踢過腰，練時能高，用時可以如意。風者；踢出蹬出時，快而有風聲，此言其快，不快無風，即不能出勁。波者；踢出之腿，自腰際至腳尖，有波浪形狀，表示腿勁貫到腳尖之意。有此四字，可以稱踢腳要領齊備，不僅太極拳如是，無論何門何拳，基本要領，莫不如是也。踢腳與踢腿不同，以腳尖腳邊腳掌打人者，謂之踢腳蹬腿，以腿之全部打人，或以腿之後跟打人者，謂之踢腿，其要領同。據此道中人云：「手如兩扇門，全靠腿打人」，「八式無眞假，指上便打下」。足見用腿之重要矣。

練拳（十）　習練拳術，最要注意手·眼·身·法·步五大項。所謂手者：即掌拳肘合腕等動法。所謂眼者：

即左顧右盼，或向上向下等看法。所謂身者：即肩腰胯等動法，如含胸拔背轉換等事。所謂法者：即拳術各種名式，如太極拳中各名稱，紅拳中各名稱，花拳中各名稱，各拳各路，各套各法，不勝其述，要皆拳路中打人之方法也。所謂步者：是練拳人最易疏忽而最要之事，步為根基，快速在步，穩固亦在步，著與不著在步，巧與不巧亦在步。此道中人曰：『手到腳不到，自去尋苦惱，低頭與彎腰，傳授定不高。』此兩句話，五種方法，皆說到矣。

附田武兩先生來函　文叔學兄偉鑒：久未暢談，渴念殊甚。頃奉華扎，敬悉種切，謹將所詢：答復如下：練太極拳之要旨，務須身體中正圓滿；氣要鬆，手按時，要從肩肘蠕蠕搓出，兩肩要鬆，兩肘要下沉，尾閭要收，腳落地時，先虛而後實，上下一致，式式均要圓滿，頭要提頂，氣沉丹田；練時要慢，快則氣即上浮，如在贛有知心好友，可教一二，以便互相研究推手，亦易進步，身體亦能健康矣。素知我兄文學理想淵博，又能虛心研究，日後定能成為太極名家，興盛此術者，惟有我兄是賴，其他恐不能及也。嗣後我兄勦匪凱旋歸來，再為趨階謁賀，現當勦共期間，諸多勞苦，玉體善自珍重，是所至禱！謹此奉陳，敬請道安。　弟武匯川謹啓　二十三年八月二十一日

文叔先生大鑒：展讀來示，前由林君轉致一函，已經台閱。閣下近來致力研究太極拳，化發諸勁，

進步定必甚速，深爲欽佩！所舉疑問數點，囑爲解釋。麟自愧功夫淺薄，恐仍未能詳盡，今就所知者略言一二。(一)「化勁」之最重要者是順人之勢，尤其是快慢要相合，過快則敵勁易生中變，太慢仍未能化去。(二)「發勁」先要化勁，化得好才有發勁的機會，機會既得，即宜速放，其勁要整要沉著。(三)「攻人」全在得機得勢，機會未到，不當攻人，「雙分」「單分」時候要合得上，掤勁亦甚重要，靠勁先要化得合法，靠時要快，要有一定目標，凡此種種，苟非著實久練，不能得心應手，閣下以爲然否？舍間大小托庇均各平安，請勿念。專復順頌　大安　田兆麟頓首　廿三年十月八日。

推手(一)　習練拳架，係一人虛擬，其勁之如何？究屬渺茫。故進一步練推手，即實現其掤·攦·擠·按·採·挒·肘·靠之用法，換言之，以循環的攻避方法，來試用太極拳打人避人手段是也。其中最難者，即聽·化·拿·發此四字工夫。所謂聽者；即以我之手腕身軀，與對方接觸時，刹那間，知其動作變化，謂之聽；同時避其攻擊，謂之化；同時定其作用，謂之拿；同時攻其弱點，謂之發。詳言之分此四段，而實在是一刹那間爲之。故此四字工夫，甚難甚難，雖畢生研究，亦無止境。其總訣在一元圈，其化也，發也，避也，攻也，無不以元圈爲之，所謂太極者在此，所謂妙用者亦在此。——(採挒肘靠同)——

推　　手

推手（一）　以余個人之揣擬。初練習推手者，於掤・攦・擠・按中，先以兩人合作五個大元圈，來試演之，名爲基本方法。一平面元圈；二直立元圈；三斜形元圈；四前後元圈；五自轉元圈；先將此法習演純熟。以後可以變化各種元圈，而妙用之。但此五圈非面授，不可筆墨之間，難以盡其動作。初試元圈大而笨；繼則小而活；再則其圈不在外而在內；有圈之意；無圈之形；一刹那間，而妙用發矣。到此地位，可以意會，不可以言傳，莫知其妙，而妙自生，非有長久克苦工夫，不能到也。

推手（二）　推手爲太極拳實驗之方法，已如前言之，此外須要注意者有三：第一不可存爭勝負之心。彼此既爲同道，自有互相切磋之誼，動作稍有進退挫折，並無勝負榮辱之可言，何可在此計較而生嫉妒之念？第二不可存賭力之心。太極之妙，是在巧，非在蠻力，譜上云：『察四兩撥千斤，顯非力勝。』若恃蠻力，是非研究太極拳之道矣。第三不可存作弄之心。凡屬同道，皆當互愛互助，彼高於我者，應謙恭而請教之，彼不如我者，當誠懇而指導之，語云：他山之石，可以攻錯，勿以其力弱可欺，而出我之風頭，似非同道者所可有也。

推手（四）　兩人一交手，即須研究手・眼・身・法・步五項，並練掌・拳・肘，合・腕・肩・腰・胯・膝・腳各勁，及掤・攦・擠・按・採・挒，肘・靠，前進・後退・左顧・右盼・中定十三勢，方始爲推手之目的，推手之本事。每見普通學者，不按上列諸法習練,俗語所謂磨豆腐者,雖千遍萬遍,有何益焉。

推手(五) 初習此者,最好選身體大小相等之人,靜心細想而琢磨之。或有不對處,不領會處,請師詳細指導之。勿憚繁勞,勿稍意氣,而專心一貫研究,自有水到渠成之一日。

推手(六) 今將拳論上所述之聽·化·拿·發等工夫分註如下:王宗岳先師論曰:人剛我柔謂之走,我順人背謂之粘。此二語,即言我與敵接着時,敵以剛硬來撲,我以柔化之,是爲化勁。借其勁使陷於背勢,而我處順勢,仍不與敵脫離,是爲拿勁。上句是聽勁中帶化勁;下句是化勁中帶粘勁;能使敵陷於背,我處于順,向其背處稍一發勁,則敵必如摧枯拉朽而撲跌之,能得此機會,謂之拿。又曰:「曲中求直,蓄而後發,蓄勁如開弓,發勁如放箭,發勁須沉着鬆靜,專注一方」是爲發勁。但以上聽·化·拿·發四步工夫,須從粘字中練出來。又曰:「動急則急應,動緩則緩應」即謂敵來步快,快應之,來得緩,緩隨之。但我總不與敵脫開,是爲粘勁。若手臂不粘連,腳步不跟隨,如何能聽能化?更不能拿,不能發矣。其行功心解曰:「往復須有摺疊,進退須有轉換」此言與敵靠近時之變換身法也。續曰:「極柔順而後極堅剛,能呼吸然後能靈活」係指示內部運化工夫。再曰:「邁步如貓行,運勁如抽絲」形容其舉步如貓行之輕靈穩固,運勁如抽絲之不斷不猛,係指外表工夫。要實驗以上所云皆離不了論中所謂「由著熟而漸悟懂勁由懂勁而階及神明」換言之欲懂勁非由接着與熟練不可。且如階級的一層一級而達到神而明之之地位也。但學者從何而懂勁？從何而接着？從何而熟練？只有從推手做起。

推手（七）　凡學習推手者，身體切不可前傾後仰。若前傾，重心偏於前方，對方用採勁，易於向前跌倒。如後仰，重心偏於後方，對方用挒勁，亦必向後跌倒，此其一也。彼此一交手，他方必有攻誘方法，我方必須保留轉換變化之餘地。惟身軀中正，則有餘地可以左右前後迴旋也，此其二也。在推手時，遇對方手腕沉重，或來勢猛烈，一不可兩手縮緊，二不可使用蠻勁，三不可胸中迸氣，四不可身向後退。如兩手縮緊，長度必定減短，不能彀着對方。使用蠻力，全身必定僵硬，猶如笨伯，其原理是與太極相反，所學方法無可使用矣。至於胸中迸氣，血液停滯，面色逐漸變青，實屬有礙生理。身向後退，被人隨勢進攻，無有不敗。學者於此四弊，切宜注意！

推手（八）　凡初學者，無論練拳、練推手、大擺散手等技，一：要觀人練習，凡有身法好，手法純，步法靈，可爲學範式者，皆須一一留意而深記之。二：要聽人講解，如遇前輩及同學中有心得之談，經驗之論，均宜虛心靜聽而領會之。三：要實地鍛鍊，此爲實際工夫，而達到能實行地位。若只知鍛鍊而不知觀與聽，古人所謂盲修瞎練，小則勞而無功，大則有害身心，結果所得，與目的相反也。

推手（九） 推手與練拳既已如上述。其屬於本身者，即以虛實二字。四肢百骸，均要有虛實之分，剛柔之別，如進退起落無虛實，必定笨滯，不能輕靈也。兩足固宜分虛實，一足亦須有虛實，非但兩手有虛實，一手亦須有虛實。論中云「虛實宜分清楚，一處有一處虛實，處處總有一虛一實」王宗岳先師曰：「每見數年純功不能運化者，皆自爲人制，卒不能制人，則雙重之病未悟耳」所謂雙重者，即虛實不分。先師又曰：「雙重則滯。」滯者，運用不能輕靈，便爲人制。又曰：「偏重則隨。」若偏重一手，或偏重一足，而不寓有虛實者，必隨人受制。又曰：「欲避此病，須知陰陽，陰不離陽，陽不離陰，陰陽相濟，方爲懂勁，懂勁後，愈練愈精。」所謂陰陽者，包含虛實也，剛柔也，收放也，開合也，進退也，起落也，閃轉也，騰拿也，皆在其中矣。

所謂剛柔者，與人推手時，兩手相接，神氣外揚，肌肉堅硬，轉變擴大，發勁能動中心者，是人練械多而練拳少，其勁屬於剛也。兩手相較，動作綿而細，步法身法輕靈，接着如有力，打去猶無物者，是人練械少而練拳多，其勁屬於柔也。若能神氣安舒，身穩如山，上下相隨，發勁沉長，而震動全身者，是人剛柔具備，其勁陰陽相濟矣。學者須知柔勁與剛柔，並非如物理化學之專科，吾人終年練習，

推　手

有時屬於剛勁，有時偏於柔勁，惟剛柔相濟，爲最少耳。練劈掛八吉等拳者，發勁大半偏於剛勁，練八卦太極者，往往偏於柔勁。其實無論何門何拳，均須剛柔兼備，陰陽相濟，方爲拳藝之正宗也。

推手（十）　推手動作，表面上雖在手腕，而實際上全在腰中，亦可以說手是三分，肩是一分，胸是一分，腰是五分。若肩不能鬆，胸不能涵，腰不能活，全仗手腕，決不能化人，亦不能發人，此事在練拳架時，即須注意。此外步之穩不穩，係在襠勁。細言之：即跨·腿·腳·三部分連系動作，換言之，能粘連否？是在上身，即手肩胸是也。能跟隨否？穩定否？是在下身，跨·腿·腳·是也。但上下運用之樞紐，完全在腰，譜上云「其病必於腰腿間求之」。腰勁一事，不但太極拳所重視，如形意八卦，均極注重，即少林門亦無不注意之也。以上所言，係形質之談，至於內部氣之一字，先從意字起，意之所到，雖未必是氣之所達，氣之所達，未必即血之所充，但非由此無從入手，故先以意導氣，以氣行血，久之意與氣，自能合一，氣與血，自能相隨。其行功心解曰：以心行氣，務令沉著，以氣運身，務令順遂。心者，意也。身者，血肉也。但運行之間，於腰着順遂兩語，切宜重視，否則？非流入漂浮，即陷於別扭。至於沈著之法，即氣沉丹田。順遂之法，即活用腰腿。內外一致，方合其義。須用默識揣摩工夫，而后能從心所欲，其細微原理，俟軍書稍暇，再詳言之。一般練拳與推手者，大半注重在上部，手法如何如何？身法如何如何?前已言之。但不知下部之關係,實比上部爲重要,其變化與進步,須從實地試練出來。練拳人,初則高低大小不能自然,動作不能穩定。繼則動作漸匀,步法漸穩,再進則舉止輕靈,隨心所欲。至於推手經過,初則腰腿硬直,搖擺不定。再則旋轉進退,逐漸穩固。再進則心手相應,腰腿一致。

大攌　太極推手工夫分作三步:其初則原地推挽爲第一步。繼則活步推手。(即此進彼退彼進此退之法)爲第二步。其意爲原地練習既熟,進而練行動中掤攌等法,但此不過直線之行動而已。此法練熟,繼而練四斜角行動方法,大攌者,即練習四斜角之方法也,爲第三步。練大攌之靠者,前進必須三步,方與攌者成正直角。若用兩步必斜,至於攌者,必退兩步,若用一步,不能避對方之攻擊。此方攌,彼方靠,彼方攌,此方靠,往復循環而演之。無論何方,在攌在靠時,其架式要底,腰跨要正,方合其要領也。

散手　第四步爲散手,計分兩種:

(一)利用太極拳中之各式,兩人對打,例如甲用雙風灌耳打乙,乙用雙按破之;甲用攌打乙,乙用單靠破之;二人聯續對打,如花拳中之對子,惟轉變發勁不同耳。若不習之,則太極拳各式之應用不知,直等於學單人跳舞矣。

(二)上列散手對打，皆係預定方式，雙方編練成套。第二種則不然，雙方均無預定，亦無式樣，各方一作準備姿勢，即開始攻擊；或緩或急，或高或低，或方或圓，用拳用腿，各聽自由。大致歷來相鬬方式，一爲圓形方式，如甲在中心，乙游擊四週。其次縱形方式，直來直往，二人中你來我往，我退你進，成一縱形決鬬式。與比試大半不外此二式。二人一交手，謂之一合。戰鬬合數之多少，全在平日練架氣分之長短？拳足之準否？發勁之大小，全在推手大攦之精粗。此段工夫，完全實用功夫，亦可謂最後一步功夫。習此者，非常練苦練不可。初期與師傅對打，爲師者，常要讓生徒撲擊。此道中人所謂喂腿喂拳是也。爲師者若不喂之，生徒無從得其三昧，是爲師者，最難最苦之教授。一則難得機會，既要精神充足，又要無人偷視，且須身授撲擊，不免痛苦。二則防生徒學成，而有欺師叛道行爲，或者忌其優勝於師，而師自失其地位與生計，故爲師者，往往不肯教授，實有不得已之苦衷存矣。學拳如是，學器械亦如是，其困難更甚於學拳。

太極拳散手對打名稱：

(一) 上手 上步捶　(二) 下手 提手上勢

(三) 上手 上步攔捶　(四) 下手 搬捶

（五）上手　上步左靠
（六）下手　右打虎
（七）上手　打左肘
（八）下手　右推
（九）上手　左劈身捶
（一〇）下手　右靠
（一一）上手　撤步左打虎
（一二）下手　左劈身捶
（一三）上手　提手上勢
（一四）下手　轉身按
（一五）上手　摺疊劈身捶
（一六）下手　搬捶（開勢）
（一七）上手　橫挒手
（一八）下手　左（換步）野馬分鬃
（一九）上手　右打虎（下勢）
（二〇）下手　撤步攦
（二一）上手　上步左靠
（二二）下手　轉手按
（二三）上手　雙分蹬腳（退步跨虎）
（二四）下手　指襠捶
（二五）上手　上步採挒
（二六）下手　換步右穿梭
（二七）上手　左掤右劈捶
（二八）下手　白鶴亮翅（蹬腳）
（二九）上手　左靠
（三〇）下手　撤步搓臂

太極拳散手對打名稱

(三一)上手 轉身按(搁勢)
(三二)下手 雙風灌耳
(三三)上手 雙按
(三四)下手 下勢搬捶
(三五)上手 單推(右臂)
(三六)下手 右右臂
(三七)上手 順勢按
(三八)下手 化打右掌
(三九)上手 化推
(四〇)下手 化打右肘
(四一)上手 採挒
(四二)下手 換步截
(四三)上手 右打虎
(四四)下手 轉身撤步搁
(四五)上手 上步左靠
(四六)下手 回擠
(四七)上手 雙分靠(換步)
(四八)下手 轉身左靠(換步)
(四九)上手 打右肘
(五〇)下手 轉身左獨立
(五一)上手 退步化
(五二)下手 蹬腳
(五三)上手 轉身(上步)靠
(五四)下手 搓左臂
(五五)上手 轉身(換步)右分腳
(五六)下手 雙分右摟膝

（五七）上手　轉身（換步）左分腳　　（五八）下手　雙方左摟膝

（五九）上手　換手右靠　　（六〇）下手　回右靠

（六一）上手　撤步攔　　（六二）下手　順勢靠

（六三）上手　回擠　　（六四）下手　轉身按

以右列上下六十四手，僅利用太極拳全套之半，其餘容暇時續記。

練勁　無論練拳與練器械，總須將內勁練到四肢。如練器練，不論劍槍等藝，則須將內勁達到器械之尖。劍則劍尖，槍則槍尖。至於勁之大小，因先天秉賦之不同，不能苛論。能到器械之尖，武藝功夫可算到家矣。但練習程序，不可躐等，先在徒手時，將身軀之勁貫通肩·臂·腿·腳四部，而后到手尖足尖。要此步功夫做到，亦須三四年，然後再用短器械，練到長器械，要使內勁貫到器械上，甚難，非徒手工夫可比。個中人謂透三關，第一關將勁貫到械上，第二關由械柄通過械中心，第三關達到械尖。此三關功夫，不在本身力之大小，而在平日水磨功夫如何？由科班出身者（從徒弟出來）下過苦功，大半能透三關，一般票友中，所能者無幾矣。

練勁之經過既如上述，今將「太極拳勁」之種類分述如下：

練勁

一、「柔勁」又名「粘勁」。此太極門最初之練勁法。拳譜上所謂：「一舉動，週身俱要輕靈，尤要貫串無使有缺陷處無使有凹凸處無使有斷續處」。初練拳架時，全用「柔勁」。否則不能貫串，必有缺陷與凹凸斷續之病。王宗岳先師論曰：「人剛我柔謂之走我順人背謂之粘」「不偏不倚忽隱忽現左重則左虛右重則右渺」。（此係與人交手之柔勁功夫推手時便可用之）十三勢行功心解云：「極柔軟而後極堅剛」又曰「邁步如貓行運勁如抽絲」。楊鏡湖先生約言曰：「似鬆非鬆將展未展勁斷意不斷」等語：即將柔勁之理說得極其明顯其效用在能粘能吸與敵粘住總不使其離將其吸住使其為我制。初學者均須從此入手若初學之人，不注意於此便離太極門徑決難成就。

二、「剛勁」又名「斷勁」有稱「冷勁」有稱「挒勁」。其名不同其法則一，其性激烈，發時如炮彈爆炸譜上云「運勁如百鍊鋼無堅不摧靜如山岳動如江河蓄勁如開弓發勁如放箭曲中求直蓄而後發」「發勁須沉著鬆靜專注一方」。等語皆指示剛勁之法其效用是將敵人掃蕩無餘。練此勁時注意在猛而長若發勁短促雖剛烈亦無多效用也。

三、「接勁」又名「借勁」其勁中包含「聽勁」「化勁」「剛勁」「柔勁」諸法。此勁最難練，是爲最後功夫，敵勁到，我勁亦到。譜上云：「彼微動我先動；換言之敵勁之到我身，我即化其勁而發之，有時敵勁將到時，我已先敵而發之。總之我接敵之勁，借敵之勁，而發之，其方法是在一圓圈。敵勁到身時，起一極小圓圈而發之，此圓圈，非目力所能見，非初學所能知，非到微妙程途不能領會。語云：可以意會不可以言傳也。譜云：「得機得勢」又云：「將物掀起，加以挫之，其根自斷」歌曰：「引進落空合即出。」「捧動四兩撥千斤」「妙處全憑能借力，無窮變化洵非誇」等。省言接勁要領，此中方法，全須面受，又須熟練，非筆墨所能盡也。

比試　即由散手中學習而來。學習散手有經驗，有進步，再下苦功，到比試時，定有幾分把握，雖然遇到強敵，不能取勝，總不至意外吃虧。攷散手一步功夫，實爲練武者最後功夫，亦爲練武者最後目的。若練武人不會散手，便不能比試，便何能與人決鬭，在倉卒中何能獲到效益，此西人所以譏我中國武藝爲單人跳舞也。今將關於比試之管見，試述如左：

比試在教練中謂之散手，在角逐中謂之比試，在衝突中謂之決鬭，其名目雖異，其效用則一，是爭勝敗於俄頃也。吾人五官四肢皆同，雖秉賦同異，而性靈則一。我能見，彼亦能見，我能打，彼亦能打，所以能取勝者，是在方法，是在熟練，有方法而不熟練，雖有等於無，單靠熟練而無方法，所謂盲修瞎練，亦徒勞也。方法與熟練之要素有三：一、要狠；二、要快；三、要準。一：狠者，能取攻勢，出手時能到家，能盡力，能克敵，若心一柔，便無用矣。二：要快，是在同時並發，彼發我先發，彼發短。我發長，彼發軟，我發硬，彼發柔，我發狠，是我勝矣。三：要準，準字爲最重要，若出腿出手，皆不準，心雖狠，手雖快，皆無用也。

武當對劍名稱

第一套　上下出劍式：對平刺。（陽手）對翻崩。上點腕，下抽腕刺。對提。對走。下翻格帶腰。上翻格帶腰。重二遍。下壓劍擊耳。（灌耳）上帶腕。（崩勢）對提對劈。下刺喉。上帶劍刺喉。陽劍圈。上橫攪。下擊頭。上擊腿。下截腕。上帶腕。（保門勢）下左截腕。上抽腕刺胸。下截腕。上帶腕。（保門勢）下翻格。上抽腕。各保門完。

第二套　下上步擊。上擊腕。對提。上刺膝。（箭步）下壓劍帶腰。（箭步）對翻崩。上點腕。下斜刺崩。上抽。下刺腹。上左截腕。對劈。下反擊耳。上反擊腕。下抽腿。互刺腕抽腰走。重二次。下擊頭。上帶腕回擊。對提。各保門兒。

第三套　下劈頭。上格劍帶腰。下格腕帶腰。上格腕帶腰。下格腕帶腰。上格腕帶腰。下壓劍。翻擊耳。

（灌耳）上直帶。（崩勢）下提。上上步扣腕擊。下上步扣腕擊。對走。對反抽。下刺腹。上格腕。對繞腕。各保門完。

第四套　上洗。下陽劍圈起手。對陽劍圈。下陰劍圈起手。對陰劍圈。下進步攪。對攪。下抽。上下進退帶抽重三遍。下崩。上抽。下上步刺。互壓劍。上擊腿。下反擊耳。下直帶。對提。各保門完。

第五套　對伏式。上刺。（中陰手）下擊腕。上抬劍平截。對截腕。對提。對走。上正崩。（中陰手）下帶腕。（保門勢）上進步反格。（中陰手）下抽身截腕。上上步截腕。下反截腕。上抽手截腕。下抽手截腕。上帶腿換步刺腰。下換步刺腰。上平抽。下刺胸。（獨立金雞式）上平帶。對提。各保門。各伏式。下刺胸。上平擊。對提。對劈。對刺。上格腕。下翻刺腕。上扣腕刺。對轉身劈劍各保門。上下收劍完。

劍法十三勢　武當劍法，大別爲十三勢，以十三字名之：即抽·帶·提·格·擊·刺·點·崩·攪·壓·劈·截·洗，亦似太極拳之掤·攦·擠·按·採·挒·肘·靠·前進·後退·左顧·右盼·中定也。此外另有舞劍，未有定式，非到劍術純妙不能學習，非口授面傳，不能領會。

以上所編套子，即劍學泰斗李師芳辰以十三勢編練而成。對練時，審來度往，按法練習，初習時，宜慢不宜快，宜緩不宜疾。式式應到家，劍劍須著實，有時須注意用法，與練法不同處，此其大概也。

摔角之大概　中國拳術於踢打之外，有摔角與擒拿二藝。摔角爲近身扭結時必要之技術，粗看似全仗膂力，詎不知方法之外實有巧妙存焉。初學者先以一人單練，如前進後退、轉身變臉、勾腳挑腿、挺腰坐馬等方式，但不行打，不行踢，如犯之即違章，爲衆所不許。初與師對練，與同學對比，如大別子、挑勾子、抹脖兒等等，全仗實驗工夫，最奇者變臉一事，如對人使上把或下把時，雖轉身而不變臉，仍不能倒敵，一變臉，敵必撲跌矣。此藝現在江南者，楊方五、佟忠義、王子慶諸君優爲之。習練工具，用專用褡練衣一襲，腰帶一根，其行規服此衣摔死不償命，其優劣以跌倒多次者爲負，比演時相約摔三十交或五十交爲準。善此者約定三十交，可將對方摔倒三十交，或可將人摔之上樓，或摔斷腰腿，竟至死者。故有人認此爲危險之技藝者，其實在教者與學者之性情耳。

摔角方式甚多，另有專書，非片言所能盡，本篇略述大概，爲學太極者一斑之助耳。

東瀛所謂柔道者，實係吾國古代所流傳，考其功力，碻有湛深之成就，考其方法，尚不及吾國摔角之什一。惜吾國上下不能一致提倡，視爲江湖末技，不足當大雅之欣賞也。

擒拿之大要　擒拿術不行打，不行踢，亦不行摔，專以特種手術將敵拿住，換言之，將敵之四肢之一部，用一方法，使其不能動，不能倔強，無可脫逃。敵如反抗，則其四肢之一部，必致苦楚難堪，或有折筋斷骨之虞，彼只得聽從我之使命，此之謂拿住。今將各部拿法名目開列如下：

第一頭部法　搬頭法，抓臉法，抓耳法，捏喉法。

第二肘部法　纏肘法，向上搬肘法，向上推肘法，轉身抗肘法，橫斷肘法，向下壓肘法。

第三拳部法　抱拳滾身法，捲拳法，扣拳拐肘法，扣拳壓肘法。

第四腕部法　單纏腕法，雙纏腕法，大纏腕法。

第五掌部法　反掌斷肘法，掣掌跨肘法，牽手法，扣掌按肘法，扣手拐肘法，捏手背穴法。

第六腿部法　倒坐腿法，搓腿法，拿陰破法。

踢打之部位　八可打，八應打，八不打三法。所謂八可打者，比演時可打而無害。八應打者，懲兇罰惡之舉。八不打者，打著便有危險。以上三種，亦是學技者，不可不知也。今開列如下：

八可打　兩肩窩，兩上肘，兩背胛，（背之上部）兩大腿，以上八處，可為師徒間揀習撲打之用，尙無妨礙。

八應打　一打眉頭雙睛，二打口上人中，三打耳下穿腮，四打背後脊縫，五打兩肘骨節，六打鶴膝

摔角之大概　自然門　靈令門

虎脛七打腿下顆骨八打腳背指脛。如遇暴客凶徒舉動狠毒時，應打以上八處，而懲之，使其疼痛昏迷，不致作惡也。

八不打　一不打泰山壓頂，二不打兩耳封門，三不打喉咽氣管四不打胸間穿心五不打乳下雙脇，六不打海底撈陰七不打腰心兩腎，八不打尾閭中正。以上八處，踢打中著，必有性命之虞，故不打也。

自然門　此門之拳術，從人身本來自然行動中習練之。其初步煅煉，手足腰腿目光各部，而於手尖腳尖尤爲注意。其練法，詳載於萬籟聲出版之武術匯宗（商務印書館出售）本篇不贅。萬氏於中央歷屆比試，皆佔優勝其師即余盟兄杜心五也。杜氏年屆七旬，身懷絕技，目光如電，惜其學道心切，已入羽士之流，比聞遯入出林矣。

靈令門　此門之拳，可謂少林宗最細最全之技術。其初步先學五種模子，又名羅漢工，即基本工夫。而後學各種單式打法，其八種腿法尤爲他派所無。鍛鍊時有靜動兩法，極繁細，極深刻，非普通人所能學習。余兄劉百川精研此藝，清季藉此走鏢北方，革命軍興，護從蔣總司令北伐，歸來以年老告休，現聘爲浙江國術館教務長。

(六)勁與力之分　吾人四肢運動之效用，體育家名之謂「力」，武術家稱之曰「勁」。考「勁」與「力」之分甚微，所謂力者，天然漲成，其效用隨年齡疾病而增減。明言之，年齡少壯，其力強，年齡老大，其力衰，身體康健，其力充，身患疾病，其力弱。所稱勁者，則不然，由多年苦練而成，其效用不因年事疾病而退減。曩年八卦先師董海川董老公享壽九十餘歲，于臨命終時，有一壯士爲其更衣，董不欲，一舉手將壯士拋擲窗外，至今八卦門傳爲美談，足見內勁之不因疾病而減弱，可知矣。今將全身之力，可練而成內勁者，列如下：

握力（掌勁）　合力（擠勁）　射力（挒勁）　推力（按勁）　拉力（採勁）

拖力（擺勁）　托力（肩勁 稱勁）　舉力（掤勁）　提力（提勁）　招力（腕勁）

騎力（沉勁）　排力（開勁）

以上略分爲十二種，其發勁之源，皆起于腳，出動於腰，而達於四肢也。

(七)師生間之關係　歷來教拳者，雖口頭法一說，教授毫無分別，而實際碻有三種情形。第一種：受業者爲徒弟，教授者爲師傅，授者盡心苦練，教者盡心教授。但學業之外，師家大小雜務，皆須服役，待有技藝程度，初隨師爲幫教，繼則代教，三年五載之薪水，完全供養師傅，其後看師

勁與力之分　師生間之關係　　三六

傳之度量，與夫業徒之資格若何？如業徒漸漸老練，則師傅亦漸漸客氣，此後場面皆歸自己撑持矣。然對於輩分，仍極尊重，門戶亦極重視。

江湖藝規，大半相同。如唱戲者科班中例規，藝徒儘享大名，儘掛頭牌，能叫座，能博彩，而其包銀一千二千，全歸業師收去，待到資格已老，經過滿師手續，方得自由營業。各師皆如此，各徒皆如此，以上情形，雖爲江湖俗例，亦屬人情之常。否則爲師者既無利益希望，何苦而爲竭盡心力之指教。在學者方面，對於師之本有技藝，尚不可得，欲求青出於藍，更爲難矣。

第二種：受業者爲門生，社會中所謂拜門者。教授者爲老師，師弟之間，稍稍客氣，除學業外，不服役私事。其教練亦有相當指授，學業亦有成就者。其門生有爲師傅盡義務者，有不盡者，一門之中，個個不同。

第三種：教授者稱爲先生。如學校學生，軍營士兵，以及時髦機關職員，逢期一次二次，教者既不能精確指導，學者亦無非時髦而已，事實上難以成就也。

從來拜師傅者，須具大紅全帖。第一頁寫生徒姓名某某頓首拜。第二頁寫生徒三代父母本人年齡，籍貫，住址。有於第三頁附寫介紹人姓名籍貫住址者，有不寫介紹人者，最後寫當時年月日，另設香案，中供本門祖師，邀請師伯叔及師兄弟等觀禮，先由業師拜其祖，（少林門爲達摩，武當門爲張三丰）其徒繼拜之，跪奉其帖後，向師再拜，起對各師伯叔師兄弟行禮，即舉行宴會。有獻贄見儀者，其數不定，視其師生感情與贈者經濟耳。

少林門（山東滄洲一帶拳廠）習拳之經過

一：拜師。（經二人以上之介紹，具帖請酒，及各種儀式。）

二：習彈腿。（彈腿爲少林門各路拳術之基礎，故先習此。）

三：拉架子。（拉架子者，即習各種拳術之架子，待所習之拳架子，手足純熟，身法自然，將本身之勁，能作用到四梢，（即手尖足尖）爲期約二三年，然後再學短兵器，若躐等而學，便有害，其師亦不許也。

四　學刀劍（鞭鐧等短器），練大槍。

五　折拳法。（將拳架各式折開說明用法），折器械，其方法與上同。

六　練拳對子。（各種拳架對打方法）

七　學手法。（各種爪拿法）

八：折器械。（各種器械對打法。）

九：散手。（散手對打，分文武兩種。所謂文者動手不用腿。所謂武者，動腿不用手，腿手並用，謂之文武並用。）

十：春典。（春典者江湖上綠林中之黑話，又名江湖術話。此事歷來頗視爲重要，故有「儘數千般藝，莫教一口春」之說。因懂得此類術話，即是個中人，既是一家，便有照顧，即占便宜矣。

（附）「下場不溜腿，到老沒藥救」此言練拳後，不可停止而坐，須走數圈而溜其腿，即平其氣和其血脈也。

（八）國術界中之習慣　練國術者，須略約知一般之規例，亦入國問禁，入鄉問俗之意。凡見人練拳，或練器械，必須起立，不可坐視，否則必遭厭惡，或受人揶揄，如爲座師或直屬長官及長輩父母師伯叔等，則可以不拘，見其練畢，必須致贊美之辭。若自己表演時，應除帽脫長衣，但不可赤膊赤腳，最小限度，帽子與馬褂必須除去，而後向環衆致歉辭。否則此道中人，以爲欺師蔑祖，目空一切。暗中已受人歧視，或竟當場發生比試等事，因此而生永久之惡感矣。

凡向人索閲刀劍器械等件，不可魯莽開視。必須先得其允可，接到手後，應變換側方視之，其快口尖鋭須對己，不可對人，否則爲大不敬，且防傷人。最要者，勿以手指口沫摩其刀劍，犯之，尤爲一般習慣所痛惡。在宴會席上，有同道人來遞茶，或斟酒，皆係表示尊敬與佩服之禮節；受者當起立而回敬其禮，毋忽視之。平常言論，切忌評人工夫之長短，雖屬一時閒談，並無成見與其他作用。但對方之名譽及生計，或竟因此而受重大之打擊，彼必以全力希圖報復，是不可不知也。

以上各條略舉大概，一知半解，在所不免。至所述太極之妙用，余在十餘年前初聞此言，以爲業此者宣傳之辭。今以各師之講授，自身之經過，以及同學朋友之試驗，到爐火純青時，碻有神妙莫測之作用。余非小說家，何必過炫其說，要在善學者刻苦求之，自得之耳。

中國自古以來，武器甚多，形式各異。（名稱不一，而一般所稱之十八般武器名式如下：）長槍、大刀、戈、矛、戟、槊、斧、鉞、爪、鐮、鈀、叉、棍、鎚、劍、刀、鞭、弓、鐗由鞭而成，弩由弓而成，鏕由矛而成，匕由劍而成，故不列。

附言

鄙見國術名稱，宜改爲武術二字，較爲適當。因國術之稱，範圍過於廣泛，凡屬中國之藝術，圖畫

附　言

琴棋，百工六藝皆可稱爲國術，豈獨僅僅乎武術哉？或曰稱爲武術，恐與軍事相混合。實則不然，行陣作戰之學，皆冠以軍字，如軍事計劃，軍事訓練，陸海空軍，陸軍大學，軍官學校，或簡稱爲軍人，軍官，軍佐，軍械等，世界各國皆同，決不與武字相混淆。或曰：此係中國之技術，須加以國字。試問中國一切學術，一切機關，皆冠以國字可乎？東西洋各國，其本國之學術，並不皆冠以國字，其重在事實與性質明矣。邇來中央國術館，兼研究西洋撲擊，日本擊劍諸藝，不如易以武術二字爲當，質之海內賢達，以爲如何？

江西豐城縣古劍匣亭

亭中有〇者即古遺干將莫邪之石劍匣其詳見古劍匣篇及劍匣亭記

莫干山劍池即干將莫邪鑄劍處池在岩石洞不甚寬廣上有飛瀑折疊下注境殊幽勝摩崖二字不知何代所刻　元秀誌

武術偶談附錄

一、莫干山劍池照片
二、豐城劍匣亭照片
三、古劍匣
四、重建劍匣亭記
五、歷代劍俠名人表

武術偶談附錄

古劍匣

此周秦物也，昔闔廬肩斷兵庫，啓鑰失其故，有得白兔二，召劍師干將莫邪視之云：精氣之爲物也。請鑄劍，劍成雌雄二具，龍文星象，洵爲神物。秦皇不敢佩帶，深藏地窟，以鎮王氣者，爲神物謀也。迨東晉時，張華雷煥察日邊有劍氣，求分野，屬豐城，祈及微渺而掘獄所，深及於淵，得石匣藏周代之兩劍，今之遺匣，當時之藏匣也。吾邑既以劍名，而有此匣，當相爲愛惜，以緬前賢，恍如在覩，特不能不遺憾毁博物志之九卷者。

光緒丙午季春月邑人李鏞謹識：

重建劍匣亭記

劍津，在福建延平邵，嘉慶庚申夏，余隨侍　家嚴宦遊閩中，路過津旁，舟人告以此間有雙龍盤屈於潭下，余徘徊留之不能去。因憶晉雷煥令豐城，掘獄得石匣，藏劍二，送一與張華，華曰：此干將也，莫邪何為不至？然神物終當合耳。今既得雙劍之所在，而古匣存與否？恨不得至豐城一訪，為可惜也。越七年，以邑丞來江右，又十三年，補職豐城，因得考所云石匣者。夫匣有蓋有底，茲之匣蓋存，其底失所在。或曰：底沒於縈塘故池中，每歲三月三日，池上風，雨迷離，雙龍歸朝故匣者，其即此底與？姑勿深論，第念劍神物也，匣亦神物也，世之相隔千有餘歲，張華雷煥去而上仙，干將莫邪化而為龍，獨留此一匣，經兵燹之摧殘，城池之遷徙。依然無恙於人間，安知非造物顯示神迹，而不欲終晦耶？考匣之顛末，先是埋於土窟，晉時出諸舊治獄基，明代移置今治學宮，至我朝嘉慶十有一年，前令朱始於尊經閣東偏，覆之以亭，曾幾何時，亭遭水圮，匣復淪於草莽。夫以天生神物，既不獲與砥礪砮丹同登天府，徒聽其晦而顯，顯而復晦，如此亦良足慨已！夏六月，余兼理邑篆，與諸紳士謀重建，相厥故址，築高數尺，為亭復其舊觀，仍妥匣於中，俾遊斯亭者，觀匣之為物，窈然以深。如人之中藏若虛，確乎不拔，如人之品望敦重，[illegible]而平，剛而直，如人之大雅在骨，不露嶙峋焉。以塊然之質，為他山之助，將見人材蔚起，牛斗之間，文光更盛於龍光，而謂後之人有不踵而珍之者乎？夫然後知神跡之不可輕也，夫然後知神跡之不終晦也。昔蘇文忠公過石鐘山下，以小舟泊絕壁，務求石鐘之所由名。余於石匣，自過劍津後，每思一訪，不意歷經數十年，以風塵末吏，相遭於萍水，亦未始非天假之緣，以慰吾慕古之懷也。故書以爲記：

大清道光四年，歲次甲申六月己亥豐城縣縣丞兼理縣事秋浦姚敏德記：

歷代劍俠名人表

名別	類別	朝代	事徵	書名
顓頊氏	帝	上古	居位有曳影之劍，騰空而舒，若四方有兵，此劍則飛起指其方則尅代之。	拾遺記
仲由	儒	春秋	戎服見孔子，孔子問曰：汝何好？曰：好長劍，拔劍而舞之。曰：古之君子，以劍自衛乎？	孔子家語
莒子庚輿	君	春秋	虐而好劍。苟鑄劍，必試諸人，國人患之。	公羊傳
曹沫	將	春秋魯國	沫爲魯將，與齊戰三敗北，魯以地和盟于柯。沫執匕首刦齊桓公，公莫敢動。盡復魯侵地。	史記曹沫傳
鉏麑	刺客	春秋魯國	晉靈公不君，忌趙盾諫，使鉏麑賊之。盾朝服端坐。麑歎曰：不忘恭敬，民之主也。賊民之主不忠，棄君之命不信。觸槐而死。	左傳

歷代劍俠名人表

姓名	身份	時代	國別	事蹟	出處
專諸	刺客	春秋	吳國	吳公子，欲立。具酒請王僚。使專諸置匕首魚炙之腹中而進之。至王前，專諸擘魚以匕首刺王，王死，專諸亦死。	史記專諸傳
要離	刺客	春秋	吳國	吳王使要離刺慶忌，離請戮其妻子，斷其右手，詐以負罪出奔。衛慶忌果信其謀渡江圖吳。離於中流因風勢以矛鉤忌冠，順風而刺之。忌死，離亦自殺。	吳越春秋
丘來丹	刺客	春秋	魏國	來丹以其父被黑卵所殺。初將手劍報仇，不能復借周孔之寶劍，名宵練。三斬黑卵。不血刃三擊其子，亦如投虛歎而歸。	列子湯問篇
赤比客	刺客	春秋	楚國	干將被楚王殺其子赤比欲報仇。王知之，亡去。遇客。客許代報。赤比自取頭與劍付客。客持見王，王喜。客請以頭入湯鑊煮之。王臨視，客斬王頭，落湯中，客亦自擬頭墮湯中。	搜神記

佽非　劍客　春秋　荊
佽非渡江，兩蛟繞其船。非瞋目勃然攘臂拔劍，赴江刺蛟，斷其頭，船中人得以盡活。　淮南子

蘭子　劍客　春秋　宋國
蘭子以術干宋元。弄七劍，迭而躍之，五劍常在空中。　列子說符篇

越處女　劍客　春秋　越國
越王使袁公聘處女，欲求劍術，遇諸途，女請以術試。於是袁公即杖箖箊竹，竹枝上頡橋末墮地，女即捷末。袁公飛上樹，變爲白猿，別去。見越王，談劍術，此爲劍俠之始。　吳越春秋

豫讓　刺客　戰國
豫讓爲其主智伯報仇，一藏于廁，再伏于橋下，皆爲趙襄子所覺。襄子義之，持衣與讓，拔劍擊其衣，遂自伏劍而死。　戰國策

聶政　刺客　戰國
政感嚴遂之知，許報韓傀仇。東孟之會，傀適在焉，政獨持劍直入，刺殺之，兼中烈侯，政亦遂死。　戰國策

歷代劍俠名人表

姓名	身份	時代	事蹟	出處
荊軻	刺客	戰國	燕太子丹懼秦皇兼併，求軻刺之。軻以樊于期之頭及燕督亢之地圖獻。得近。旋爲皇識破。軻持匕首刺之，逐諸庭。皇以佩劍擊斷軻股。軻知事不濟，倚柱笑罵爲左右殺。	史記荊軻傳
高漸離	刺客	戰國	漸離以秦天下，變姓名爲宋家庸，一日擊筑，客皆流涕。秦王聞而召之，使擊筑，與皇近，舉筑扑皇不中，遂誅。	史記荊軻傳
趙文王	國君	戰國	喜劍。劍士夾門而客三千餘人，日夜相擊劍于前。	說劍篇
趙主父	國君	戰國	主父受神人隱身術，入秦昭王所居之宮，人不知。夜靜，以匕首刺王，中之而不傷。	瑯嬛記
項莊 項伯	武士 俠客	楚漢	項羽鴻門宴沛公，范增令項莊舞劍，因擊沛公。項伯亦起舞，以身翼沛公。	高祖本紀

姓名	身份	時代	事蹟	出處
梁刺客	刺客	漢景帝時	梁王怨袁盎阻其爲嗣，使人刺盎。刺者至關中，聞人稱盎不容口，遂不忍刺，置其劍。	漢書袁盎傳
淮南太子	太子	漢	淮南王安太子，學用劍，自以爲人莫及。	淮南王安傳
蜀刺客	刺客	漢建武間	來歙攻公孫述，乘服遂進，蜀人大懼，使客刺之，遂中。	後漢書來歙傳
楊賢	刺客	漢建武間	隗囂令楊賢刺杜林于隴坻。賢見林身推鹿車，載致弔喪。嘆曰：何忍殺義士！亡去。	杜林傳
梁刺客	刺客	漢	梁冀忌崔琦直諫，遣歸，令刺客陰殺之。客見琦耕於陌上，懷書奮讀，客哀其治，令琦自逃。	崔琦傳
劉刺客	刺客	後漢	先生領平原相。劉平素輕之，使客刺之。客不忍語之而去。	蜀志先主傳

歷代劍俠名人表

姓名	身份	時代	事蹟	出處
王越	將	漢靈桓間	劍術之善，噪震京師。	典論自序
阿言	將	漢靈桓間	具得王越劍法。	典論自序
鄧展	將軍	漢	手臂挽五兵，空手入白刃。	典論自序
曹丕	太子	魏	幼學擊劍，閱師孔多，桓靈間虎賁王越善劍術，稱于京師，河南史阿言者與越游，具得其法。丕從阿學之精熟，聞平虜將軍鄧展善斯術，與論劍。既而比較其術，丕竟勝之。	典論自序
鄧遐	劍客	晉	襄陽城北沔水有蛟，常爲人害。遐遂拔劍入水，蛟繞其足。遐揮劍截蛟數段而出。	鄧遐傳

沐謙 刺客 晉

劉裕忌憚司馬楚之，遣沐謙刺之。楚之聞謙病，齎湯藥往省之。謙感其意，出匕首於下，告以狀，遂委身事之。（魏書司馬楚之傳）

呂元伯 刺客 晉

劉義隆忌憚王慧龍，遣客刺呂元伯，購其首。元伯僞反，問來求，慧龍疑之，探其懷有尺刀。元伯請死，慧龍宥之。（王慧龍傳）

鄭植 刺客 梁

扶風大守東昏使植至雍州，潛爲刺客。雍州刺史鄭紹叔知之，密白高祖，置酒飲之，并請觀兵馬強盛，回去不敢動。（梁書鄭紹叔傳）

棗強氏 刺客 唐祖末年

唐祖親征河北，令楊師厚分兵攻棗強縣，半浹旬方拔其壘。既陷之日，無少長皆屠之。時城中遣一民詐投軍中，李周彝收爲部伍。謂周彝曰：請一劍，願先登以收其城。未許，民急抽茶担，擊周彝頭仆地。左右擒之。民本欲窺楊師厚，不能辨，誤中周彝。（北夢瑣言）

歷代劍俠名人表 八

姓名	身份	時代	事略	出處
虬髯客	劍俠	隋	知李靖是丈夫。傳授兵書。後興唐。一日與靖飲，開革囊取一人頭并心肝。卻頭囊中，以匕首切心肝，共食之。曰：此人天下負心者。銜之十年，今始得之，吾恨釋矣。	杜光庭虬髯客傳
李靖	將	唐	受虬髯客傳授兵法及劍術，佐高祖成帝業。	杜光庭虬髯客傳
裴旻	劍客	唐	旻爲吳道子舞劍。走馬如飛，左旋右抽，擲劍入雲，高數十丈，若電光下射。旻引手執鞘承之，劍透空而下。又旻常與幽州都督北伐，爲奚所圍。旻舞刀立馬上，矢四集，皆迎刀而斷。奚大驚，引去。	獨異志
車中女子	劍俠	唐開元中	吳郡士人入京，適宮苑失物，捕賊，誤收士人入獄。女子飛入獄，以絹縛士人胸膊及己身，聳然飛出宮城數十里而下。	劍俠傳

崐崙磨勒 劍俠 唐大曆中

負崔生與姬，飛出峻垣十餘里，甲士五十人圍崔生院，又持匕首飛出高垣，瞥若翅翎，疾同鷹隼，攢矢如雨，莫能中之。 劍俠傳

蘭陵老人 劍俠 唐

老人偶居蘭陵，京兆尹往道，缺，老人試劍術，以長劍七口，舞于中庭。迭躍揮霍，閃光電激，或橫若掣帛，旋若欻火，有短劍二尺餘，時時及尹之鬚。尹歸臨鏡，知鬚剃落寸餘。 劍俠傳

公孫大娘 劍客 唐開元中

其舞西河劍器渾脫，瀏灕頓挫，獨出冠時。曉是舞者，皇帝初公孫一人而已。 唐本紀

李十二娘 劍客 唐大歷中

爲公孫大娘弟子，其在臨潁舞劍器，夔州別駕元特宅見之，壯其蔚跂。 杜甫觀公孫大娘弟子舞劍器行并序

歷代劍俠名人表

姓名	類別	時代	事略	出處
紅線	劍俠	唐	潞州節度使薛嵩，憂魏博節度使田承嗣併其地，紅線爲之謀。是夜一更至魏，盜田金合，二更回府。往返七百里。田失金合，一軍憂疑，嵩使人持書及金合授之，田極感謝。由是兩方交歡，紅線即去。	劍俠傳
僧俠	劍俠	唐建中初	士人韋氏，途遇僧，僧邀其至舍宿，久未至，韋疑之，取弓銜彈之。後至舍，僧厚待之，出其所中彈五枚，又授韋一劍，乞其盡藝殺其徒飛飛，韋引彈俟飛飛，彈盡被敲落，躍在樑上，循壁虛躡，復以劍逐之，飛飛忽近韋身，韋斷鞭數節，莫能傷之。	劍俠傳
聶隱娘	劍俠	唐貞元中	娘魏博大將聶鋒之女，十歲，尼取之石穴中，教法五年，成就送歸。每夜失蹤，及明而返。父卒，以劉昌裔有神算，服從之。後魏帥使精精兒來賊劉，娘殺之。又使空空兒至，空空兒之神術，娘莫及。使劉以闐玉周其	甘澤謠

頸，娘化蠓蠛潛入劉腸中。至三更，聞項上鏗然聲，娘自劉口中躍出，賀劉無患矣。後不知所之。

盧生 劍俠 唐元和中

有唐山人者，自言善縮錫。遇盧生。盧求其術，唐不肯。盧曰：我俠客也。出懷匕首。唐懼，言其術。盧笑曰：此術十得六七。某師仙也。

劍俠傳

田膨郎 劍俠 唐文宗中
王小僕

帝失玉枕，索盜嚴。時蕃將王敬弘軍宴中宵，求好樂器。小僕劇將琵琶至。王奇之，問偷枕者何人。小僕曰：田膨郎也。市廛軍伍，行止不恆，勇力過人，且喜超越，千兵萬騎亦難擒之。隔宿，田等入望仙門，小僕執毬杖擊之，折其足，就擒。

劍俠傳

李龜壽 刺客 唐宣宗朝

晉國公退朝入書齋，花鴨從。花鴨，連衡公衣卻行。既入，花鴨仰視吠急。公疑之，取劍向空祝曰：若有異類陰物，可出相見。忽㩧

江行雜錄

姓名	類別	朝代	事蹟	出處
			上有人墮地,請罪。曰:吾乃李龜壽也。或有厚賄,令不利于公,公赦之。	
荊十三娘	劍俠	唐	李正郎有愛妓,妓父母奪以與諸葛殷。李語于荊娘。曰:六月六日正午,待我于潤州北固山。至期,荊娘將妓與妓父母首級授李。	劍俠傳
京西店老人	劍俠	唐	韋行規遊京西,自恃弓矢。老人勸勿夜行。不聽。行數十里,有人起草中,尾之連發矢中之,矢盡不退。韋懼,頃風雷總至。韋負一大樹,見空中電光相逐,勢漸逼樹杪。韋仰空拜命,電雷息,樹之枝幹盡矣。返前店,老人笑曰:客勿恃弓矢,須知劍術。旋出桶板,昨夜之箭,悉中其上。	劍俠傳
			李汧公勉爲開封尉,縱一囚,罷職後,見故囚,囚迎家厚待,欲報恩。其妻以恩厚難報,	

梁上客 刺客 唐

請殺之。勉知。夜逃至津店。梁上人曰：我幾誤殺長者，乃去。未明，攜故囚夫妻二首以示勉。 唐國史補

長安客妾 劍俠 唐貞元中

長安客有買妾者，居之數年，忽爾不知所之。一夜提人首至，告其夫曰：我有父冤，故至此，今報矣，請歸，出門如風，旋至，斷所生二子喉而去。 唐國史補

王子刺客 刺客 唐則天朝

都督謝祐凶險忍毒，逼曹王自盡，王子令刺客于臥中，截祐首以去。 金鑾密記

呂用之 方士 唐禧宗中

用之以亡命歸高駢，駢與鄭畋有隙，用之預知畋遣刺客來刺駢。告駢：并請以其黨張守一禦之，乃免。 通鑑

康王刺客 刺客 五代梁貞明元年

康王友孜，欲爲帝，使刺客夜刺末帝。帝夢人害己，既寢，聞榻上寶劍鏘然有聲。索寢中，得刺客，手殺之。 五代史人傳

歷代劍俠名人表

姓名	身份	時代	事蹟	出處
田英	刺客	南唐保大十二年	受周大將荊罕儒之賞，既殺契丹使之首，復劫江南番使頭。	南唐書
潘扆	劍客	五代南唐	嘗依海州刺史鄭匡國，匡國後知其是劍客，試其術。扆探懷出二錫丸，置掌中，俄而氣出指端，如二白虹，旋繞匡國頸，有聲錚然，引手收之，復爲錫丸。	南唐書
淘沙子	劍客	五代	僞蜀有隱迹於淘沙者，時休息于宇文化宅門大桐樹下。宇文異之，約再會。浹旬，淘沙子到其門，門僕見其破帽，厲聲罵之。宇文聞之，出迎與飲，酣談道辭去。翌晨扣門，將一新手帕裹一物寄于宇文，開視之，乃髮髻一顆。至日高，門僕不來，令召之，云五更睡中頭髻被人截去。	茅亭客話
隱名士	劍士	五代	於腕間出彈子二丸，皆五色，叱令變化，即化雙燕飛騰，名雙奴。又令變，即化二小劍	雲仙雜記

交擊。須臾復爲丸，入腕中。

李光輔　劍士　宋

眞宗時光輔善擊劍，詣闕。帝曰：若獎用之，民悉好劍矣。（宋史眞宗本紀）

張乖崖　劍俠　宋

乖崖一日與祝隱居遊，見棗樹有合拱之圍，探手袖間，飛一短劍，約平人肩，斷樹爲二。隱居驚曰：我往受此術於陳希夷，而未嘗爲人言也。又一日有舉子王元之于平野間見之，避道於百步前。曰：我視君昂然飛步，神韻輕舉，知必非常人。（春渚紀聞）

西夏刺客　刺客　宋

韓魏公領四路招討使，駐延安。張元使西夏刺客于夜攜匕首至公臥內。公語之，令取首去。客曰：不忍，得諫議金帶足矣。（清波雜志）

苗劉刺客　刺客　宋

張浚討苗傅、劉正彥，夜坐，警備甚嚴。忽有客至前，出一紙曰：此劉正彥募公賞格也。（宋史張浚傳）

僕粗讀書，知順逆，豈以身爲賊用？恐有後來者。

姓名	類別	時代	事蹟	出處
姜家劍仙	劍仙	宋	姜廉夫一夕方就枕，忽一女子來，云：與有嘉約。一日，女云已有厄，暫他避，出門不見。頃之，一道士來，命姜于靜室設榻堅臥，明日至正午啓門。久之，刀劍擊桌之聲不絕，忽若一物榻墮下，日午啓門，道士至，笑曰：無慮矣。令視墮物，乃一髑髏，如五斗大，用藥化爲水，道士與此女，皆劍仙。女先與人綢繆，遽舍而從姜，故懷忿，欲殺女與姜。道士出力相救，獲濟，女遂同室如初	誠齋雜記
角巾道人 脫郭倫	劍俠	宋	郭于惡少窘辱，邀飲爲謝，辭去曰：吾乃劍俠，非世人也。擲杯長揖，出門數步，耳中鏗然有聲，一劍躍出墮地，躡之，騰空而去。	劍俠傳
劉遂	劍師	遼	聖宗時，命遂教神武軍士劍法，賜袍帶錦幣。	遼史聖宗本紀

察罕帖木兒 將 元

至正十一年，盜發汝穎，焚城邑，殺長史，所過殘破，江淮諸郡皆陷，朝廷徵兵致討，卒無成功。察罕帖木兒乃奮義起兵，從者數百人，與李思齊合兵，襲破羅山，事聞朝廷，授中順大夫，所在義士俱將兵東會，得萬人，與賊戰皆捷。 元史

張三丰 劍仙 元

元末明初之劍仙，本武當山丹士，明太祖召之不前，夜夢神授拳法，遂以絕技名於世，深通劍術，常以單丁殺賊百餘。 張三丰傳

玄貞子 劍俠 明正德武

一塵子 劍俠 宗間

以下諸劍俠，出於明代野史之一，明寧藩謀叛，遍地私畜武士，邪道害國殃民，勢焰難制，于謙、王守仁用一班飛簷走壁技勇絕倫之豪傑，而莫可如何，諸劍俠出而相助，本其正氣，盡其異能，始得搗其巢穴，逆 明野史 以下同

藩被擒。但彼時是否確有其人，確有其事，不敢確定，不過據書摘錄，以供採擇。

歷代劍俠名人表

飛雲子	劍俠	明
默存子	劍俠	明
山中子	劍俠	明
霓裳子	劍俠	明
海鷗子	劍俠	明
凌雲生	劍俠	明
御風生	劍俠	明
雲陽生	劍俠	明
傀儡生	劍俠	明

獨孤生	劍俠	明	
臥雲生	劍俠	明	
羅浮生	劍俠	明	
一瓢生	劍俠	明	
夢覺生	劍俠	明	
漱石生	劍俠	明	
鶴寄生	劍俠	明	
河海生	劍俠	明	
自全生	劍俠	明	
張松溪	劍俠	明	張三丰之高徒。

歷代劍俠名人表

姓名	類別	朝代
呂四娘	劍俠	清
周潯	劍俠	清
曹仁父	劍俠	清
甘鳳池	劍俠	清
呂元	劍俠	清
路民瞻	劍俠	清
白泰官	劍俠	清
張福兒	劍俠	清
陳美娘	劍俠	清

以下劍俠九人，散見于稗官野史者甚夥。兹不贅記。

近聞錄

謝劍俠

劍俠　民國廿二年

廿二年八月某日，湖南常德黃清漢香粉店學徒耿杏兒年十七，益陽人。被一道士誘至一高山，旬日，同時又誘來一人，年相等，將并殺之以釁劍。忽有人從空中飛騰而至，道士懼，其人曰：好孽障，又欲害命，遂探懷取末藥少許，令道士吞之，即倒地而斃，化爲血水，遂將兩人救出，復騰空帶至漢陽鸚鵡洲，囑其自尋親友帶回家去。問其人姓名，只答云姓謝，即不見，故稱之爲謝劍俠。謝劍俠與該道士均操北方口音，此事最確。

陳世鈞

劍客　民國

皖北籍，隱於關東者有年，能出沒無踪，日食全羊，與數日不食，冬不裘，夏不葛，以人盤劍，傳河北李芳辰將軍。

李將軍傳

李景林

將　民國

籍隸河北棗強縣，親受陳世鈞劍俠之傳授人盤劍術，曩在東省之日本軍人及海內國術名家與劍術者無不披靡。其他拳術槍術亦極優良。

歷代劍俠名人表

劍俠雖不多覯，但數千年來代有其人，統系若何？卻無可攷。蓋此道不尙文字，擇人以傳其出沒隱現，猶神龍之不可端倪。俠固衆人所不識，俠之道自非衆人所能言，或且事涉忌諱，史乘不敢書。士夫弗屑道，俠之與世乃相去愈遠，而隔閡愈甚。本表所列，或出自經史傳紀，或從諸子雜記稗官野史中蒐集而來。因其統系無可攷，僅以時代先後爲次序。有非俠客一流，而以善於用劍著稱者，爰亦選擇加入，并以謝陳李三君殿於後。此三人者皆今之鳳毛麟角也。鄙人見聞不廣，掛一漏萬，知所不免，幸博雅君子有以補益之。

民國廿二年冬月虎林黃元秀識於南昌百花洲行營。

武学名家典籍丛书

杨澄甫武学辑注 《太极拳使用法》《太极拳体用全书》	杨澄甫 著 邵奇青 校注
孙禄堂武学集注 《形意拳学》《八卦拳学》《太极拳学》 《八卦剑学》《拳意述真》	孙禄堂 著 孙婉容 校注
陈微明武学辑注 《太极拳术》《太极剑》《太极答问》	陈微明 著 二水居士 校注
薛颠武学辑注 《形意拳术讲义上编》《形意拳术讲义下编》 《象形拳法真诠》《灵空禅师点穴秘诀》	薛 颠 著 王银辉 校注
陈鑫陈氏太极拳图说（配光盘）	陈 鑫 著 陈东山 陈晓龙 陈向武 校注
李存义武学辑注 《岳氏意拳五行精义》 《岳氏意拳十二形精义》《三十六剑谱》	李存义 著 阎伯群 李洪钟 校注
董英杰太极拳释义	董英杰 著 杨志英 校注
刘殿琛形意拳术抉微	刘殿琛 著 王银辉 校注
李剑秋形意拳术	李剑秋 著 王银辉 校注
许禹生武学辑注 《太极拳势图解》 《陈式太极拳第五路・少林十二式》	许禹生 著 唐才良 校注
张占魁形意武术教科书	张占魁 著 王银辉 吴占良 校注
王茂斋太极功	季培刚 辑校
太极拳正宗	杜元化 著 王海洲 点校
太极拳图谱（光绪戊申陈鑫抄本）	陈 鑫 著 王海洲 藏
陈金鳌传陈氏太极拳暨手抄陈鑫老谱	陈金鳌 编著 陈凤英 收藏 吴颖锋 薛奇英 点校
黄元秀武学辑录 《太极要义》《武当剑法大要》 《武术丛谈续编》	黄元秀 著 崔虎刚 点校

武学古籍新注丛书

王宗岳太极拳论	李亦畬 著 二水居士 校注
太极功源流支派论	宋书铭 著 二水居士 校注
太极法说	二水居士 校注
手战之道	赵 晔 沈一贯 唐顺之 何良臣 戚继光 黄百家 黄宗羲 著 王小兵 校注

百家功夫丛书

张策传杨班侯太极拳108式（配光盘）	张 喆 著 韩宝顺 整理
河南心意六合拳（配光盘）	李洳波 李建鹏 著
形意八卦拳	贾保寿 著 武大伟 整理
王映海传戴氏心意拳精要（配光盘）	王映海 口述 王喜成 主编
张鸿庆传形意拳练用法释秘	邵义会 著
华岳心意六合八法拳	张长信 著
戴氏心意拳功理秘技	王 毅 编著
传统吴氏太极拳入门诀要（配光盘）	张全亮 著
吴式太极拳八法（配光盘）	张全亮 马永兰 著
拳疗百病—39式杨氏养生太极拳(配光盘)	戈金刚 戈美崴 著
尚济形意拳练法打法实践	马保国 马晓阳 著
非视觉太极——太极拳劲意图解	万周迎 著
轻敲太极门——太极拳理法与势法	万周迎 著
冯志强混元太极拳48式	冯志强 编著 冯秀芳 冯秀茜 助编
刘晚苍传内家功夫与手抄老谱	刘晚苍 刘光鼎 刘培俊 著
赵堡太极拳拳理拳法秘笈	王海洲 著
京东程式八卦掌	奎恩凤 著
功夫架——太极拳实用训练	朱利尧 著
道宗九宫八卦拳	杨树藩 著
三十七式太极拳劲意直指	张耀忠 张 林 厉 勇 著
说手——太极拳静思录（全四卷）	赵泽仁 张 云 著
太极拳心法体用——验证与释秘	宋保年 杨 光 编著
宋氏形意拳及内功四经精解	车润田 著 车铭君 车 强 编著
陈氏太极拳第二路——炮捶	顾留馨 著
孙式太极拳心解：三十年道功修习体悟	张大辉 著
王文魁传程氏八卦掌精要	王雪松 编著

民间武学藏本丛书

守洞尘技	崔虎刚 校注
通背拳	崔虎刚 校注
心一拳术	李泰慧 著 崔虎刚 校注
少林论郭氏八翻拳	崔虎刚 校注
拳谱志三	崔虎刚 点校
少林秘诀	崔虎刚 校注
拳法总论	崔虎刚 点校
少林拳法总论	崔虎刚 点校
母子拳	崔虎刚 点校
绘像罗汉短打	升霄道人 编著 崔虎刚 点校
六合拳谱	崔虎刚 点校
单打粗论	崔虎刚 点校

拳道薪传丛书

三爷刘晚苍——刘晚苍武功传习录	刘源正 季培刚 编著
乐传太极与行功	乐 匋 原著 钟海明 马若愚 编著
慰苍先生金仁霖太极传心录	金仁霖 著
中道皇皇——梅墨生太极拳理念与心法	梅墨生 著
杨振基传太极拳内功心法	胡贯涛 著
卢式心意拳传习录	余 江 编著
习练太极拳之见闻与体悟	陈惠良 著
廉让堂太极拳传谱精解	李志红等 编著
武当叶氏太极拳	叶绍东 何基洪 蔡光復 著
无极桩阐微	蔡光復 蔡 昀 著
功夫上手——传统内功太极拳拳学笔记	陈耀庭 著 霍用灵 整理
会练会养得真功	邵义会 著
八极心法——传统八极拳,现代研修法	徐 纪 著
犹忆武林人未远——民间武林忆旧及安慰武学遗录	安 慰 著 阎子龙 田永涛 整理

功夫探索丛书

内家拳的正确打开方式	刘　杨　著
借力——太极拳劲力图解	戴君强　著
武学内劲入门实操指导	刘永文　著
武术的科学：实战取胜的秘密	[日] 吉福康朗　著　宋卓时　译
格斗技的科学：以弱胜强的秘密	[日] 吉福康朗　著　宋卓时　译

格斗大师系列

伊米大师以色列格斗术	[以]伊米·利希滕费尔德，伊亚·雅尼洛夫　著　汤方勇　译
拳王格斗：爆炸式重拳与侵略性防守	[美]杰克·邓普西　著　史旭光　译

老谱辨析丛书

马国兴释读杨氏老谱三十二目	马国兴　注释　崔虎刚　整理
马国兴释读太极拳论	马国兴　注释　崔虎刚　整理
马国兴释读浑元剑经	马国兴　注释　崔虎刚　整理